杭州市第三届重大教育科研成果

丛书主编｜沈建平

大职教理念下中职学校人才培养 4.0 模式研究

张德成 梁甘冷／编著

中国出版集团

现代出版社

序

    中等职业教育是现代职业教育体系中的重要组成部分,具有基础性地位。《国家职业教育改革实施方案》(又称"职教二十条")明确指出,要提高中等职业教育的发展水平,优化教育结构,把发展中等职业教育作为普及高中阶段教育和建设中国特色职业教育体系的重要基础。随着职业教育类型地位的确立,中等职业教育的办学定位也将发生改变,我国中等职业教育的办学将从原本单一的"就业导向"朝就业、升学、创业等多元化的方向进阶,因此,中等职业教育应该抓住这一重要契机全面提升学生的综合职业素质,为学生多元化生涯发展提供通道并且做好相应的准备,这也是建设新时代职业人才培养体系和现代职业教育体系的必然要求。

    《国家职业教育改革实施方案》提出了"三教"(教师、教材、教法)改革,而"三教"改革直接关涉到人才的培养质量,是中等职业教育人才培养与评价改革的核心内容。因此,积极回应"职教二十条"对中等职业教育的新要求,我国中等职业教育人才培养工作任重而道远:一是要解决"教什么"的问题。教材是课程与教学内容改革创新的基本载体,中职学校要在领会课程标准的基础上创新教材或学习资源。这对中职学校来说,既是挑战,更是机遇。二是要解决"怎么教"的问题。由于生源特点,教法对中职教育尤为重要,它在提高课堂教学效能方面更是如此。三是要解决"谁来教"的问题。教师是教育教学改革的主体,是"三教"改革的关键。再好的教材,也需要教师根据产业发展与变化及时更新教学内容,也需要教师根据学生的学习基础对教学内容的难易程度做相应的处理,这就是我们通常说的教师对教材二度开发的能力。同样,科学、合适的教学方法来自教师对学情的分析与把

握,对现代教育技术的熟练驾驭与合理使用,在于对现有教学环境的有效利用与应用。在"三教"改革中,教师队伍的建设在中等职业学校尤为重要。杭州市西湖职业高级中学对"三教"改革的认识以及他们的有益探索与成功经验,值得大家学习。

让我感到欣慰的是,长年驻守在中职教学与管理第一线的西湖职高张德成校长及其团队,针对中等职业教育教学中的问题,通过近20年的不懈探索与实践,取得了显著的成绩,《大职教理念下中职人才培养4.0模式研究》便是西职团队对推动中职人才培养模式发展的思考。该书全面梳理了新时代中等职业教育人才培养4.0模式,凝聚了来自一线中等职业教育办学研究者、管理者、教育工作者的理论智慧和实践经验。值得一提的是,该人才培养模式有较强的可操作性,具有以下几个特点。

一是模式系统完整。该书针对我国中等职业教育人才在综合职业素质和可持续发展能力方面,结合国内外相关研究理论,构建出集专业课程重组、实训方式创新、文化课程改革、学习资源建设以及职教师资队伍打造等内涵于一身的人才培养模式,对我国中等职业教育的办学提供了有益借鉴,进一步强化中等职业教育的人才培育功能与社会服务实效。

二是视野新颖独到。该书提到的"塔型进阶式"课程体系、"微工场"教学模式、"无边界"公共基础课课程体系、"沉浸式"学习资源等概念,从中职学生的身心发展和技能掌握特征出发,系统阐述了课程体系开发和教学模式选择的现实诉求与理论依据,使中职教师的施教更加有的放矢,扩大和延展了课堂、实训教学的容量与深度。

三是建议合理可行。该书注重从教育实际出发,各章节都坚持理论联系实践,从现实问题中寻求解决方案,问题的梳理也较为全面,原因剖析透彻,对政府、中职学校、职业院校管理者、教师工作者等提供的对策建议具有针对性,可操作性强,对进一步推进我国中职学校办学和人才培养具有较强的实践指导意义。

在未来,中职教育要发挥其在职业教育体系中的基础性作用,提升其教学和人才培养质量、办人民满意的教育。在基础性导向下,中职学校要以全新理念引领改革方向,实施好多种类型教材的建设,注重中职教师的教育和培训,并完善好人才培养的质量评价体系,从而推动中等职业教育多元化学生职业生涯发展空间的打造,重塑其良好的社会声誉。在全国上下深入贯彻《国家职业教育改革实施方案》的今天,我们应当重视中等职业教育对人才培养的重要作用,重点支持、加快推进,努力提升中等职业教育的内在吸引力。

华东师范大学终身教授、博士生导师

目 录

CONTENTS

第一章

大职教理念下中职人才培养模式的
转型与升级

　　我国中等职业技术教育的人才培养模式经过了从"半工半读"（人才培养1.0模式）到"顶岗实训"（人才培养2.0模式）再到"工学结合"（人才培养3.0模式）的历史轨迹。从一定程度上讲，人才培养的历史沿革为职业教育的现代化发展提供了坚实的基础，是现代职业教育人才培养工作重组的重要基石。通过对相关历史的梳理和分析，可大致得到不同阶段的人才培养特征。同时，中等职业教育是我国教育体系中的重要组成部分，担负着我国经济社会发展与产业转型升级的重要使命。如今，科技的革新促使工作岗位发生结构性变革，中等职业教育随之面临来自内外部的巨大挑战。现在中等职业教育的人才培养迎来了教育社会化、教学复合化、学习终身化等方面的重大机遇，须社会各界更加关注人才在自主学习、岗位适应等方面的培育。为此，作为职业教育的实践主体，中等职业教育学校要把握好我国人才培养1.0模式到3.0模式中的优势特征，从课程改革、实训设置、平台搭建等视角构建新型的人才培养模式，从而培养具备可持续发展能力的中职人才。

第一节　我国中职人才培养的
时代特征与模式变迁

为顺应生产方式的变革,我国教育部门将中等职业教育分为普通中等专业学校、职业高中学校、成人中等专业学校、技工学校和其他五类机构进行职教人才的培养。几十年来,我国中等职业教育为国家的发展与振兴输送了一大批专业人才,然而站在新的历史起点,中职教育人才培养模式也在一定程度上影响着人才培养的质量,影响着中职学校的内涵发展,相关人才培养历史发展进程如图1-1所示。

人才培养1.0模式
1949年10月—1979年12月

人才培养3.0模式
2000年—2017年10月

职业教育
发展进程

人才培养2.0模式
1979年12月—2000年

人才培养4.0模式
2017年10月至今

图1-1　我国中职人才培养历史发展进程

一、1.0模式:"半工半读"的中职人才培养模式

中华人民共和国成立初期到改革开放这一阶段里,国内外环境错综复杂,职业教育受到政治、经济、文化等因素的影响,在职业教育人才培育方面贡献程度相对有限。在当时的时代背景下,我国主要借鉴苏联经济的发展模式,在全国范围内"优先发展重工业",要求职业教育应以我国工业产业崛起的现实要求,合理安排中职学生技术与专业教育,为当时的产业发展打好人才基础。

中华人民共和国成立初期,我国召开了第一次全国中等技术教育会议,将中等职业教育作为我国教育环节的重要一环,国家与政府要求中职教育以企业发展为目标的人才培育准则,并确定了中等职业教育在我国的坚实作用。此时,我国继续保持了实业教育的一些有价值的思想,强调教育与生产劳动相结合,加强教育与产业的结合,尤其突出学校通过建立校办工厂来发展职业教育。1955年,第一次全国技工学校校长会议决议中明确提出,要坚持"以生产实践教学为主"的教学方针,明确职业教育中实践教学的重要性和地位。1958年1月,毛泽东同志在《工作方法六十条(草案)》中提出:"一切中等技术学校和技工学校,凡是可能的,一律试办工厂或者农场,进行生产,做到自给或半自给。学生实行半工半读。""半工半读"的中职人才培养模式就此展开。

当时的中职招生,学校以大量的初中毕业生作为主要生源,兼收少量高中学历学生与社会人员,从而形成了以中专和职业高中为主要办学形式、成人学校与技工学校辅助的中等职业技术教育形式。1953—1957年,我国工、农、林等部门急需100万能够胜任技术类工作的工人[①],为保障工业化进程的稳健发展,国家在部分技工学校中增设了与产业发展相关的专业与课程,我国正式确立起以培育产业工人为目标的职业教育模式。然而,当时的职业教育受政府严格控制与计划,技工学校的招生规模、课程设置、教学实施及就业分配都要以国家政策为主要依据,中等职业教育招生计划的制订如表1-1所示。

表1-1 中等职业教育招生计划的制订

时间	招收对象
20世纪50年代	招收学制从2～3年不等的高小毕业生和学制3年的初中毕业生
20世纪60年代	仅招收初中毕业生,并将学制定位为3年
20世纪70年代	开始正式招收高中毕业生,这类学生由于已经具备相应的知识水平,学校将他们在校学习的时间缩短到1～2年

① 李百浩,彭秀涛,黄立.中国现代新兴工业城市规划的历史研究——以苏联援助的156项重点工程为中心[J].城市规划学刊,2006(4):84-92.

20世纪五六十年代的中职学校办学围绕"建设社会主义"的主基调培育"又红又专"的专业人才（相关政策文件和会议指示的论述如表1-2所示）。我国教育方针中强调"教育必须同生产劳动相结合"，职业教育普遍实行"半工半读""半农半读"，或广泛开展各种形式的"勤工俭学"活动。这种"半工半读"实现了教育与生产的结合，即使劳动者接受了教育，也促进了生产的发展；既有效地缓解了教育资源的不足，也提高了技术工人的比例。

表1-2 "半工半读"人才培养模式相关政策文件和会议指示的论述

时间	政策文件/会议指示	相关论述
1965年11月6日	刘少奇《办好半工半读学校》	半工半读是一半时间劳动、一半时间上学的制度，使工作和教育相互成为休息与鼓励
1958年3月	全国人大二次会议上作年度国民经济计划草案	应该根据脑力劳动和体力劳动相结合的原则，进一步改革教育制度，有步骤地实施半工半读教育制度
1958年5月	中共中央政治局扩大会议	我们的国家应该有两种主要的学校教育制度和工厂农村的劳动制度；还可以采取一种制度，就是一种半工半读的学校教育制度和半工半读的工厂劳动制度；中等技术学校更可以搞半工半读
1958年9月	中共中央、国务院颁布的《关于教育工作的指示》	在一切学校中，必须把生产劳动列为正式课程。今后的方向是学校办工厂和农场；国家办学与厂矿、企业、农业合作社办学并举；全日制与半工半读业余学校并举
1964年8月	中共中央召集的党内报告会	在大中城市，可以由工厂办一些中等工业技术学校，半工半读，四年或者四年半毕业；也可以由现在的一些技工学校招收初中毕业生，改为半工半读的中等技术学校；还可以把一些停办的中等技术学校改为半工半读学校
1968年	《关于一九六七年中等专业学校、技工学校、半工半读学校毕业生分配的通知》（中发〔68〕94号）	一般招收初中毕业生（个别学校招收高中毕业生），学制一、二、三、四年；对半工半读中等专业学校毕业生进行工作分配

在1966年以前,根据中央关于实行"两种劳动制度,两种教育制度"的指示,各省、市、自治区和中央有关部、委、局,新建或在原中等专业学校、技工学校、职业学校、普通中学基础上改办了一批半工(农)半读中等专业学校(含中师)。当时的"半工半读"制度主要实施于"半工半读的中等技术学校""全日制中专学校和技工学校改办的半工半读学校""职普渗透的半工半读中学""在工厂职工中实行半工半读"四类人才培养模式,各种模式的特征如表1-3所示。

表1-3 四类中职人才培养模式及其特征

人才单位或名称	人才培养主体	人才培养特征
半工半读的中等技术学校	办学以工厂企业为最多	学生定期去厂矿参加生产劳动,厂矿和学校对于有关学生的组织管理、生产劳动、教学工作、生活待遇等各负有一定责任,有的还签订了协议书
全日制中专学校和技工学校改办的半工半读学校	中等职业学校(普通中等专业学校、职业高中学校、成人中等专业学校、技工学校和其他机构)	这种学校生产劳动和教学时间基本上各占一半
职普渗透的半工半读中学	中等职业学校和普通初高中	一般课程以文化课为主,兼学一些技术知识,获得一技之长。学生毕业后可以升学或就业,不能升学就业的,安排上山下乡或支援边疆
在工厂职工中实行半工半读	工厂企业与学校联合办学	在工厂职工中每天用一至两小时的生产时间,或每周用两个半天的生产时间,或占用一定的业余时间,统一组织全厂职工学习,实行半工半读

然而,在1966年5月至1976年10月的"文化大革命"期间,我国发展起来的300多所技工学校纷纷停办,教师和学生被迫离开学校,大量积累下来的教学资料被销毁,"半工半读"教育形式也出现了"左"倾化,"半工"只是为了改造思想或勤工俭学,工与学之间缺乏必然联系,最后甚至导致用生产劳

动取代学校教育的局面,使半工半读偏离了"产教结合"思想的初衷。1972年,为继续推进国家重工业发展,国务院科教组开始推动技工学校的继续招生,一些工厂也逐渐开设了技工学校,当时我国共建有1000多所技工学校,但多数学校并未设置专门化的教学目标、考试标准、教学计划和教学大纲[①],使得大批生源入学后直接进入工厂工作,与工厂学徒无异。

二、2.0模式:"顶岗实训"的中职人才培养模式

改革开放打开了我国市场经济的大门,全球化进程进一步加快,世界范围的经济结构调整加快,新兴产业迅猛发展,科技进步突飞猛进,以信息技术为代表的高技术广泛应用,给我国经济的发展带来新的压力。为此,我国改革开放和现代化建设面对的国内外经济环境及其变化对中等职业技术教育提出了新的要求。[②]这一时期,中国制造业工人的主体经历了以城镇居民为主到以农民工为主的转变,并随着产业工人社会地位的下降,职业学校无法延续计划经济时期统一招生就业的办学模式。

在这一阶段,为提高中等职业教育的吸引力与内生力,多地努力构建极具特色的中职人才培养模式,详见表1-4。

表1-4　四类中职人才培养模式及其内涵

类型	人才培养单位	人才培养模式内涵
学校、企业、政府三方联动的人才培养模式	河北省南宫职教中心等	提出和实践了"上挂、横联、下辐射"的思想,"上挂"就是与大专院校和科研单位挂钩,引进新品种、新技术、新项目,聘请专家教授来校讲学;"横联"就是与当地农业局、林业局、畜牧局等相关部门建立横向联系,以聘用、承包、联办等形式进行合作;"下辐射"就是以定向培训、以工代训、逐级培训、农时培训及巡回式培训等方式,向学生和农户推广新知识、新技术

---

① 张倩,宁永红,刘书晓.新中国成立以来的技工教育:历程、回归与超越[J].中国职业技术教育,2017(24):65-70+80.

② 蒋丹兴,杜连森.产业工人技能形成体系的历史分析与建设对策[J].教育理论与实践,2018,38(30):23-25.

类型	人才培养单位	人才培养模式内涵
工作与学习结合的人才培养模式	河北省南宫职教中心、河北省丰南职教中心、黑龙江北安农垦职教中心学校等	学生一入学,学校就要求每个学生根据自己所学专业及家庭的种植养殖实际,在教师的指导下建立家庭实习基地,或搞养殖,或搞种植,边上学,边致富
学校、企业、农业三方联动的人才培养模式	多地农业职业院校	农业职业院校与农业龙头企业及其联结基地的农户紧密结合,根据学校需要、企业发展、农户需求而开展的合作办学,集技术推广与技能培训于一身的一种校企联合办学机制。这一模式的基本内涵是产学合作、三方参与;基本原则是互惠互利、合作双赢;实施途径和方法是合作培养、定向就业;达到的基本目标是为农业龙头企业的实际岗位"量体裁衣",培养现代农业企业所需要的具有全面素质和专业特长的新型农业技术工人,小农场主以及联系农户与市场的农业经纪人
专业、实业、产业"三业一体"的人才培养模式	多数职业院校	这种人才培养模式是依托学校的品牌专业,兴办生产经营实体,通过发展生产经营实体,在带动或服务当地产业的过程中促进专业的进一步发展。为了有效地调动各专业兴办实体的积极性,一些学校把与各专业相关的实业经营权下放到各专业,各专业把教学、科研、生产、经营、服务融为一体,通过兴办实体,服务地方经济,来实现自我积累、自我发展,形成了所谓的前店后校、前校后厂的人才培养模式

在政策的制定上,此阶段的人才培养目标突出了"市场""职业""技能型人才"三个关键词,可概括为"培养符合劳动力市场需求的,掌握一定职业知识和职业技能的技能型人才"。1980年10月,国务院出台《关于中等教育结构改革的报告》并明确指出,技工学校是培养中级技术工人的学校,要办好现有的技工学校,可适当地将部分普通高中改办为职业(技术)学校、职业中学、农业中学,这份文件的出台为中等职业教育培育更多高质量、高素质的技能人才打下良好的政策基础,有利于工人队伍的进一步扩充。20世纪90

年代,大学扩招对职业教育的发展产生了较大影响,职业学校的优质生源被进一步压缩。1991年,国务院在大力发展职业教育的决定中首次运用了"技能型人才"这一概念,提出"实施国家技能型人才培养培训工程,加快生产、服务一线急需的技能型人才的培养"。1993年,教育部提出"把提高劳动者素质,培养初、中级人才摆在突出的位置"。同年9月,劳动部首次运用了"劳动力市场"这一概念,要求技工学校"按劳动力市场要求,在以培养中级技术工人为主要目标的基础上,有条件的也可以培养高级技术工人、企业管理人员或社会急需的其他各类人员"。1996年颁布的《中华人民共和国职业教育法》规定,"对受教育者进行思想政治教育和职业道德教育,传授职业知识,培养职业技能,进行职业指导,全面提高受教育者的素质",突出了"职业"和"素质"要求。1998年,教育部将成人中等专业学校纳入中职教育管理范畴,使中职教育包括中等专业学校、职业高中、技工学校、成人中等专业学校四种类型。

三、3.0模式:"工学结合"的中职人才培养模式

随着社会的发展,我国工业化、信息化、城镇化、市场化、国际化深入发展,人均国民收入稳步增加,经济结构转型加快,市场需求潜力巨大,资金供给充裕,科技和教育整体水平提升,劳动力素质改善,基础设施日益完善,体制活力显著增强,政府宏观调控和应对复杂局面的能力明显提高,社会大局保持稳定。我国社会经济条件不断改善,尤其是企业对技能型人才的大规模需求,我国职业教育人才培养模式逐渐走向了"工学结合"。工学结合人才培养模式是以培养适合行业、企业需要的应用型人才为目的,利用学校与社会两种教育资源和两种教育环境,适当安排学生在生产岗位上工作,提高学生对社会与生产岗位的适应能力,由学校、社会、学生共同参与的一种教育方式。

这一阶段,我国不断出台相应的职业教育人才培养方面的引导政策。2002年,《国务院关于大力推进职业教育改革与发展的决定》(国发〔2002〕16号)指出:"职业学校要加强与相关企事业单位的共建和合作,利用其设施、设备等条件开展实践教学。职业学校相对集中的地区应建设一批可共享的实验和训练基地。"2003年12月,教育部等六部门《关于实施职业院校制造业

和现代服务业技能型紧缺人才培养培训工程的通知》(教职成〔2003〕5号)指出,建立校企合作进行人才培养的新模式,有效加强相关职业院校与各地推荐的1400多个企事业单位的合作,不断加强基地建设,扩大基地培养培训能力。2003年,《国务院关于进一步加强农村教育工作的决定》(国发〔2003〕19号)指出:"以就业为导向,大力发展农村职业教育。要实行多样、灵活、开放的办学模式,把教育教学与生产实践、社会服务、技术推广结合起来,加强实践教学和就业能力的培养。在开展学历教育的同时,大力开展多种形式的职业培训,适应农村产业结构调整,推动农村劳动力向二、三产业转移。实行灵活的教学和学籍管理制度,方便学生工学交替、半工半读、城乡分段和职前职后分段完成学业。"2004年9月,教育部等七部门《关于进一步加强职业教育工作的若干意见》(教职成〔2004〕12号)指出,要"推动产教结合,加强校企合作,积极开展'订单式'培养。坚持以能力为本位,优化教学与训练环节,强化职业能力培养,高等职业教育专业实训时间应不少于半年,中等职业教育应为半年至一年"。2005年,《国务院关于大力发展职业教育的决定》(国发〔2005〕35号)指出:"大力推行工学结合、校企合作的培养模式。与企业紧密联系,加强学生的生产实习和社会实践,改革以学校和课堂为中心的传统人才培养模式。中等职业学校在校学生最后一年要到企业等用人单位顶岗实习,高等职业院校学生实习实训时间不少于半年。建立企业接收职业院校学生实习的制度。""逐步建立和完善半工半读制度,在部分职业院校中开展学生通过半工半读实现免费接受职业教育的试点,取得经验后逐步推广。"2006年,《教育部关于全面提高高等职业教育教学质量的若干意见》(教高〔2006〕16号)也明确提出:要大力推行工学结合,突出实践能力培养,改革人才培养模式。工学结合的人才培养模式体现了教育与经济、学校与企业、读书与劳作的有机结合,是加快我国高职教育发展的必由之路,是实现学生、企业和学校三方共赢的有效途径。高等职业院校要保证在校生至少有半年时间到企业等用人单位顶岗实习。顶岗实习作为工学结合的一个重要环节,与校内学习同等重要。总之,进入21世纪,国家出台了一系列政策和措施,鼓励职业院校实施工学结合人才培养模式,地方教育主管部门和各职业院校不断创新工学结合的具体模式。2012年,《国家教育事业发展第

十二个五年规划》(教发〔2012〕9号)提出："中职教育重点培养现代农业、工业、服务业和民族传统工艺振兴需要的一线技术技能人才。"2013年,党的十八届三中全会通过的《中共中央关于全面深化改革若干重大问题的决定》以及2014年国务院做出的《关于发展现代职业教育的决定》,均提出"培养高素质劳动者和技能型人才"的要求。2014年,教育部等六部门制定了《现代职业教育体系建设规划(2014—2020年)》(教发〔2014〕6号),要求中职教育"为初高中毕业生开展基础性的知识、技术和技能教育,培养技能人才"。可见,这一时期,中职教育人才培养目标的内涵更加丰富,可概括为"适应生产、服务一线需求,德智体美等全面发展,具有基础性知识、技术和技能的高素质劳动者和技能型人才"。中等职业教育是教育的重要组成部分,其目标是培养数以亿计的高素质劳动者和数以千万计的高技能专门人才。随着现代社会的前进和社会需求的变化,对人才的要求越来越高。作为职业教育的工作者,必须把"培养具有综合职业能力,在生产、服务、技术和管理第一线工作的高素质劳动者和中初级专门人才"作为自身的职教教学目标。随着"大力发展中职教育"国家政策的提出和市场经济体制的不断完善,中职学校正逐渐成为独立的教育本体,参与市场竞争。

在这一阶段,我国结合实际国情,将国外先进的中等职业教育教学模式引入,在总结经验的基础上,综合运用教育学、心理学、教育技术学、课程设计理论和一般系统理论、技术经济学、营销学、质量管理学等现代科学理论,设计开发的一整套较为完整的、适应我国社会主义市场经济特点的能力本位人才培养模式,相关的设计方案详见图1-2。

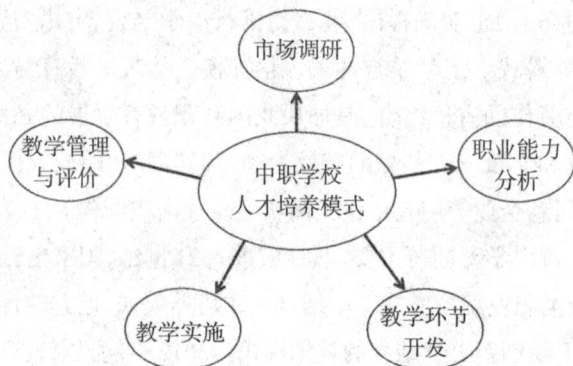

图1-2 我国中职人才培养模式设计方案

通过这种科学方式设计的人才培养模式，以调查市场需求为导向，主要调查研究国家或当地的相关政策，对人才市场需求进行详细的调研和分析，在了解社会对人才市场的最新需求下，为专业设置提供必要的数据基础，从而根据市场调研制定培养模式、设置专业课程等。这种人才培养模式以培养职业能力为中心，在确定每个专业的职业培养目标，聘请在各个专业领域第一线优秀工作人员，根据职业教育中以能力为本的原则，运用职业能力和素质分析等方法，最终形成一份职业能力图表作为设计依据。在这样的顶层设计下，人才培养模式重视教学环境的开发，教学环境的状态往往影响教学质量。此模式将教学环境分为硬件和软件两类，主要由教学环境开发专家、行业专家和教师共同对教学环境进行开发。其中，教学硬环境包括教室设计、实习基地建立、实训实验场设计、资料室设计等，教学软环境包括技能组合分析、技能整合学习指导书、教学进程计划等。与此同时，在当时的时代背景下，通过这种方式设计出的人才培养模式，重视教育任务的实施与教学管理，中职学校在教学实施之初对学生进行入学水平测试，根据测试结果制订相应的学习计划，实施学习计划，最后通过考核来进行成绩评定。但在教学管理中，学校应注意职业教育与市场的密切结合，教师的职能要进行转变，成为学生学习、生活的引导者，改变学生被动学习的状态，并建立健全一套完善的学生学习档案管理制度。此模式建立了学生培训目标评价、教学过程评价、教学环境评价、教师评价和教学评价等，这种标准化、规范化和制度化的教学评价体系保证了教学模式的顺利实施与机制周期性运行的提高。

这一阶段的中等职业教育人才培养模式主要可以分为两种类型：工学结合人才培养模式和"订单式"人才培养模式，它们都是以就业为导向进行的人才培养模式。在这些培养模式的介入下，中职学校学生的综合素质有所提高，具体内容如下。

1. 工学结合人才培养模式。工学结合人才培养模式是我国在学习和借鉴德国双元制模式的基础上，根据我国经济社会发展和职业教育发展中的具体情况，逐渐形成的有中国特色的职业教育培养模式。该模式主要通过学校与企业分工协作，将理论教学、技能培训和实践教学两个阶段分别由学校与企业来承担，由学校、企业双方合作培养技能型人才，让理论与实践紧密结合。工学结合人才培养模式强调的是应用型学习，由学校和企业共同指导完成，是将在校内学习与在企业工作经历学习有机结合，使学生既能获得学历教育，同时又能经历职业资格培训。学校与合作企业建立相对稳定的合作关系，制订合作教育计划，形成互惠互利、优势互补、共同发展的动力机制，保证学校与企业的紧密联系。工学结合人才培养模式主体由学校与合作教育企业双方构成，通过工学交替、任务驱动、顶岗实习、项目导向等形式的教学，实现校企合作、工学合作的办学机制。学校的专业根据社会、市场、合作教育企业的需求而设置，在充分利用企业的教育环境和资源情况下，以培养学生的就业竞争力、职业素质和技术应用能力为目标，将最先进的技术与手段用于课堂教学，强化学生的实际动手操作能力。通过学校和企业的共同努力，将在校内学习的专业理论知识、实践技能与在企业实际工作的实践经历的学习有机结合，为学生以后的就业提供先决条件。学校会为学生提供工作适宜的专业工作培训环境，合作企业提供的岗位也是经学校认定或开发的，而学生必须按照企业对正式员工的要求和管理，从事的是合作企业的实际生产和经营工作。因此，学生既要在课堂上进行理论学习，又要在现场掌握生产技术，学生在合作企业的工作与其学业目标和职业目标密切相关。工学结合人才培养模式是将能力培养专业化、教学内容职业化、教学环境企业化；教学培养目标、教学计划与质量评价标准的制定要企业与学校相结合，教学过程要理论学习与实践操作相结合，学习的内容要与职业岗位的内容相结合，学生的角色要与企业员工的角色相结合。

2. "订单式"人才培养模式。"订单式"人才培养模式是指学校与用人单位在充分协商的基础上，依照用人单位的标准和岗位要求，与用人单位共同确立培养目标，与用人单位签订"订单"，即"人才培养与用人协议"，制订并实施教学计划，实现人才定向培养的教育模式，核心就是供需双方签订用人及人才培养协议，形成一种法定或近于法定的委托培养关系。订单培养关系中，明确双方职责，即：学生在校时，学校保证用人单位按需培养人才，学以致用；学生毕业时，经学校和用人单位考核合格后，用人单位保证录用人才，用其所学。"订单式"人才培养模式的建立可以让学校与企业双方建立相互信任、紧密的合作关系。这种合作关系,对学校来说,为职业教育在一定程度上注入了活力,不会停滞不前,转变人才培养观念,提高了学生的就业率;对企业来说,让企业更好地了解职业教育,双方零距离接触,提高了毕业生的整体素质,不需要对所接受的人才进行再次培养,节约了人力成本,并为其提供合适的职业技术人员;对学生来说,可以明确就业目标,少走弯路,针对性强,集中时间、精力,有目的、有计划地将学生打造成企业所需的人才。这种模式由学校、用人单位、学生三方构成,由三方签订专项人才订单,明确学校、企业双方的责任与义务,缺少任何一方都不可能构成"订单式"人才培养。人才培养的规格、目标一般都是由学校和企业双方共同商定,学校按照企业的要求对学生进行专项培养,企业对于培养合格的人才必须录用,企业也必须参与学校制订的人才培养方案和计划,只有企业参与,才不会让培养方向偏离,保证培养的人才符合市场的实际情况和社会的需求。学校和企业双方充分利用现有的一切有利条件,整合学校和企业的一切资源,双方互补,扬长避短,培养出适合企业需要的技能型人才。在学生培养过程中,企业将先进的管理理念及管理方式运用到人才培养模式中,有利于提高学生对企业环境的适应能力,学校也可以充分利用企业资源,提高办学水平,积累职教经验。培养的重点是学生的实际操作能力。最常见的两种方式是模拟实训和顶岗工作。模拟实训是要求学校提供接近企业的实际岗位的教学实践基地,实践基地的配置要得到企业的认可,让学生在最接近企业的岗位上实践;顶岗工作则是企业提供相关的岗位,让学生可以在此岗位上实践操练。企业享有最终发言权,"订单式"人才培养模式是为了打造企业所需人才。企业会全程参与到学校对学生的考核中,人才的考核评估由学校和企业双方共同组成,从中选择适合企业的合格人才,对于考核合格的学生,企业会按照协议安排工作岗位。

无论是何种人才培养模式,在这一时期,都可以概括为以就业为导向的人才培养模式。《关于进一步加强职业教育工作的若干意见》指出,要积极推动职业教育和培训从计划培养向市场驱动转变,从政府直接管理向宏观引导转变,从专业学科本位向职业岗位和就业本位转变。职业院校要坚持以服务为宗旨,以就业为导向,面向社会、面向市场办学,深化办学模式和人才培养模式改革,努力提高职业教育的质量和效益。帮助学生顺利就业是中等职业教育的最终目标,因此中等职业教育培养高素质人才的关键所在就是提高学生就业率。以就业为导向的人才培养模式,就是以提高中职学生就业率和就业质量为目标,以市场对人才的素质需求为根本出发点和归宿,建立与社会整体就业价值取向相适应的教学体系的模式。这种人才培养模式的特征为以下三点:第一,专业和课程设置是以满足就业需要为根本。学校根据相关职业对劳动者的素质要求,挑选出必要的知识、技能,并根据教学规律组织起来以形成适合的课程体系。学校教育的培养方案中,就业方向和定位能够清晰地体现出来,将就业目标与课程目标相统一,从而让学生能够顺利过渡到工作岗位。第二,强化职业技能培养,加强校内外、校际的实训基地建设。以就业为导向的人才培养模式可以让中等职业学校加强自身职业能力训练的实训实验基地建设,对中职学生的技能进行针对性强化,以适应工作岗位的变化。第三,教育质量的评价必须是科学有效的。此模式对教育质量评价是实现以就业为导向的人才培养目标为重要内容。教学质量评价有两个方面,一是对毕业生就业情况进行评价,才能知道中职学校所实施的教学活动是否达到预期的目的;二是了解用人单位对毕业生的满意程度,才能进一步调整中职学校的教学计划、改进教学方法、完善办学条件、提高服务质量。

第二节　中职学校人才培养的
现实困境与发展机遇

　　由于各职业的需求及其就业形势变化速度的加快,岗位的流动成为个体职业生涯发展中的必然趋势,个体对职业变化的适应能力和适应速度正面临着巨大挑战。①在这样的职业生涯背景下,中等职业教育为适应社会经济的变化,需不断融入新时代的职教思想和理念,以此打破当前中职教育在人才培养模式中出现的传统化、封闭化枷锁。在新时代背景下,大职教理念汲取和继承了以往职业教育的思想精髓,并不断创新和发展出包括外部适应性、内部延展性和内"外"互通性三维度的新思想元素②,为当前中职教育培育满足经济发展需求、个体终身教育诉求的现代化人才提供了发展的机遇。

一、新时代背景下中职人才培养面临的现实挑战

(一)社会挑战:技能需求市场盈缺两极化现象加剧

　　我国正处在发展转型期,以人工智能为代表的新一轮科技革命正在改变人类的生产生活方式。社会生产组织模式从垂直化、扁平化向全球网络化演变,越来越多的工作岗位已实现劳动的分工化,这便造成了技能需求市场中盈缺两极化现象持续加剧。中国劳动和社会保障科学研究院在组织编撰的《中国就业发展报告(2019)》中指出,在人工智能时代,不同行业智能化替代速度不同,无论是资本密集型产业还是劳动密集型产业,都不同程度地

---

① 柳阳,吴真."大职教观"视域下的职业核心技能[J].中国职业技术教育,2014(6):17-21.

② 陈鹏,庞学光.大职教观视野下现代职业教育体系的构建[J].教育研究,2015(6):70-78.

产生了新工作和新岗位。[①]在世界经济论坛发布的《未来就业报告(2018年)》中也提到,当前机器可以完成的任务时长已经占据目前工作总时长的29%,2022年后预计可达42%,人工智能与行业充分融合后,就业结构将发生翻天覆地的变化,"新动力人群"将被广泛需要。[②]预测表明,到2035年,我国技能人才的需求总量将达到3.56亿人,而供给总量为3.43亿人,其中的高技能人才缺口量将超过700万人。[③]由此可见,社会对技能人才的需求层次正不断提高,这便要求技能人才要具备更加复合化的知识与技能。对于这一问题,究其原因,在于中职学校课程设置与市场需求贴近度不高和校企合作中企业的参与度不高。一方面,人才培养模式的核心在于课程设置,其设置必须与市场贴近度较高。课程设置必须是在了解特定行业需求的前提下,结合学科知识体系概要,开设具有本专业特色的且能够满足学生实际操作能力的课程。但在实际操作中,课程设置会出现与市场贴近度不高的现象,具体表现为课程设置结构不合理、专业课程设置方面未适应社会精细化要求、课程设置过于强调系统性和专业性、课程体系设置过于僵化造成的千篇一律等。另一方面,校企合作作为我国职业教育人才培养模式的主要方式之一,国家对鼓励企业参与到中等职业教育的各个环节的重视度不断加深。目前的校企合作在一定程度上得到了政府、学校、企业三方的重视,但在实际操作中,企业认为虽然政府有了相应的政策,但缺乏相应的政策指导,也没有享受到政府在税收方面的优惠政策。同时,企业并没有成为职业教育办学的一个主体,在校企合作中多数处于"辅助性校企合作",缺乏实质性内容,只停留在合作的较浅层面。合作企业可以提供实践场所和实习机会,但在接收毕业生、向学校提供资金和设备、参与专业建设等方面积极性偏低,尤其在运行机制、教学改革、制度建设等深层次合作方面都不深入,合作的专业面还不广,合作数量还不多,没有达到绝大多数的专业与更多的企业通过"校企合作"实施人才培养的要求,还存在一些企业参加技能竞赛、校

① 莫荣.中国就业发展报告(2019)[M].北京:社会科学文献出版社,2019:27-30.

② 新华网."智能+"时代:就业迎来怎样的机遇?[EB/OL].(2014-05-02)[2020-04-23].https://baijiahao.baidu.com/s?id=1634287521503776100&wfr=spider&for=pc.

③ 谭永生.促进我国技术技能人才发展[J].宏观经济管理,2020(2):35-41.

企合作研讨会方面支持力度不够。

(二)学校挑战：岗位结构变化使中职教育遭遇困境

当前我国职业教育旨在面向社会生产服务一线岗位培育高技能人才，而新业态的革新促使岗位结构发生改变，职业教育在办学层次、专业建设以及办学形式上迎来巨大挑战。首先，我国中职教育的办学层次仍未完全提高。我国中高职衔接通道尚未完全打通，加之部分中职学校并不重视学生的职业生涯发展，致使原本生源层次较低的中职生在毕业后缺乏适应社会和工作岗位的能力。其次，我国中职教育的专业建设存在诸多问题。当前，我国大多数中职学校所设置的专业区分度比较明显，不利于培养能够满足各大产业转型升级发展的多功能复合型人才，相关领域的经营管理型、创新发展型人才更是少之又少；同时，中职学校还存在专业调整滞后于产业发展、专业规划零散、专业建设环境封闭等问题。再次，当前的中职学校专业盲目发展，培养目标定位不明确。随着我国经济的调整发展，中等职业学校为了吸引生源，增设越来越多的新专业，甚至有的学校在软硬环境条件都没有的情况下就盲目上马。很多学校会在招生简章和教学计划中标明专业的培养目标，但在实际教学过程中，往往会因为课程设置、实践教学、师资队伍等原因，很难达到预期的培养目标。同时，教学方式相对落后，教学内容与社会需求衔接度不高，具体表现为教学方式手段陈旧、教学内容上学校教学内容往往跟不上社会发展的需求。当今随着信息技术的高速发展，信息化教学已经走进传统的课堂教学中，很好地解决了专业理论知识与实践技能方面的统一。但我国的职业教育从诞生到发展，教学模式仍沿袭以讲解理论知识—理解并接受理论知识—实习模式为主。虽然我国现在强调工学结合、"订单式"、以就业为导向的模式，但教育观念仍停留在素质教育，传统的课程教学模式仍占据主导地位，仍沿袭一块黑板、一支粉笔的教学方式，教师重视课堂教学，以讲授教材为主，为了理论而学习，学生学习没有主动性，只是被动地接受知识，没有真正地理解专业知识，学生问题的思考局限于教师的思维，没有自己的见解，严重影响了教学质量的提高。最后，中职学校的实训基础建设相对滞后。随着时代不断地发展，新技术、新设备不断出现、不断升级，企业生产设备更新的速度不断加快；而中等职业学校由于社会的关注程度低和资金缺乏,更新实训教学设备的速度无法与企业相比,甚至长期得不到更新,实践教学设备可能还停留于早期水平。虽然近年来实训基地在教学中的重要地位得到了普遍的认可,很多学校都建立起自身的实训基地,国家级、省级的实训基地纷纷出现。然而,这些实训基地中有很多都是为了"面子工程"而存在,没有考虑长远的规划和建设。如何让实训基地在中等职业学校发挥自身的最大优势,需要社会、学校和企业共同努力。实践基地信息化程度不够。当今信息化建设水平逐步提高,很多实践教学方式都可以通过信息化实现。不过,目前大部分中等职业学校仍以实训基地教学为主,很少采用信息化的方式,虽然信息化实践教学方便、直观,但资金是最大的关键。一套信息化实践教学可能成本较高;同时,学校也担心如今信息化更新速度过快,会造成购买后应用又很快被替代,形成资金浪费。

(三)个人挑战:学生自主适应与综合运用能力不佳

岗位的流动性变化已经成为现代社会发展的趋势之一,这就对技能人才的职业素养提出新的要求。其中主要涉及个人基本素质、基本职业技能、职业精神等方面的要求,具体可归纳为信息收集处理、实际问题解决、沟通协作、岗位适应、自我提高与管理等能力素养。换言之,行业企业希望中职毕业生应在身心健康的基础上,具备必要的专业知识和技能,能够认真负责地对待工作任务,同时也要具有自主适应新环境、自主学习以及将已有知识综合应用到岗位实践中高效解决实际问题的能力。技能人才职业核心技能的培养与大职教理念是相契合的,具有一定的灵活性和包容性,它们都讲求自主适应的思维方式和综合运用的解决策略。[①]然而,中职教育对学生的培养缺乏个性化指导,教师对学生的自主学习缺乏有效指导,教学变革程序化和模式化依然存在,中职学生的课堂依然出现"教材""课堂""教师"三中心的问题,导致中职学生仅仅掌握简单重复的操作技能,无法真正胜任真实岗位中的工作任务。以中职学校师资队伍建设为例,其中就出现了教师师资

---

① 汤明清.中职"适学课堂":基于学生核心素养的教学改进[J].中国职业技术教育,2020(14):79-82+96.

不能满足人才培养模式的需要。第一，教师队伍学历层次结构较低。教师在职业教育的发展中扮演着传授知识的角色，要求必须具备相应的学历、较高专业的理论和实践能力。第二，"双师型"教师数量缺乏。专兼职结合的"双师型"师资队伍虽然形成，但师资队伍数量应进一步充实，"双师型"比例尤其是素质有待进一步提高，中等职业学校教师大多是毕业后就走上讲台，刚开始毫无教学经验和专业技能实践，随着边教学边实践，也取得了相关的资格证书，但是能够真正担负起学科人的合格教师少之又少。虽然学校也引进企业人才担任专任或兼职教师，但往往进入学校后就会脱离企业，与行业相关技能有距离，可能造成其专业知识和技能停滞不前。第三，教师实践能力不强。虽然许多教师都是从高等院校一毕业就进入教学，但是他们在高等院校接受教育时，院校教学过分追求学科的系统性与学科内容的专、精、深，而忽略了教育本身的应用性、实践性和操作技能性。因此，他们在教学中就会存在重理论、轻实践的问题，实际动手能力较弱。此外，学校对学生思想道德素养和心理素质建设不够重视。中等职业学校学生处于十五六岁，他们的世界观、人生观、价值观尚未成型，如何在关键时刻对他们加以引导是值得探讨的问题。学校在培养学生知识和专业技能的同时，也要对思想道德、职业道德、职业修养等方面加强重视，不能偏离教育"育人"的根本宗旨。企业需求的人才不仅是要有扎实的技能，还需要具有良好的职业道德和适应工作的心理素质。作为学校，思想政治工作最重要的方式就是因材施教，针对不同的学生，采用不同的教育方式。但由于国内中等职业学校大部分还是采用全封闭式的教育管理模式，教育工作者往往不能利用个人经历，对学生的思想状况、道德水平、心理状况等也了解不够，存在针对性不强的情况。对学生进行思想工作方面教育时，仍不免会理论脱离实际，空谈理论，缺乏与社会实际的结合；再加上目前中等职业学校师生比例失衡，无法针对学生的具体问题进行特定的教育，这就造成对学生的思想现状不了解，无法对学生的多方面需求给予正确的指导和帮助，不能很好地解决学生思想中存在的具体问题，从而出现很多毕业后的学生频频跳槽、工作状态不佳，企业常常抱怨学生的职业道德和工作能力等现象。

二、大职教理念下中职人才培养具有的发展机遇

大职教理念下的人才培养同样面临着诸多机遇,主要表现为以下三个方面的融合(见图1-3):学校与社会层面的融合、个人与学校层面的融合及社会与个人层面的融合。

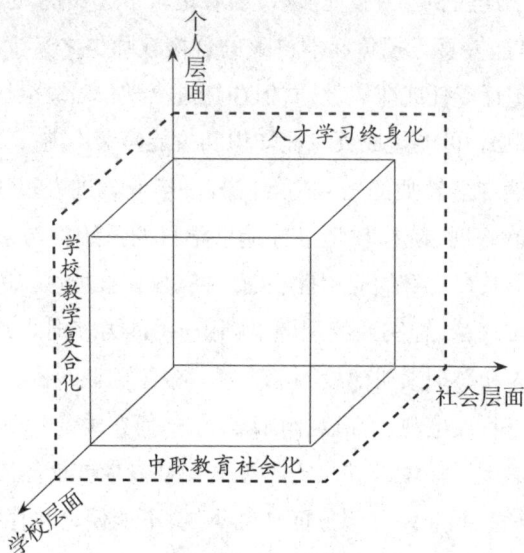

图1-3　大职教理念下人才培养机遇模型

(一)新技术促进中职教育的社会化

职业教育的社会化是大职教理念的发展核心。职业教育走向社会化的突出表现在于:按照社会化办职业教育机构,办职业教育,必须注意时代趋势与应走之途径,社会需要某种人才,即办某种学校。[①]中职教育是与经济建设关系密切的教育,只有将中职教育与社会发展密切关联,与工作岗位变化紧密联系,才能抓住中职学校人才培养的机遇,不断拓展中等职业教育发展的空间。面对新兴技术产业的崛起,未来的中职教育是以能力提升为核心要义的教育形态,教育要不断去适应行业的发展。因此,中职学校应积极

---

① 黄炎培.提出大职业教育主义征求同志意见[J].教育与职业,1926(1):1-4.

主动地与行业企业产生联系,结合自身发展特色,构建动态的专业调整机制,培养适应市场需求的复合型人才。同时,教育现代化作为我国教育改革的重要主题,是优先发展教育的不竭动力,全力推进落实职业教育现代化已经成为职教改革的重中之重,而提升职业教育的社会服务能力也是大职教理念重点关注所在。2019年2月,中共中央、国务院印发的《中国教育现代化2035》提出了推进教育现代化的总体目标,其中要求"职业教育服务能力显著提升"①,对未来我国职业教育现代化发展做出了宏观指导。新技术时代的到来促使现代技术在各个领域得以广泛应用,人类社会的生产生活方式与思维方式都发生了深刻转变,现代技术在摒弃规则性体能劳动和规则性智能劳动的同时,也在重构职业教育的学习方式、学习空间、专业课程体系及组织管理机制,正逐渐解放教育者和受教育者,提升教学和学习效率。因此,中等职业教育在现代化建设过程中不能继续沿用工业化时代的传统思维,必须形成与新技术时代相适应的全新发展走向和管理方式。这就要求职业教育既要通过技能积累、教育普及和技术创新服务国家现代化,又要通过职业体验、技能传承和价值传递助推"人"的现代化。对标大职教理念对教育现代化的要求,可从现代职业教育体系、产教融合与校企合作、现代职教人才培养模式以及职业教育的社会服务功能等角度探析我国职业教育现代化建设的理论与实践,只有厘清职业教育现代化建设的内部逻辑框架,正视其在发展过程中面临的困境与挑战,才能在未来实现职业教育体系化、科学化发展,这也是提升中等职业教育服务能力水平的题中应有之义。

(二)新思维要求学校教学要复合化

大职教理念要求职业教育的目标"不惟着重在'知',又着重在'能'"的复合型人才培养理念②,而中职学校的教学活动作为有目的、有计划、有组织引导职教人才掌握知识和技能的手段,是人才培养理念转变最直接的体现。面对大职教理念对技能人才的更高要求,中职学校的毕业生不仅要在学校狠抓所学专业的知识和技能,还要拓展相关领域的知识面,掌握更为宽

① 新华社.中共中央、国务院印发《中国教育现代化2035》[EB/OL].(2019-02-23)[2020-09-10].http://www.gov.cn/xinwen/2019-02/23/content_5367987.htm.
② 黄嘉树.中华职业教育社史稿[M].西安:陕西人民教育出版社,1987:43.

广的技术技能形成体系,形成以点带面的"超链接"思维。这就要求学校要在新工业革命背景下,以人才的发展为契机,将教学设计与岗位训练相对接,充分体现能力本位的要求,合理利用信息化手段来设计具有复合化特征的教学过程。此外,中职学校要积极与企业建立合作关系,把真实场景中的项目化管理模式引入中职教学中,由此也产生了关注人才能力结构需求的中等职业教育,这种趋势下的中职教育在人才培养目标、专业设置、教学方式等方面都迎来了全新机遇。在这样的机遇下,中职学校的产教融合也从"合作"向"互融"的深度化进阶。优化职业院校产教融合的政策环境,创新产教融合模式机制,既是实现大职教理念发展的根本保证,也是增强职业教育经济功能和育人功能的必然要求。当前阶段,在职业院校、企业行业以及社会力量的共同努力下,产教融合和校企合作积累了大量的有益经验,但目前也出现了"职业院校偏重自身发展""企业方面缺少动力""产教供需的双向对接困难"等问题①,这说明我国的产教融合还未得到深度深化,许多工作还停留在单纯的合作上。随着产业创新水平的不断提高,"大智物移云"技术使信息技术与产业的转型升级不断交融渗透,这不仅掀起了新一轮的产业变革,也使得大数据、人工智能、物联网、移动互联网、云计算等技术广泛地渗透到经济社会的各个领域,技术在产业中的运用程度成为衡量国家科技实力的重要标准。人工智能、3D打印(增材制造)、超材料与纳米材料等技术取得重大突破,推动传统工业体系分化变革,将重塑以制造业为基础的产业发展国际分工格局,新能源革命正在改变现有的国际资源能源版图状况,而数字技术与文化创意、现代数字媒体技术等技术产业逐渐成为促进优质产品和服务有效供给的智力密集型产业。②由此可见,以新兴技术为核心的产业已成为新的经济增长点,正逐步成为影响推动经济增长的主要动力,而未来全球的产业发展会将重点放在智能制造业、交叉行业以及混合行业等产业之中,传统产业正面临着全球要素的重新分配与布局,以知识、技术和智能资源为支撑的新产业将成为经济现代化与经济全球化的主导力量。因

---

① 马树超,郭文富.高职教育深化产教融合的经验、问题与对策[J].中国高教研究,2018(4):58-61.

② 张元.我国职业教育现代化2035发展探析[J].教育与职业,2019(9):16-19.

此,现代职业教育要按照正不断加速升级的产业结构要求,按照新职业发布与更新的制度机制做好人才培养的对接,联合行业企业与社会力量,整合校园与企业的各项资源。

(三)新岗位催生人才学习的终身化

终身学习是大职教理念的重要内涵,对于职教人才而言,自主适应、自主学习的能力成为中职学生走向工作岗位后亟须形成的一种现代化能力。未来社会将出现大量全新岗位,中职人才也不会再继续重复机械的简单劳动,他们应具备"自适应"能力,从传统技能的操作转变为管理、设计、开发等创新性工作的完成,适应社会与岗位的需求。大职教理念下的现代中职教育体系应把终身学习的理念作为人才培养的基本目标,把建立和完善终身教育制度摆在教育工作的首要位置,改变中职生固有的学习态度,衍生出更多方便灵活的学习模式,培养中职人才的终身学习意识和终身学习习惯,从而赋予终身学习以新的重要地位。由于大职教理念是融合了现代化元素的发展理念,因此要实现职业教育人才的现代化发展成为当前中职学校的办学出发点和落脚点,职业院校作为培养高技术技能人才的主要阵地,同样承担着全面培育现代化职教人才的重要使命。《中国教育现代化2035》明确指出,要提升一流人才培养与创新能力,优化人才培养结构,综合运用招生计划、就业反馈、拨款、标准、评估等方式,加强创新人才特别是拔尖创新人才的培养,加大应用型、复合型、技术技能型人才培养比重。当前的生产工艺的升级和岗位工作的迭代影响着职业教育对技术技能人才的培养,而其中最重要的影响因素是各个行业的生产组织方式。随着新技术的投入与大面积应用,整个产业链的生产组织方式会发生突破性的改变。以智能制造业为例,智能化生产的实现主要依靠两个方面的技术,即物联网技术和大数据技术。它应用物联网技术将资源、信息、物体以及人员紧密联系在一起,构建一个庞大的信息物理系统,并用智能控制生产过程,同时运用大数据手段灵活配置生产资源,实现个性化定制生产,进行差异化管理,以替代传统的固定式流水线生产。这种生产系统对技术技能人才工作模式将产生工作过程、工作模式、技能操作、工作性质等方面的根本性影响,从而改变职业教育的人才培养模式。为此,我国职业教育现代化要更加畅通人才培养路径,并融入面向全民的、终身学习化的现代教育体系,与全面普及的高中阶段教育以及竞争力显著提升的高等教育有效衔接。在现代职业教育人才培养体系中,中高等职业教育与应用型本科将有效对接岗位人才需求,形成以"中职—高职—本科—专业硕士—专业博士"为主线的多层次培养衔接模式,畅通人才培养的"立交桥",培养"学会学习与学会做事相融合"的新时代职校生。在建立健全人才培养模式的基础上,国家资历框架、国家学分银行制度以及国家学习成果认证制度的建立将有助于现代职教人才的培育,有助于各类教育的衔接发展,为职教人才的成长营造良好的学习环境。

综上所述,随着新一轮科技革命和产业变革的加速兴起,信息产业技术日益成为我国现代化经济发展的重要基石,而中等职业教育也呈现出从传统职业教育向现代职业教育变迁的整体过程,在大职教理念指导下的中职学校办学呈现全新的发展逻辑。

第三节　中职人才培养4.0模式的
　　　　路径改革与创新

　　面对现代科技对职业教育带来的冲击与挑战,杭州市西湖职业高级中学(以下简称"西湖职高")坚持把职业教育的重点放在强化特色、提高质量上,通过系统梳理当前中职学校人才培养模式改革,来佐证和诠释中职学校人才培养模式改革取向及应把握的基本内容。从实践的角度折射和反思现行中职人才培养模式存在的问题及改革的必要性,针对当前中职学校人才培养模式的改革进行探讨,提出当前中职人才培养模式改革的核心是"全域育人,资源众筹",并就如何建立此种模式提出改革与创新。根据大职教的发展理念,将中职人才培养模式以课程实施、实训设置、师资建设为基本框架(见图1-4),融入"塔型进阶式"专业课体系重塑、"微工场"职业能力教学、"无边界"公共基础课课程改革、"沉浸式"学习资源建设、"四方联动"产教融合实践及"共同体"师资队伍组建等要素,旨在培育具备可持续发展能力的中职人才。

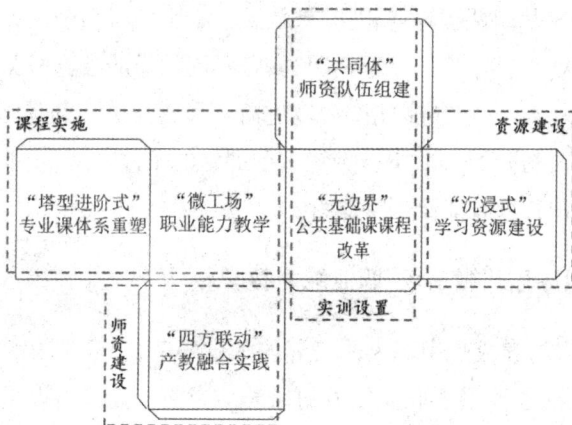

图1-4　大职教理念下的中职人才培养模式框架

一、专业课改:"塔型进阶式"专业课体系重塑

课程体系,尤其是专业课的课程体系,作为教育教学活动的重要载体,是中职人才培养工作开展过程中的重要组成部分。当前中职学校在课程体系中暴露出较多问题,通过梳理总结,可归纳为仅仅偏重学生低层次的重复性训练、课程进度统一限制人才培养多样性发展、专业课程实施与岗位要求仍有距离等。而这些长期存在的问题一直都制约着中职学校学生综合职业素质的形成,进而导致人才培养情况不尽如人意,加之当前许多中职学校的教学设计随意性较强,对学习(职业)情境的创设也不符合学生的学习需求,或者过于强调知识系统,或者对真实的任务无法进行合理的教学化处理。可见,中职教育缺少基于人才成长逻辑的实践操作路径,致使对人才的培养只能停留在空想阶段,而缺少实质性的进展。

基于上述问题,目前西湖职高已经构建"目标分层、分阶培养"的中职专业课课程体系,试图在学生达成技术熟手的基础上加强他们的研创能力。而技能的熟练操作和研创能力的提升是基于对动作的定向训练与深层次理解,其形成原理类似于一种能力进阶式的塔型结构。在西湖职高,不同专业的学生都会经历从"新手"到"熟手"再到"高手"的三阶段职业能力成长路线,系统提升了学生的职业能力。首先,西湖职高根据不同学制,设置不同类别的课程(主要涉及训练类课程、服务类课程以及研创类课程),这三类课程分别对应中职学生的技能精致化训练、任务执行力养成以及解决实际问题能力的培养,每门课程环环相扣,被放置于学生学习和企业员工培训的不同阶段。其次,根据学生的掌握情况,安排不同种类的进阶塔课程。进阶塔课程主要分为培养标准进阶塔、情境进阶塔及学习方式进阶塔,学生按照"达标即进阶"的进阶理念,突破传统中职课堂的条件限制,一步步提高自主学习、问题解决以及技能研创等能力。

二、技能深化:"微工场"职业能力教学

职业能力的养成是中职人才培养的关键环节,中职学校的教学不仅要注重知识教学,还要融入职业能力的培养。当前专业课出现了教学缺少职

业能力的培养、学习情境脱离实际工作、教师缺乏培养职业能力的教学思维等方面的问题,具体表征为在日常教学活动中,专业课的重点往往集中在知识与技能的教学上,三维教学目标中的方法能力目标及社会能力目标却常常被忽视,而许多学校的技能训练都基于校内实训基地,这类实训多停留在仿真实训的范畴内,所提供的实训条件和任务处于脱离实际工作情境的状态,而专业课教师之间的合作教学衔接又并不融通,导致学生的专业能力无法得到较好提升。其实,单一知识点和技能的教学只能让学生掌握相对分散的知识碎片,对于真实完整的工作项目,学生只有真正理解工作流程,才能培养他们的综合职业素质。

为此,西湖职高以小型工作坊的形式打造中职人才技能训练的育人场——"微工场",搭建真实的工作平台,通过承接行业企业的订单作为学生日常训练的专业化项目,以此解决当前中职学校缺少职业能力培养、学习情境脱离实际工作岗位、中职教师缺乏职业能力培养思维的问题,助力中职人才职业能力养成。"微工场"教学模式采用"校企双元主体共育"的理念,有效整合学校、企业资源,通过"工场运营计划制订""'工作—学习'课程开发""项目的教学化设计""'微工场'师资团队建设""课程资源开发""运营评价构建"六个步骤,达成校企文化的深度渗透和价值认同,最终实现中职学生职业能力的培养。首先,学校根据工作要素重构专业群建设。学校根据自身特色,参照工作体系,围绕工作岗位分析的相关要素,划分不同的岗位与专业元素,将不同的元素知识重构为一门课程或一个项目。其次,职业能力的培养离不开双元主体的共商共协。"微工场"将企业理念、企业文化、先进技术以及管理制度等要素融入育人全过程,从根本上实现校企双主体的有效化办学,搭建校企沟通无障碍的"微工场"。最后,"微工场"还是学生工作任务项目化的学习场。中职学校通过承接项目,再根据学习阶段、学习特征进行任务的分解,按照目标、环节、内容、评价的顺序进行教学化处理,通过"实践—学习—分享—内化—反思"的职业能力形成过程,激发学生学习兴趣,提高技能掌握效率,为学生职业发展、终身发展提供正向平台。

三、文化课改:"无边界"公共基础课课程改革

随着职业人才培养模式创新及职业教育自身改革与发展的不断推进,作为中学阶段的必修课,文化课的改革有其深刻的社会背景和理论基础。文化课作为培养学生综合职业素质的基础课程,对学生就业能力和创业能力的提升有着重要的作用。同时在信息技术的快速发展进程中,简单机械的人力劳动已经不能够满足社会、国家对于技术技能型人才的需求,对于中职学校学生来说,需要在中职学习期间就打好理论知识和创新思维的基础。然而,长期以来,中职学校一直存在文化课地位式微、文化课与专业课脱节、文化课内容游离等问题。文化课被学生忽视,甚至有些学校出现了重专业、轻文化的现象。有些学校会出现严重的两种极端:一种是文化课与专业课教学太过亲密,丧失自己的内在逻辑性;另一种是文化课与专业课教学完全脱节,未考虑到中职学校学生发展的特殊性。当谈到文化课的教学内容,部分中职学校会沿袭普通高中对待文化课的做法,按部就班地授课,或是片面地为专业课程服务,盲目删减学科内容,不考虑知识体系的完整性。从中职学生发展和社会经济发展的角度来看,文化课在中间起着非常重要的铺垫作用,中职学校的文化课课改迫在眉睫。

西湖职高根据中职学生的群体特征,设计了一套"无边界"公共基础课课程改革方案,旨在保持文化课原有的内在逻辑结构,打破不同学科文化课的外在壁垒,使学科与专业之间保持一定的融通性。首先,打破"教材为中心",实现中职文化课内容的无边界。以语文课为例,在"无边界"课堂上,中职开放式的语文课堂将课本与学生专业、生活相联系,根据学生的身心发展规律和专业需求,重新整合教材内容,使文化课更加贴近中职特色。其次,打破"课堂为中心",实现中职文化课空间的无边界。中职开放式的语文课堂将会打破固有的班级授课制形式,打破班级和专业之间的限制,设置多种形式的教学活动,如网络授课、社区参观、经典考察等多种形式,使文化课的教学组织有更大的发展空间。最后,打破"教师为中心",实现文化课教师的无边界。教师作为中职课堂的引导者,应打破"职责边界分明""任课界限明显"的刻板功能,以中职学生为中心,以学生能力的提升为重点,突出学生学

习的主体地位,建立学习共同体的新型师生关系。

四、体验提升:"沉浸式"学习资源建设

学习资源是为达成教学目的而专门设计的资源集合,是教育系统的基本构成要素。资源的建设对中职学校实现教育信息化和现代化有着积极作用,在构建我国现代职业教育体系中具有重要的现实意义。但目前很多学校的学习资源建设在内容上缺乏职业教育教学思想的理论指导及系统化的设计,未能体现中职育人特色,许多中职学校的学习资源普遍存在体验目标过于模糊的问题,导致这些学校的学习资源利用率并不高,同时由于资源库内容单一、更新慢、实训类资源匮乏,满足不了师生对高水平、高质量课程的要求。一些中职学校的学习资源可交互性偏低,究其原因在于,这些资源本身价值不高或是脱离工作岗位实际,需要进一步升级。总体而言,中职学校学生要通过利用学习资源的学习形成一种自主、活跃、个性化的学习态度,使得个体对知识和技能的掌握产生一种强烈的学习欲望,从而形成持续的动力,这种主动性的学习状态需要学生在沉浸化的状态下,通过一种对学习信息、学习材料主动使用的学习方式,完成相关学习进程,从而实现方式的跨越式发展。

为深入推进新型中职学校学习资源平台的建设,西湖职高提出"沉浸式"学习资源的建设路径,以提升中职学生职业体验感,实现中职学校、行业企业、政府部门的多元主体协作办学,满足信息化资源升级下中职人才培养的教育需求。西湖职高将"沉浸式"学习资源的内涵界定为:以社会、学校、企业需求为前提,以产教融合信息平台为媒介,增加中职学生职业体验,培养学生自主学习能力的一系列因素。"沉浸式"学习资源的设计按照"嵌入现场、工学交替"的模式进行,通过校内仿真实训室和校外实训基地的现场反馈,形成动态化的资源调整和技术更新机制,使学生所学的技能得到最大限度叠加,提高学生在真实场景中运用所学知识与技能解决职业问题的能力。根据"技能标准""高效实施""创新研发"三层次要求,在教学过程中辅之以不同梯度的"沉浸式"学习资源,使学习情境和教学任务呈现递增的发展关系,促进学生自主学习习惯的养成和自主适应能力的提高。

五、教学保障:"共同体"师资队伍组建

中职学校的师资队伍是学校提升内涵、高位发展的重要保障。当前,新技术的革新成为困扰中职学校人才培养的突出问题,具体体现在"双师型"教师队伍建设程度需要加强、教师整体素质需要提升以及校本建设缺少质量保障等方面的问题。尤其对于校本课程、校本教材的质量保障,已经成为困扰中职学校的一大难题,中职师资队伍需要建设一系列制度和质量保障体系,才能从根本上提升教师的各项能力发展,在这个过程中需要借助第三方评价机构及学校合作伙伴方面的评价,通过教学诊改来完善学校的教学活动。

为此,西湖职高在建筑装饰施工、烹饪、电子商务等多项专业中建构和完善"教科研共同体",以此提升学生的技能水平,激发了学生的创新研发精神,进一步促进人才的专业服务能力。①学校产生"迭代融通型"的教科研共同体,在共同体内部构成帮扶体系,形成以"教科研共同体"为核心的迭代教师研究团队,来自不同学科的共同体成员形成碰撞,有利于站在学科融通的维度上进行学科、课程、专业三层级建设,基于"能者为师、新者为师"理念,成员的"导""助""学"角色在不同研究项目中呈现一定的动态变化性。西湖职高还开创了"双核四驱式"的教科研共同体运作机制,用先进的职业教育理念引领共同体发展;用教学研究项目作为实践载体,进行课程开发和教学法培育;用阶段性评议诊断教学问题,指导解决方案;用有效的考核激励机制,保障人才培养目标的达成。除此以外,西湖职高还开发学科校本课程、企业实践课程、学科(专业)融合课程,通过课程的开发实践,将教科研共同发展为学校课程研发中心,形成以"学本"为核心的特色教学法,搭建线上线下教科研共同体学习推广平台记录学习、研究心得,出版共同体教学法研究手册、课程开发案例集,并向校内外推广,形成辐射作用。

---

① 麻来军,梁甘冷,杨春帆,等.构建中职专业核心课程"双师全程共导"教学模式的实践研究[J].职教通讯,2014(16):74-80.

六、校企合作:"四方联动"产教融合实践

为了破解中等职业学校在深化校企合作、产教融合中面临的问题,许多省、市、区已经在探索基于校企共同体的"四方联动"产教融合模式。实施这一新型产教融合模式,有助于进一步明晰各方权责与职能,搭建可借鉴推广的产教融合线上线下载体平台,实现合作管理和运行机制的改革与完善,从而发掘中职教育产教融合、校企合作背后所出现的资源配置问题。其实在当前中职学校深化产教融合发展的背景下,已经出现了各方权责功能模糊不清、产教融合载体平台缺少、校企合作管理机制刚性等问题。例如,中职学校在校企合作过程中常常会出现专业课教学与行业发展脱节问题,形成一种"校热企冷"的怪相,但面对校企合作管理机制的刚性需求,中职学校又容易忽视对真实岗位完成度的考核,这也是师生考核评价管理层面的重要制约因素。

为破解上述问题,西湖职高在校企共建共融基础上,重组资本、技术、知识、信息、人力与管理等资源,形成政府、行业、企业、学校"四方联动"的产教融合新模式并投入实践。以西湖职高"一区两园"建设为例,它利用仿真教学区、产教融合园与创意孵化园,使政府、学校、企业和行业四方能够发挥不同主体带来的职能与功效,形成中职人才培养的合力,目前已建设有技术培训中心、产品培育中心、职业体验中心(由茶艺、咖啡、烘焙、木艺、陶艺等体验点组成)等场所,面向从幼儿园到普通高中的学生以及社会企事业单位开放。政府是以能级提升为目标的统筹者,在产教融合模式构建中承担统筹协调、建立机制、完善相关法律的职责;行业是以行业优化为目标的中间组织,它加入产教融合体系,牵头制定行业入门门槛、产品与服务标准,协调各方关系,完善技能认证体系,通过举办技能竞赛挖掘优秀人才,有助于推动该行业的优化发展;企业则是以提质增益为目标的驱动者,以提供合作项目的形式加入校企合作、产教融合;中职学校本身是以人才培养为目标的筑台者,在复合型人才培养目标的指导下,学校除了搭建以产教融合信息平台为中心的"一区两园"外,还围绕人才培养、技术升级、乡村振兴、普职融通等主题,建立多元互动的项目平台。

结　语

新产业、新技术、新业态层出不穷,中等职业教育人才将遭遇来自社会、学校、个人层面的巨大挑战。为破解在人才培养过程中出现的新问题,中等职业学校要融合大职教理念,寻求人才培养面临的诸多机遇,不断实现中职教育社会化、学校教学复合化、人才学习终身化的发展,努力构建中职教育人才培养的4.0新模式。长期以来,西湖职高坚持把职业教育的重点放在强化特色、提高质量上,构建全新的中职人才培养模式,从课程、实训、资源平台、师资队伍等方面推动人才培养行动的进一步落实,为我国中等职业教育的现代化发展提供了可借鉴、操作性强的范本。

第二章

"塔型进阶式"中职专业课程体系

　　20世纪90年代,职业教育课程改革的重心已经由课程内容设计转向课程组织设计,意味着"我国职业教育课程改革从内容的局部调整进入了结构重组的重要阶段"[①],也意味着课程体系的组织设计成为职业教育课程改革不可忽视的关键一环。进入工业4.0时代,面临以范围经济、个性定制、智能生产为特征的新业态,适应时代发展需求的人才内涵被重新界定,也要求职业教育能培养全岗位、高复合型人才。但是,中职学校的课程定位依然停留在机械化时代的技能熟练工的培训上,分科教学导致学生技能获得碎片化,单调的课程类型导致学生能力结构的单一化,封闭的课程体系也无法拓展学生的能力边界。为突破中等职业教育课程体系存在的瓶颈,遵从学习者职业能力的发展规律,学校以能力进阶为理念进行课程体系的建构实践,按照不同能力阶段的学习要求以及工作能力要求,将课程分为训练类课程、服务类课程、研创类课程三类进阶课程,用13年的探索走出一条特色育人之路。

---

　　① 徐国庆.从工作组织到课程组织:职业教育课程设计的组织观[J].教育科学,2008,24(6):37-41.

第一节 中职专业课程体系重构的现实诉求与目标指向

真正能在智能时代有所作为的人应该具有精湛的技术、精准的理解力、精确的控制力、创新的设计力,并具备良好的沟通与合作能力。但目前的中职学校的专业课程体系建设仍存有较大的上升空间,要使学生成长为合格的产业工人,应以专业课程体系建设为着力点,需要突破课程体系建设的瓶颈与遵循学习者职业能力发展规律,这既是培养社会主义建设者和接班人的需要,也顺应了当今社会经济发展的趋势。

一、中职专业课程体系重构的现实诉求

中职专业课程体系的建构强调行业、企业参与职业教育的人才培养,实现专业设置与产业需求相对接,毕业证书与职业资格证书相对接,教学过程与生产过程相对接,课程内容与职业标准相对接,职业教育与终身学习相对接,提高人才培养质量和针对性。冲击原有工学结合的课程体系,使课程开发主体与实施主体、课程理念、课程结构与实施、课程评价都随之发生变化。可以说,课程体系变革是人才培养模式变革的根本与重要突破口。从国家层面而言,相关政策为中职专业课程体系的重构提供了支持与保障;从学校层面而言,领导班子的大力支持为专业课程体系重构提供了可能;从社会层面而言,用人单位对劳动力的素质提出了更高的要求;从个人层面而言,职业技能的获得应当遵循职业能力的发展规律;从课程层面而言,是突破中职专业课程体系建设瓶颈的必然要求。

(一)国家层面:相关政策为中职专业课程体系的重构提供了支持与保障

我国的职业教育发展已有100多年历史,2002年之后,职业教育得到国

家前所未有的支持,进入了发展的春天。国家相关政策的陆续出台为中职专业课程的发展打了一剂"强心针"。2012年,浙江省推出中职教育现代化七大工程,包括专业结构调整推进工程、教师队伍素质提升工程、课程改革工程、学生综合素质提升工程、服务产业发展工程、成人继续教育推进工程、现代化示范学校建设工程。"十二五"期间,杭州市对于发展缓慢的基础性行业,如餐饮业、零售业,重在层次的提升:通过运用网络信息技术和现代经营理念、流通方式,加快传统商贸业的调整步伐,优化专业商品市场布局,提升档次;以商业特色街区、连锁经营、电子商务、会展为导向,推进实施零售发展战略、结构与空间调整战略、功能;餐饮业要体现传统与现代、国际与国内相结合,汇集中外特色,形成满足不同消费需求的杭州大餐饮格局。我们认为,所谓的"专业现代化"应该包括专业目标现代化、专业课程现代化、专业师资现代化、专业教学现代化。西湖职高以此为依据,通过研究课程结构与产业对接、课程内容与技术对接、教学手段服务课程目标等问题,缩短专业教学与行业需求的距离,解决教师无法跟上技术革新步伐的问题,最终培养适应现代服务业需求的人才。

(二)学校层面:领导班子的大力支持为专业课程体系重构提供了可能

2015年,西湖职高开始试点选择性课改。根据《浙江省中等职业教育课程改革方案》有关要求,学校先后成立"选择性课改工作领导小组""课程管理委员会""分流工作领导小组""学分认定委员会""学生成长导师工作委员会"等多个组织机构,每个组织机构都由校长室领导挂帅,保证自上而下的执行力,确保课改工作顺利进行。在制度上先后出台并执行《西湖职高选择性课改实施方案》《西湖职高升学、就业分流方案》《西湖职高成长导师制实施方案》《西湖职高学分制管理条例》,以保障课改工作顺利进行。根据"建立学生多次选择机制、优化选择性课程体系、创新教学组织方式、打造丰富多样的选修课程体系、建立健全与选择性课程体系相适应的教学评价新体系"的总体建设思路,探索"一体三维五阶"课改模式,以培养"复合型人才"培养为主体,以"多元选择、工学交替、产教融合"三个维度为核心理念,以"专业核心进阶课程""跨专业技能进阶课程""人文素养进阶课程""创新创业进阶课程""职业发展进阶课程"五个多元化进阶课程为途径,提升人才培养质量。基于此,西湖职高制定了以与企业岗位能力相适应的"一专多能"培养为目标的选择性课改体系,烹饪专业完善了"首岗适应、个性发展"的选择性课程体系。例如,烹饪专业分别修订了5门核心课程标准和5门技能考核标准,使课程设置更加符合市场需求。

(三)社会层面:用人单位对劳动力的素质提出了更高的要求

现代人才观十分强调创新品质对现代人才的决定性意义,这也是现代人才所应具备的七种能力之一。所谓的"创新"不是空中楼阁的幻想,而是能创造性地运用所学的知识与技能去解决问题。对于中职学校来说,创新创业教育是为了让学生找到事业感,增强专业感,也能彻底改变中职教育重模仿、重技巧,低位重复的弊端,提升中职生职业素养。在教育部公布的《中国教育与人力资源问题报告》中,指出了我国人力资源基本现状:整体国民素质不高,中高层次技术人才缺乏,人力资源整体水平与发达国家和新兴工业化国家相比存在着差距,劳动者整体职业素养不能适应产业高度化发展和劳动生产率的提升,城乡、地区之间劳动力职业素养水平的不均衡性十分突出。近年来,西湖职高通过走访、问卷调查、校企恳谈等形式进行了相关调研,发现社会和企业对用人的标准具有了全新的要求。除了专业能力外,更提出了情感、态度及价值观等方面的要求。如:责任心、守时负责;诚实正直、适应变化和压力;具备自我学习、自我发展的能力;具备善于沟通、与人合作的能力;具备良好职业道德与创新等能力,充分表明企业更关注学生的综合能力。同时,创新创业教育不仅成了一门课程,更成为中职学校专业文化的特色之一。让更多的学生参与其中,通过实践加强学生创新创业的意识,锻炼创新创业的能力,积累创新创业的经验。为此必须重构高质量的专业课程体系,培养具备高素质的技术型毕业生。

(四)个人层面:职业技能的获得应当遵循职业能力的发展规律

学习者职业能力的培养是职业教育的关键问题之一,把握职业能力发展阶段与职业成长规律对职业教育教学设计、课程建构与开发具有基础性的作用[1],遵循职业能力发展阶段的逻辑规律是职业教育专业课程体系建设

---

[1] 周衍安.职业能力发展和职业成长研究[J].职教论坛,2016(10):61-64.

的重要依据。职业教育的任务是通过科学的方法,把学习者从较低发展阶段循序带入更高级的阶段,其过程是"从完成简单任务到完成复杂任务"的能力发展,而不仅仅是"从不知道到知道"的知识学习和积累。[①]美国学者本耐(P.Benner)、德莱福斯(S.E.Dreyfus)以及德国学者劳耐尔(F.Rauner)在现代心理学理论的指导下,发现了人的职业成长遵循"从初学者到专家"的逻辑发展规律。据此,我国学者从新手到专家的进阶过程出发,将知识分为定向知识和总揽知识、关联知识、细节和功能知识、建立在经验基础上的专业系统的深入知识[②],并按照职业能力设计、开发课程,将职业教育分为"职业入门教育、职业关联性教育、职业功能性教育、知识系统化教育"四个层次。以上的重要研究成果为学校专业课程体系的重构提供了坚实的理论基础,只有学习者才能实现高效的技能学习。

(五)课程层面:是突破中职专业课程体系建构瓶颈的必然要求

职业教育领域缺少对技能形成规律的深度研究,缺少相关的策略框架,教师难以深刻把握职业能力形成的规律,无法明确每一种教学方式对能力形成的作用。因此,无论学生处于哪一个学习阶段,无论学习哪一类知识技能,教师都会按照相同的教学目标采用相同的教学方式进行教学,这正是职业教育低端低效的症结所在。首先,偏重低层次的重复性训练不利于学习者能力结构的完善。中等职业学校以培养技能熟练工为主要目标的单一人才定位及其无差别培养模式,在一定程度上忽视了学习者的差异性与多元化的发展,限制了学习者的成长空间。这种低水平的重复性训练无视知识与能力结构的特征和能力升级的思维建构,最终导致人才培养愿景与培养实效之间出现断层。其次,统一的课程进度安排制约培养方式的多样性。第一,在班级授课以及现有学制的单一目标和刚性培养模式下,无法进行差异分类、分层进阶的教学。无论学生掌握情况如何,都必须统一学习进度、统一学习内容、统一学习方法。第二,学生很难获得对工作过程完整的理解,形成良好的工作思维能力和创新创业能力。单一的学习环境忽视了学

---

① ③赵志群.职业成长的逻辑发展规律[J].职教论坛,2008(16):1.
② 徐国庆.职业能力的本质及其学习模式[J].职教通讯,2007(1):24-28+36.

习者能力形成的机制,进而导致人才培养不尽如人意。尽管多数职业学校都建立了实训中心,但往往过度关注硬件的升级,对产业发展带来的职业场景变化严重忽视,特别是对学习者与工作环境的互动缺乏关注,客观上为专业课程体系的重构造成一定阻碍。

二、中职专业课程体系重构的目标指向

课程目标是教育目标的直接体现,明确的课程目标不仅会促进人才的培养效率,也能够为不断深化人才培养规格提供借鉴。当前中职专业课程目标缺失的问题仍然存在,在一定程度上对教育教学实践产生了负面影响。学校以"塔型进阶"专业课程体系为载体,探索具有本校特色的专业课程目标,主要体现在:一是专业课程结构与产业结构升级相适应,培养企业需要的技能型人才;二是专业教学内容跟进产业技术革新进程,促进教师的专业成长;三是专业能力培养与产业人才需求相匹配,完善人才的职业能力结构。

(一)专业课程结构与产业结构升级相适应,培养企业需要的技能型人才

产业结构升级是指产业结构从低级形态向高级形态转变的过程或趋势。产业结构升级的主要推动力是技术的进步和经济的发展。面临产业结构的升级和转型,中职的人才培养目标的升级、专业课程体系的建构首当其冲。在国家大力发展职业教育方针的指引下,中职学校的培养目标逐渐明确,即培养生产和服务第一线的技术工人与服务人员,我们通常称这样的人才为技能型人才。随着社会经济的飞速发展,企业对技能型人才的需求也越来越高。在每年西湖职高与企业的座谈会上,企业代表多次提出:学校的教学能否让进入工作岗位的学生直接上手,又或者尽量缩短学生在工作岗位上的适应期?除了企业代表提出的问题以外,目前中职学校稳定的课程设置和专业教学内容主要存在三个不适应:一是不适应产业结构调整,二是不适应行业技术更新换代,三是不适应市场对人才需求的变化。这三个不适应使走向实际工作岗位的中职生无法快速进入角色,独立完成任务,制约了中职人才培养目标的实现。

根据市场调查,我们发现目前企业对技能型人才的要求大致集中在四个方面:一线性,即工作岗位在生产、服务、建设的一线;熟练性,即技能熟练程度高;实用性,即所具备的技能属于实用技能;职业性,即必须具备良好的职业素养和职业习惯。而高技能人才的突出特征还包括高超的技艺性、岗位的针对性、素质的全面性以及突出的创造性。因而,中职学校的课程结构就应当与产业发展需求紧密对接,这也是职业学校与普通学校的主要区别之一。中职学校的人才培养目标以及学生的专业技能和综合素养水平是否符合市场需求,是检验一所职校质量高低的关键准则。由于行业对人才的需求始终随着产业结构的调整不断地变化着,因此,中职的专业课程结构既要注重培养学生的基本技能,又要加强方向技能的课程学习。要想实现专业课程体系的动态调整,中职学校必须积极与企业合作,掌握社会发展的动向,根据市场的需求调整课程内容,不断改进教学方式,以培养企业真正需要的技能型人才为目标。

(二)专业教学内容跟进产业技术革新进程,促进教师的专业成长

产业结构升级势必带来产业技术的改革。建筑装饰行业协会总经济师王本明认为,"十二五"期间,我国建筑装饰向着生态、低碳、绿色方向转变,因此建筑装饰在设计、用材等方面要采用新工艺、新思路、新技术,使之更为环保。在餐饮业中,食品安全、中央厨房、追求营养搭配和养生保健等理念,推动了该行业的技术创新。作为现代零售新兴平台的电子商务专业,在技术革新上更是发展迅速,从物流配送到客服,从推广到品牌建设等,都需要新技术的支持。教师作为知识传授者的主体,理应承担起教授学生相关技术的任务,但由于绝大多数教师来自师范院校或者其他综合类大学,只有少部分教师来自企业第一线,师资队伍结构存在明显的弊端。不同于普通学校教师作为教授者的角色,职业学校的教师既是知识的传授者,又是技能的学习者。一方面,许多专业教师在大学实习期间或者成为职校教师后能够进到企业进行短暂的学习,但这种形式的学习收效甚微,教师不仅不能融入企业文化,而且一旦离开企业之后依然不能及时掌握企业的发展及其需求;另一方面,教育的经历也直接决定了教师在专业教学上的局限性,许多专业教师接受的培养方式与中职侧重的技能教学是完全不同的。也正是这一局

限性,使最新的技术变革、工艺流程、技术材料无法及时进入教学,中职专业课的滞后性由此产生。

专业课程体系重构意味着行业专家进入课堂,但并不意味着学校教师可以不作为。相反,这对专业课教师的要求提高了,因为他们同时担任着两种身份:教师和学生。在行业专家的教学过程中,专业课教师以多种方式参与、组织教学,同时又是一个学习新技术、接收新信息的过程。以电子商务专业的教师为例,在全程参与淘宝商铺的准备、推广、上架、销售、售后、管理等一系列工作的同时,教师获得了宝贵的实战经验。而烹饪专业的教师在与行业专家共同教学的过程中,发现了新原料,学习了新工艺,并与行业专家共同参与新产品的研发,教师获得了重要的创新能力。建筑专业的教师从企业人员那里获得很多新的行业规范、新材料、新信息,教师更新了知识。当然,更重要的是,教师将这些经验、能力与知识及时补充和更新到自己的教学实施过程中,成了新的教学资源,使教师真正成长为教学专家和技能专家的"双师型"教师。近几年,国家对中职学校的技术课程教师提出了"双师型"的要求,即要求技术课程教师具备两个方面的素质和能力:既要像教师一样有较高的文化和专业理论水平,有较强的教学、教研能力,同时也需要像工程技术人员那样有广博的专业基础知识、熟练的专业基本技能。经过几年的师资培训,许多中职专业教师都成了"双师型"教师,成为推动中职学校技术课程教学改革的主要力量。

(三)专业能力培养与产业人才需求相匹配,完善人才的职业能力结构

职业能力是建立在人们职业活动基础上的,针对某一职业而对应的多元能力的集合。一般而言,职业能力除了学习能力、社会关系能力、协作能力、岗位(环境)适应能力以外,还包括专业能力和职业综合能力。其中,职业综合能力被称为"核心能力",强调的是跨界的关键能力,如跨界的个人能力、社会能力、专业能力和方法能力。研究表明,一个人的职业能力与个人职业发展和职业成就成正比,也就是说,一个人的多元职业能力越强,其在职业活动过程中的创造力、发展力就更强,就越能获得好的职业机会和工作业绩,越容易走向成功。从目前的现代学徒制试点来看,虽然教育者也开始关注学生的职业能力发展,但是重技能、轻能力的思想依然存在,不仅在教

学上存在着学科割裂的问题,实训中也缺少培养学生综合职业能力的平台。在课堂教学上,我们既要探索适合中职生特点的教学方式和学习方式,又要使行业专家的岗位特点转化成隐性课程,从而对学生的职业素养产生潜移默化的影响。我们使学生由专业技能零起点,逐渐成长为对技能、生产熟练的劳动者,进而提升学生的综合素养,以培养具有研发思维、创新创业意识的高素质技能型人才为最高追求,不断发现并完善人才的职业能力结构。

三、中职专业课程体系的课程观

课程体系与课程观有着密切的联系,有什么样的课程观就有什么样的课程体系,因此确立正确的课程观对课程体系的建立有着至关重要的作用。在"以就业为导向"的政策背景下,虽然以往的课程在名义上都是为了满足社会对人才的要求而进行建设的,但是职业学校的人才培养始终与社会对人才的需求存在着一定的差距。近年来,随着"百万扩招"的进程逐渐加快,中职学校在升学还是就业的路口上犹豫不前。归根结底,不论是升学还是就业,职业教育都始终应当以面向工作世界的课程观作为第一要义。这需要以面向工作世界的课程观为建设思路,在课程目标上关注表现性与生成性相统一,在课程设置上凸显"能力本位",在课程组织上注重双主体的严密性与互动性。

(一)以面向工作世界的课程观为建设思路

课程是实现工学交替、岗位成才的根本,鉴于其开放性和职业性特点日益凸显以及开发与实施主体的双元性,期待建立多元整合的课程观。该课程观是大职教观下的课程观,课程体系构建原则既要遵循职业教育课程开发的一般规律,也要遵循岗位成才的特殊性;课程体系价值取向既要满足学生企业定向岗位需要,也要满足学生终身学习需要。与普通教育培养研究型人才的培养目标不同,职业教育是面向工作世界的教育类型。职业教育的类型属性就决定了其课程建设应当始终坚持基于工作过程的课程观。[①]

---

① 姜大源.职业教育学研究新论[M].北京:教育科学出版社,2007:17.

工作过程的意义在于,"一个职业之所以成为一个职业,是因为它具有特殊的工作过程,即在工作的方式、内容、方法、组织以及工具的历史发展方面有它自身的独到之处"①。同时,课程要素要具有多元性。因此,专业课程观要在遵循职业教育课程属性的基础上,在符合岗位人才培养目标要求的前提下,坚持能力与素质并重,多元整合学生个性发展、职业教育发展、校企利益相关等诉求。

(二)关注表现性与生成性相统一的课程目标

课程目标是课程开发的逻辑起点,也是最终归宿。"塔型进阶式"课程体系的相关专业与普通专业相比,其教学场所的情境性与真实性增强,并贯穿于人才培养的始终。因此,以往的课程体系中单一普遍性、行为性的目标取向已经不能满足"塔型进阶式"专业课程目标的达成,需要校企双方在教学情境与真实职场环境交互中共同建构与实现的、符合某一企业具体岗位或岗位群的特点、具有特殊性的课程目标。此外,实践教学内容开展的时间、方式及技能操作内容的变化,对以往预设性的课程目标也提出了挑战。因此,表现性与生成性相统一的课程目标取向是"塔型进阶式"专业课程目标取向所在,其关注学生在两种不同情境交互学习及实操后学习行为和技能操作上所发生的变化,关注学生岗位迁移后的个性成长,是超越学生发展的课程目标。

(三)凸显"能力本位"的课程设置

纵观实施学徒制的发达国家,其职业学校大体实行"能力本位"的课程设置,比较典型的有:北美的CBE(以能力为基础的教育)和DACUM(课程开发),根据职业岗位能力开发相应的课程;德国的"双元制",即基于工作过程的课程,提倡解决综合能力问题,包括技术、社会、环境以及与工作过程有关的各个方面。以德国双元制课程安排为例,其第一学年的理论课和实践课比例一般为2:3,第二、三学年理论课和实践课比例一般为1:4。可以说,德国双元制的巨大成功与课程改革的建设是密不可分的。脱胎于学徒制的"塔型进阶式"人才培养模式,其课程设置也应遵循能力本位的原则:一是职

① 赵志群.职业教育与培训新概念[M].北京:科学出版社,2003:97.

业性原则,以工作过程为导向。职业教育课程以形成学生的职业能力为课程目标;课程开发以典型职业活动为核心;课程内容以工作过程知识为主体;课程实施环境强调模拟职业工作情境。二是综合性原则,以综合职业能力为目标,课程目标定位于培养学生综合职业能力,提高学生的综合职业素质。三是适用性原则,以学生为主体,适合教育对象的年龄特征、个性特征和发展水平;适应科学技术的进步和经济社会的发展。四是实践性原则,理论实践一体化,一方面是学生学以致用;另一方面是学生用以而学,把"学"与"用"统一起来。

(四)注重双主体课程组织的严密性与互动性

在"塔型进阶式"专业课程教学视角下,课程教学不局限于学校和课堂,而是延伸到企业和社会,具有二元性和开放性,具体表现在教学情境双场地变换、课程教学主体的二元协调、教学内容的双体系交互与对接、两种课程教学框架计划的互补等。因此,在"塔型进阶式"试点专业课程体系建构中,对课程实施逻辑顺序与组织实施提出了更高的要求,尤其是对课程实施的保障条件提出了新的要求。课程程序化的逻辑严密性与课程组织实施的双向互动性是二元教学时空、二元教学情境、二元教学体系框架、二元教学主体对接融合与互补的有效手段和客观要求,是促进现代学徒制专业人才培养目标达成的关键。

第二节 "塔型进阶式"专业课程体系建构

传统职业教育课程最根本的问题在于企图从理论中演绎出实践,从而达到培养职业能力的目的,而真正有效的职业能力培养路径在于如何使学生进入实践的行动逻辑[1]。鉴于此,经过13年的探索与实践,西湖职高构建起"目标分层、分阶培养"的课程体系,形成了以训练类课程、服务类课程、研创类课程为主的课程结构。

一、"塔型进阶式"专业课程体系建构模型

按照工作过程的逻辑顺序,并借鉴德国不来梅大学技术与教育创始人劳耐尔教授的从新手到专家理论,同时整合了我国中职学校的特征与社会对人才的期待,学校构建了"塔型进阶式"课程体系,在尊重中职生差异化发展和个性化选择的基础上进行目标分层、进阶培养。

(一)"塔型进阶式"专业课程体系的构想

从整个人才培养结构看,"塔型"是人才梯队的构成形式,在全部学生达成技术熟手目标的基础上,一部分不合格员工成为合格员工,其中的优秀者成为具有研创能力的员工。从职业能力的构成看,熟练的技能操作是顺利完成工作项目以及进行研创的基础。看似在重复训练中形成的技能自动化,其实质是对动作的定向以及环节的理解,背后是在经验积累的基础上对"怎样做"的思考。每一个职业都是由许多岗位组成的,所以要完成一个工作项目,必须对这些技能与知识进行灵活整合,研创能力也是建立在对岗位

---

[1] 徐国庆.职业教育课程、教学与教师[M].上海:上海教育出版社,2016:24.

与职业理解的基础之上的。因此，随着能力边界的扩大，知识与技能的整合程度将不断提升，由此构成了职业能力塔。从学习的组织结构看，一个学习团队必然由导学者、助学者、学习者三种角色构成，无论角色如何动态变化，这永远都是一个"塔型"的结构方式。基于"塔型"的内涵，学校需要制定不同阶段的晋级标准，并对每个阶段的学习内容进行符合这一阶段特征的重构，在教学中可采用多师教学的模式，将优秀的学生纳入教学团队，给予其不断成长的目标和动力，并在学习团队中明确不同位置及其职责，这样才能形成稳定的"塔型"结构。

(二)"塔型进阶式"专业课程体系建构的理论基础

首先是能力进阶理论。德国职业教育学家劳耐尔在能力发展理论的基础上，提出了一个关于从新手到专家的职业能力发展阶段及学习范围的理论。他区分了从新手到专家的五个发展阶段，即新手、有进步的初学者、内行的行动者、熟练的专业人员和专家，并描述了每个阶段的能力特征，能做出的行动以及向上一阶段发展需要的学习条件。这一理论认为，学习形成了四个逐级递增的阶梯：第一级是职业定向和总揽知识的学习，第二级是职业关联知识的学习，第三级是细节与功能知识的学习，第四级是基于经验的系统工作知识的学习。正因为各阶段学习范围不同，所以学习的内容与方式必然存在差异。按照这一理论，职业能力的发展始于个人经验，但最终还要回归到个人经验。与系统工作任务关联的专业知识只是新手发展到专家的手段，只有最终在个人经验的基础上建构系统的专业知识，才可能达到专家的技术水平。以此为依据，根据我国中职学校的特征与社会对人才的期待，笔者将学习者的职业能力成长的逻辑路线分为"新手""熟手""高手"三个阶段，并以此为分析框架，进而构建了"训练类课程""服务类课程""研创类课程"三种类型的课程，这三类课程相互联系、密切配合，并为教师的"教"与学生的"学"提供了直接依据，从而推动学生职业能力的成长。

其次是情境学习理论。20世纪90年代，情境学习理论在认知论领域催生了一场新的革命，并在当代学习理论中独树一帜。该理论认为，"学习的本质是个体参与真实情境与实践，与他人及环境相互作用的过程，是培养参与实践活动能力、提高社会化水平的过程，也是一种文化适应及获得特定实

践共同体成员身份的过程"。情境学习理论在强调"真实情境"的基础上,凸显与学习的过程和目标相关的三个关键词,即实践、共同体、角色。第一,学习的过程首先是参与实践,学习共同体从边缘者转变为参与者,并在观察、体验、尝试实践的过程中逐渐建构不同类型的技能与知识体系,明白"是什么"和"怎样做"。第二,从边缘到中心必定是一个从浅层参与到深度实践的过程,学习者进而提炼出关于"为什么"的知识。第三,从边缘到中心必定又是一个角色转变的过程,或者说是一个职业角色建立、社会角色融入的过程,学习者在知识共享与交流合作中逐渐清晰自我的位置和价值,进而成为一个真正的独立的人。基于此,对于职业教育而言,职业情境的创设就非常重要,学习者要成长为职业人、社会人,就必须在职业情境中学习,这种情境基于岗位,又置置于完整的职业背景与业态发展之中,以此弥补分科学习将知识、技能割裂开来,以至于无法培养学生综合能力的弊端。

二、"塔型进阶式"专业课程体系内涵

"塔型进阶式"专业课程体系主要分为训练类课程、服务类课程及研创类课程三大类别,按照职业能力的发展顺序,按照"新手—熟手—能手"依次递进。逐渐形成了以双元主体参与办学为依托、以工作要素为基础的专业群重构、依赖于工作任务项目化的学习场、以能力进阶的运营模式为核心的全方位课程重构,极好地满足了社会用人单位的需求,也为同类职业学校在专业课程改革方面提供了宝贵的借鉴经验。

(一)"塔型进阶式"专业课程体系的三类课程:训练类课程、服务类课程、研创类课程

1. 训练类课程。该类课程既包括技能精致化的训练,也包括归纳思维的训练。训练是技能获得、熟练、自动化与精细化的主线,也是学习者拓展职业能力的基础。只有通过螺旋上升式的训练课程,才能帮助学习者循序渐进地夯实技能基础。西湖职高校企合作的训练型课程充分发挥学校与企业的资源优势,将学校的训练系统与企业的场景学习有效结合起来,形成了针对技能与思维的训练课程。训练类课程的实施特征是追求标准与精致。"标准"指向的是学习者在规定时间内能按照标准的流程,用标准的操作方

式,完成符合标准的作品。"精致"指向的是作品的审美范畴,需要学习者在标准的基础上,对每一个细节的精细化制作。从标准到精致表现了学习者从技能熟练到技能精细化的过程,一方面需要通过观察、模仿训练,提升学习者对标准精致的敏感度与准确的还原度;另一方面需要通过纠错、完善训练,帮助学习者积累对标准、精致的实践经验。

2. 服务类课程。该类课程是在真实的生产与服务工作场景中,培养学习者合理分析工作任务、高效执行任务的能力,以及适时反思与改进行动的课程。以就业为主导的中等职业教育人才培养的终点还是要面向社会、面向市场、面向企业,并且应当做到具体工作岗位的精准对接。单单凭借训练类课程是无法满足企业的岗位需求的,对一名合格员工而言,技能操作仅仅是基础,还应当具备必要的"软技能"(如良好的沟通协调协调能力、主动收集行业标准的能力)和对整个工作流程的了解能力。因此,在训练类课程进行到技能熟手阶段后,训练与真实情境的生产服务就必须进行有机结合。服务类课程的训练分为两条线:操作室的精细动作训练与工作场所的真实工作训练。因此,企业作为人才培养的主体应当主动提供基于真实工作场所训练的机会,企业的参与程度与学生在真实工作场所的学习程度直接决定了人才培养的成与败。企业不仅是这类课程的设计者之一,也是生产服务性项目的引进者。追求高效与合理是服务类课程实施的典型特点。"高效"指向的是能根据现场需要优化生产服务流程或者方案,提高生产服务的效率。"合理"指向的是能根据需求提供符合需求的生产服务。从高效到合理表现了学习者对流程的熟练度,以及对任务特征、市场需求和产品之间关系的分析与理解,这是学习者转向合格员工的重要标志。因此,学习者需要不断在仿真工作场与真实工作场之间交替学习,仿真工作场包括虚拟空间与线下空间,承担体验学习、复盘纠错的功能,真实工作场具有实战积累、提升巩固的功能。

3. 研创类课程。该类课程是在前两类课程的基础上进行的职业能力拓展,由产品研发、技术创新、品牌创业等内容构成。这类课程定位于培养学习者对问题的探究能力,帮助学习者能够通过市场调研形成问题,并理解用户的基本需求,通过设计方案、验证方案,进而推动方案的具体操作实践。

通过完成相应的研创项目,加深学习者对专业、产业、市场的理解。因而,这种类型的课程一般被置于中等职业教育学制的后半段、高职阶段以及企业高级员工的培训过程中。对于中等职业教育而言,高三阶段的学习者是研创项目的主要跟随者与参与者,这个阶段的主要目标是使学习者能根据要求收集信息,培养的是学习者对市场的敏感性,对有效信息的获取与分析能力,并且能够利用工具分析数据资料,为市场参与者的科学决策提供依据。研创中级阶段的目标是培养学习者根据需求设计方案以及验证可行性的能力,加深对专业知识与技能的理解。因而,高职阶段的学习者要在收集与分析信息的基础上设计解决方案,并进行实验验证。同样地,高级员工培训阶段的学习者要能够制订合理的实施方案,并根据社会条件和市场条件的变化及时改进与优化方案。追求研究与创新是研创类课程实施的显著特点。"研究"指向的是以问题为中心的实证研究,需要对包含问题的现象具有敏感性以及分析、归因的能力。"创新"指向的是以问题为导向的技术升级、产品改良、品牌创业,需要方案设计、实践验证与优化提升的能力。这是学习者拓展职业能力,进而成为专家型人才的重要环节,也是职业人终身需要研习的课程。这类课程的实施需要围绕具体真实的研创项目,以攻关项目组的形式,在研创中学习研创。同时也需要"走出去"看,"请进来"导,加强素材积累以及相关的理论学习。

(二)"塔型进阶式"专业课程体系要以双元主体参与办学为依托

"塔型进阶式"专业课程体系建设联合企业,以双主体模式校企双元主体合作共同制订人才培养计划。在职业教育中,双元主体是技术人才培养模式的关键,双元主体观是对应于单一主体观和多元主体观存在的概念。双元主体观就是指人才培养不再是学校单一主体参与,而是由学校和企业共同承担人才培养责任,共育、共管、共评的教育教学过程。在这一背景下,双元主体观的核心思想就是双主体办学。而双主体办学的本质是校企资源的有机整合以及校企文化的高度融合。具体来说,就是校企双方在利益合作方面达成共识后,学校与企业需要在制订人才培养方案、理论实践课程的教学、技术问题的解决、校企人员互兼互聘等方面进行广泛的合作。将企业理念、企业文化、先进技术以及管理制度等贯穿于整个育人过程,企业和学校双方责任共担、利益共享，从而实现学校与企业的全方位、无缝对接融合，确保人才培养过程中校企双方治理的最优化。由此可见，双主体办学的特色有：在于办学主体的双元性，在于人才管理的多中心，在于办学方式的协同式合作，在于办学结构的融通跨界，在于办学效益的综合性，在于办学目标的共赢共享，在于办学主体关系的多边平等性。但事实上，双主体办学之下，容易形成由某一学校或者某一企业占据主导优势，双方在具体合作过程中呈现"一强一弱"的局面，导致整个治理结构的失衡，尤其在于规范制定、关键决策等方面呈现"一言堂"，从而导致培养过程的低效。如何平衡双元主体，使双方达成人才目标培养的一致是办学的关键所在。基于校企双主体办学的特色，其长效机制的形成往往在于跨越人才培养（培训）、产品研发、技术服务等层面的校企内在关系的统筹与协调。而撬动这一运行机制的支点在于校企权利、利益和认同的统一。

（三）"塔型进阶式"专业课程体系是以工作要素为基础的专业群重构

早期的院校专业设定划分过刚过硬，导致专业单体资源过于分散，难以获得产业的支持。专业之间相互关联又彼此分散，为了让学生更好地适应就业岗位，拓宽职业领域，根据需求选择自身需要的课程，形成最终专业，同时使教育资源发挥最大效用，专业群也就应运而生。专业群的建设需要解构并重构专业结构，同时需要考虑多方面的因素，不同经济情况的地区情况会有所不同，不仅涉及学生毕业后就业的结构性问题，还要考虑行业企业的可参与性。与职业教育最直接相关的就是与产业、职业群岗位的对接。专业群的课程重构时，需要考虑以何种要素作为重构基础，如何将它们重组。工作知识中最基础、最直接的是关于工作要素的知识，而职业能力的形成就是知识与具体的工作要素之间产生联系，包含工作要素的工作情境是职业能力成长的环境和基础。在进行专业群课程的重构时，需要根据学校的自身特色，参照产业链中相应的工作体系，围绕不同的工作岗位对相关工作要素进行分析，再依据工作要素划分为不同元素，最后将不同的元素知识重构为一门门课程或项目。基础课程面向专业群内所有学生，教授通用的知识、技能和素质，形成对职业领域的整体认知。专业课程面向本专业学生，按照职业岗位所需的核心职业能力安排课程，掌握专业领域内岗位需要的职业

能力。对于产业发展和市场需求进行密切跟踪,实时开发更新模块课程作为自选课程,以供学生根据个人兴趣和职业规划选择学习。

(四)"塔型进阶式"专业课程体系依赖于工作任务项目化的学习场

职业教育的教学特点决定了"塔型进阶式"专业课程体系的设计需要遵循工学结合的理念,强调要将理论教学和生产实践教学有机结合,以理论学习和生产实践高度糅合的教学内容设计。较传统的教学模式通过工学结合,学生在学习过程中能够及时应用理论知识,并通过实践检验理论知识、升华理论知识,学生能够快速提高实践操作能力,提高综合职业能力。同时能有效提升岗位核心竞争力,尤其是有助于学生从学生身份向员工身份的转变,缩短学生毕业后的岗位磨合期。从这一层面看,工学结合秉持了"以服务为宗旨,以就业为导向"的理念,高度体现了"以人为本"的教育理念,有利于"人人出彩"的教育格局的实现。

工学结合观下的教育模式往往是"学—工—学"的良性循环,是学生"学习—操作—反思"的过程,能够最大限度地激发学习者的学习欲望,也能最大限度地提高学生的学习效率,增强中职生的学习积极性和学习自信心,挖掘其内在的自主学习的动力。这就要求中职学校重视对学生"理实一体教学"的开展,强化学生理论联系实际能力的培养。具体而言,就是加强学校和企业的合作,创设理实一体的真实有效的学习环境,搭建具有针对性能力培养的载体,让学生能够真正体验到学习和工作的联系,降低学习的盲目性,为学生职业发展、终身发展提供正向平台。创设理论与实践有机结合的教学环境和平台,能够增强学生的感性认识,提高学生的理解能力,易于学生掌握较抽象的知识点;同时能在工学结合的环境中,采用教、学、练、做四位一体教学法,边讲边学,边学边练,边练边做,讲、学、练、做相互交叉,学做合一、理实一体,使学生具有坚实的理论知识和过硬的实践技能。在此基础上,要求对学生的考核评价也必须打破单一的成绩考核模式,建立传统成绩考核和实践操作考核相结合的考核方式;要求学生教学环境必须是理论教学和实践教学的一体,即在空间设计上实现学习区域(理论教室)与实践区域(实训教室)的有机组合。实现工学结合的有效教学载体就是项目式教学。

学校从合作企业中承接的真实工作订单,课程设置与工作任务相匹配,从工作岗位的工作任务出发,按照工作任务的逻辑关系设计课程体系,同时围绕职业能力的形成过程来组织课程内容。[①]将工作任务中涉及的知识点与技能分离出来,根据学习阶段、学习特征分解为各类要素,按照学生的专业及教学内容进行重组,成为具有针对性的学习项目。之后再着手处理完整的工作内容,在此过程中理解知识技能的具体运用,熟悉工作任务的基本流程,加深对知识技能的理解。完成教学后,工作项目中隐含的知识、技能、经验与思维方法等,在教师的引导下,学生将其内化重构,融合为学习者自身新的知识体系。从目标、标准、程序、技术、评价等方面进行教学化处理。在"工作—学习场"中,将蕴含在工作任务中的知识、能力、方法、思维通过共同化、表出化、联结化、内在化,融合于学习者自身的认知结构中。让学习者在"实践—学习—分享—反思"的过程中,激发学习欲望,提高学习效率,降低学习的盲目性,为学生职业发展、终身发展提供正向平台。

(五)"塔型进阶式"专业课程体系以能力进阶的运营模式为核心

无论是普通教育还是职业教育,育人过程都是一个循序渐进的过程,是一个不断进阶的过程。对于中职学校来说,进阶式的教育观更符合技能型人才培养的内在需求。"进阶式"指的是职业教育的技能型人才培养要遵循教育规律,按照学生技能接受成长规律设计教育活动。截至目前,关于"技能进阶"的教学研究颇多,大部分专家以"学习进阶"来统称,并将研究内容涉及课程内容、教学策略、评价标准等。但是,关于技能进阶仍然没有一个明确的定义。课题组结合美国NCR专家关于"学习进阶"的定义认为,技能进阶不仅是单纯的专业技能的循序渐进的培养路径,而且是学生综合技能在一定教学时间内,对某一知识内容或者某一技能操作从初级到高级的递升,是学习者学习力的不断深化,学习者思维的不断进化。

16~18岁的青少年是中职学校的主要教育对象,在这一阶段,他们的生理和心理都在发生变化,走向成熟,走向独立,个性发展、多元需求的特点越来越鲜明,进入了所谓的心理"断乳期",特别是经历过初步的专业选择后,

---

① 李亚平.基于工作任务的职业教育项目课程及其开发[J].当代教育科学,2013
(19):42-44.

他们的专业意识、能力意识都开始有了方向，也就有了粗浅的发展目标。这在一定程度上激励强化了他们对社会的感知度，对自身责任的认知度，开始有意识地提高自己的实际能力。而这种意识内现在思想上，就是其对事物认知的中立性，对社会问题的思辨性，对问题逻辑的强化性；外化到行为上，就是其对不同学习内容的渴望，对体验性、实践性学习内容的偏好，对自我价值实现的诉求，学校制订的培养计划必须与时俱进，紧密契合学生智力、心理和生理的变化，紧密贴合学生多元发展的需要。

"塔型进阶式"专业课程体系遵循学生认知及技能形成规律，构建了三个阶段的进阶式运营模式：一是基础知识和基础能力塑造阶段；二是专业知识和专业能力孵化阶段；三是综合知识和综合能力培育阶段。依据学习进阶的要素，设置了五个组成要素①构建进阶式的教学环境：第一，进阶终点——首先分析各专业的学科内容、企业需求、岗位标准、职业资格等相关指标，其次针对不同阶段对应的教学预期、教学目标等设置不同阶段进阶终点；第二，进阶维度——从学生专业能力、职业能力和创新创业能力三个维度，结合学生内在的学习与成长规律，追踪学生在这三个维度上的阶段性的发展，形成全过程的学生管理机制；第三，多个相互关联的成就水平——以学生不同阶段思维、能力等多个方面发展的普遍性、整体性特征为参数，综合考量进阶路径上的多个相互关联的成就水平；第四，不同成就水平对应的预设成果——在不同成就水平阶段，学生会形成对应的表现和成果，这应该作为相关阶段对学生、教师、教学环节等评价的量化指标；第五，有效的评价工具——以培育质量为导向，结合学生在各个进阶阶段上的学习与发展情况，形成过程与结果有机结合的完整的测评工具。

三、"塔型进阶式"专业课程体系的特征与创新之处

在实践过程中，学校逐渐形成了以科学设计、逐级进阶，跨越学制、分级学习，整合要素、聚力培养为主要特征的较为合理的课程体系；创新之处体

---

① 刘晟，刘恩山.学习进阶：关注学生认知发展和生活经验[J].教育学报，2012，8（2）：81-87.

现在：首先，针对中职学校人才培养规格单一、定位模糊的问题，基于职业成长逻辑路线构建"目标分层、分阶培养"的"塔型进阶式"人才培养模式；其次，围绕职业成长路线，系统设计人才培养支持系统，实现以阶段发展特征为核心的学习方式、学习情境、师资团队、评估体系等教学要素的全面重构；最后，梳理不同层级培养目标、学习机制与工作特征的关系，提出不同阶段的学习方式。

(一)"塔型进阶式"专业课程体系的特征

1. 科学设计、逐级进阶。中职学校主要培养的是技能熟手，每个专业均有中级工考证的标准，每个核心课程也有相应的技能考核标准。在此基础上，我们针对企业的需求以及大部分学生的学习能力，设定可以达成独当一面的员工的标准，增加团队合作能力、问题解决能力、工作执行能力的评价权重，把工作(项目)的整体完成作为该阶段的培养目标。研创阶段的标准定位在掌握研发创业的方法上，而不是创新创业项目的成功与否。事实上，中职学校也很难帮助在校生进行创新创业，学生只能在教师或者企业导师的创新创业项目中进行部分工作。不同阶段的培养标准存在联系，后一阶段的学习必须建立在对前一阶段学习的理解上，是前一阶段学习的迁移上升。随着学习升级，标准的权重从技能熟练倾向于职业能力、工作态度、思维方法等综合能力。

2. 跨越学制、分级学习。在完全学分制的支持下，学习进度较快的学生可以跨越年级，进入高一级别的学习团队中，学习进度较慢的学生可以进入补差型社团获得学习支持。目前，这样的学习团队主要以社团、选修课、校外服务队等形式存在。基于浙江省选择性课改的背景，每周有两个下午的选修，每天中午进行社团活动，不同学习层级的学生可获得不同层级的学习项目。而各专业的校外服务队利用节假日承接活动的方式则为熟手级以上的学生提供了实践的平台。在课堂教学中，不同级别的学生往往根据任务的特征进行不同形式的组队，形成课堂小型塔式学习。在完成基础任务之后，不同特长与兴趣的学生可以选择各类提升型或拓展型课程，成为高端企业需要的技术精英或者连锁门店需要的服务型人才。

3. 整合要素、聚力培养。以职业成长路线为核心，将原本分散的教学要素进行系统设计。根据各阶段的学习特征,优化要素组合,设计学习方式,建设相应的学习(职业)情境,组建教学共同体,重构评价方式。围绕学生的职业成长,聚合学、境、师、评,形成相互咬合的同心圆,支持学生达成发展目标。

(二)"塔型进阶式"专业课程体系的创新之处

1. 针对中职学校人才培养规格单一、定位模糊的问题,基于职业成长逻辑路线构建"目标分层、分阶培养"的"塔型进阶式"人才培养模式。从以知识系统为核心的培养思路转向以职业发展为核心的培养路径。重新界定中职人才培养目标,尊重学生能力发展规律,以多阶多层弹性目标取代刚性标准,创造性地提出在达成技能熟手的基础上,不同类型的学生达成不同培养目标的塔型人才结构思路。以职业能力成长为逻辑主线,搭建人才培养塔,科学设计各阶段的目标,制订培养方案,从关注技能熟练向关注职业素养提升转变。

2. 围绕职业成长路线,系统设计人才培养支持系统,实现以阶段发展特征为核心的学习方式、学习情境、师资团队、评估体系等教学要素的全面重构。运用完全学分制,弥补大班授课制下忽视学生习得效果的以学习时间为条件的统一升级制度,把能力提升作为晋级条件,符合能力发展差异性、多样性、多阶性特征。探索基础技能学习、工作能力提升、研创能力培养的规律与特征,结合行业标准、职业资格证标准,设计不同层级的达成目标。与阶段学习工作特质相匹配的不同组织类型学习环境的创设,有效提升能力获得效率。辅助型技能社团与培优型技能社团,弥合了学习差异带来的学习惰性。以多层级教学共同体代替师资团队,学生、教师不断地在学习的边缘与中心之间来回,导、助、学的角色不断动态变化,促使师生职业能力共同螺旋上升,教师成为专家,学生实现社会化、职业化。

3. 梳理不同层级培养目标、学习机制与工作特征的关系,提出不同阶段的学习方式。探索技能熟练、职业能力提升、研创思维获得的规律与方法,形成多样态的有针对性的学习方式,设计有梯度的任务,帮助学生实现从技能熟练工向合格员工、研创人才发展。参考企业员工考核方案,结合市场反馈的评估系统,实现能力升级与素养提升的培养指向。

第三节 "塔型进阶式"课程体系的实践与思考

职业教育课程的目标是培养学生职业能力,而能力有它自身的发展顺序,知识只是能力发展的条件,因此职业教育课程展开的逻辑主线就应当是能力发展顺序本身。[①]"塔型进阶式"课程体系将人才培养的内容细化成了训练类课程、服务类课程与研创类课程三类可具体实施的课程,构成了中等职业学校人才培养的逻辑主线。

一、基于"五个对接"的课程开发路径

学校突破传统观念,探索以职业能力为导向的课程开发模式,构建理论实践一体化,与职业资格标准相融合,具有杭州特色、职教特点的职业教育课程体系和课程实施,管理及评价的有效途径和方法,有效促进了学生综合职业能力的形成,从根本上解决了人才培养与企业需求脱节的问题。学校创新性地提出了课程开发制度的"五个对接":专业与职业岗位对接、教材与岗位技术标准对接、教学过程与生产过程对接、学历证书与职业资格证书对接,职业教育与社会需求对接,并形成《西湖职高课程开发制度范本》。

《西湖职高课程开发制度范本》明确了学校课程开发以"工作过程导向的课程观"为目标,主要解决"学什么"的问题。按照课程开发技术路线、专业定位与工作分析、教学分析与方案制订来实现。学校在进行课程开发环节中发现了这样一个问题:在同一专业、同样的教学环境下,有些成绩优异的学生,其基础知识虽然牢固,却面临着基础课程偏多、重难点缺乏相应训

---

① 徐国庆.职业教育课程论[M].上海:华东师范大学出版社,2015:112.

练、课程重复率高等问题,从而造成这部分学生的能力停滞不前,缺乏长足的进步;一些能力水平处于中等的学生虽然整体发展水平平均,但缺乏优势科目、强项领域,专业能力亟待寻找突破口;而另一些专业能力处于下游的学生,由于基础知识不扎实,需要进一步夯实基础知识。因此,在同一班级中往往形成三种不同的学习情况,学生专业能力和职业素养有明显的层次,这意味着统一的标准和课程已经不符合教学实际。为此,学校开始思考如何结合中职生的特点和情况,建设因材施教、因人而异的课程体系。

首先,学校立足自身发展状况,将目光投向同类职业院校,发现这些院校中也普遍存在课程设置与就业市场脱轨、内容陈旧、脱离实际工作环境、课程设置过于单一、忽视学生导向等问题。这说明现行职业院校的课程设置存在普遍性问题,亟待改革创新和完善。根据《中共中央 国务院关于深化教育改革全面推进素质教育的决定》文件精神:"职业教育和成人教育要使学生掌握必需的文化知识的同时,具有熟练的职业技能和适应职业变化的能力。"这使学校课程改革找到了方向。学校应明确课程改革的目标是以学生为导向,突出"以人为本"的价值取向。其次,学校反思课程体系开发过程中缺乏调查研究,以及课程设置盲目、缺乏论证、可行性和操作性不强等问题,结合职业院校以就业为导向、服务区域经济发展为目标,将重点放在市场调研上。如到校企合作单位、行业协会、人才招聘市场进行调研,毕业生跟踪调查,收集网络、报纸上的用工需求并将其分析汇总,总结归纳出目前市场上普遍的用工标准和需求,从而为课程开发提供依据。2014年,学校成立了专业建设指导委员会,通过邀请行业技术专家、职教专家参与课程开发,召开课程设置和教学内容可行性论证会,确保专业课程体系框架建设的合理性。在学校全体师生的共同努力下,学校建立了完善的课程开发路径,即以行业需求为导向,以职业能力为标准,以专家论证为依据,以学生为主体,并由行业、专家、学校、教师、学生多方组成课程开发团队,根据课程开发的基本路径来完成课程开发,进行职业能力分析、引进职业标准和企业标准重构专业课程体系。以烹饪专业为例,通过开展烹饪行业和企业需求调研,明确行业通用岗位需求,以岗位职业能力分析作为"塔型进阶式"专业课程体系建设的切入点,分析行业通用的岗位基础职业能力和核心职业能力。

通过对具体岗位的工作过程进行分析,确定岗位的工作任务和内容,对每项工作任务进行职业能力分析,对分析的结果进行排序、归纳和合并,提炼出通用的岗位基础职业能力和核心职业能力(见图2-1)。

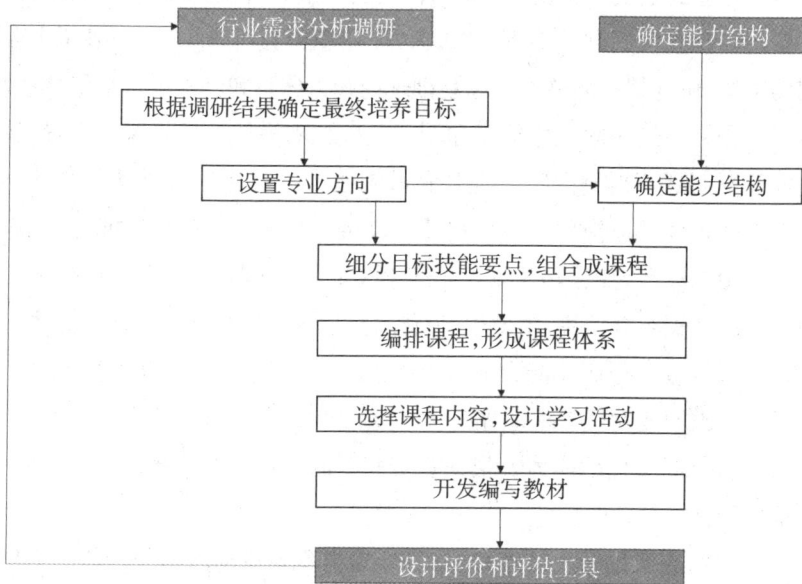

图2-1　课程开发流程

二、"校企共建"的课程机制

经过13年的探索与实践,学校形成了"校企共建"的课程机制,其机制内容包括:一是引进职业标准和企业标准,对接专业课程标准;二是制定课程开发制度范本,将专业课程建设的教学分析与方案制订落到实处;三是合理预期就业岗位,为专业课程体系建设提供目标靶向;四是加强核心技能与核心课程建设,突出岗位实际需求。

(一)引进职业标准和企业标准,对接专业课程标准

"塔型进阶式"专业课程体系构建的基本单位是课程,组织结构单位是课程模块。根据职业院校人才培养的目标,西湖职高将"塔型进阶式"课程体系分为四个模块:一是职业素质养成课程模块,本模块的培养目标是,使

学生具有基本的职业能力核心素养,感受和学习职业素养的内涵,体会职业素养的重要性,为学生未来的职业规划、职业定位打下良好的基础,使其具备一定的通用职业能力。二是专业技术技能基础课程模块,为了让学生掌握同一行业的基础专业技术技能,即不同企业所共同需要的专业技术技能,具备用知识解决问题的能力。从岗位职业能力分析入手,基于多个企业的同类岗位,包含相对完整的专业基础理论知识体系和基础技术技能体系,以行业工作岗位通用的工作体系和职业基础能力为依据进行课程设置、教学内容开发、课程标准编制。三是岗位技术技能课程模块,主要为了培养学生掌握合作企业具体岗位的技术技能。以企业具体岗位的核心能力、合作企业岗位用人标准为依据,以职业资格考试为参考,开发至少两个岗位方向的技术技能课程组合模块,供学生进行选择,课程以师带徒岗位培养为主。旨在从合作企业岗位职业能力分析入手,培养某个岗位的特殊岗位能力。四是学生个人职业发展需求课程模块,以培养学生的兴趣和职业取向为目标,提升适应职场变化的能力。根据各个职业的职业成长规律,着眼于学生的职业发展路径设计课程。

(二)制定课程开发制度范本,将专业课程建设的教学分析与方案制订落到实处

根据《西湖职高课程开发制度范本》规定,通过课程开发技术路径,采取调查研究、专家论证、教师参与等方式,校企共同制定出专业人才培养目标和教学课程,将专业具体职业能力要求和专业教学任务进行细化,辅以教学分析和方案制订实行。具体的教学分析和方案制订包括课程设置、课程排序、课表编排要求、教学实施基本要求(实施要求、实训环境基本要求、师资基本要求、教学和考核要求、教学管理基本要求等)。

烹饪专业和合作企业共同制定课程标准,根据课程设置,由学校教师进行的理论课程教学已完成了教学标准制定。由学校教师和企业师傅共同进行的理实课程教学,通过与企业师傅沟通协商,完成了学生职业岗位实践操作知识和技能课程的教学标准。在整个教学过程中将严格按照标准进行教学与考核,确保培养出的塔型学徒制学生符合企业的入职或者上岗要求。学校目前开设烹饪专业"莫卡乡村"订单班,根据预期就业岗位,面向"莫卡乡村"公司定向培养具有热爱岗位、忠于公司、团结同事、责任心强、乐于奉献、吃苦耐劳等职业素养,且掌握本专业裱花等西点制作技术,会制作常见的面包产品,懂得烘焙的工艺流程和检验标准,达到西式面点师中级工水平的技术型人才。

(三)合理预期就业岗位,为专业课程体系建设提供目标靶向

根据预期就业岗位应具备的能力和资质证书,确定核心技能与核心课程。结合中职生的职业发展要求和特点,学校课程设置分为公共课程、核心课程(含教学项目)和选修课程三部分,并结合"1+1+1"学制,科学、合理地分配至各学期的教学计划中。预期就业岗位见表2-1。

表2-1 预期就业岗位

序号	首岗	具备能力	发展岗位	证书	颁发部门
1	销售员	具有良好的沟通协调能力;能介绍店内产品特点及制作工艺;会收集客户的有效信息	店长	中级西式面点师	劳动社会保障部门
2	生产员	掌握西式面点的基本流程,熟练使用中西点心设备;会制作常用的面点、甜品等产品	生产车间主管、经理	中级西式面点师	劳动社会保障部门
3	裱花师傅	掌握本专业裱花等西点制作技术,会制作裱花蛋糕	店长、西点培训师	中级西式面点师	劳动社会保障部门
4	待协商				莫卡乡村商学院

(四)加强核心技能与核心课程建设,突出岗位实际需求

以烹饪专业为例,其西点的核心技能包含四个方面。一是蛋糕制作:学习蛋糕的基本知识,掌握各类蛋糕制作的工艺流程,会制作海绵蛋糕、戚风蛋糕、天使蛋糕等基础蛋糕。二是面包制作:掌握面包面团搅打的工艺流程,会制作面包面团,掌握面包醒发的方法,能够制作简单的面包。三是裱花蛋糕制作:会搅打奶油,能够快速抹坯,掌握基本裱花部件的裱制方法;掌握裱花蛋糕的构图原则,会设计简单的裱花蛋糕。四是西点成本核算:掌握成本计算,会确定售价,树立成本意识,为生产经营打下基础。

基于此,根据核心技能要求,以校企共同培养"塔型学徒"为驱动,形成"核心课程"(见表2-2、表2-3)。

表2-2 核心课程与教学项目

序号	核心课程	主要教学项目	校企合作形式
1	中式面点	项目一 中式面点概述 项目二 水调面团 项目三 发酵面团 项目四 油酥面团 项目五 杂粮面团 项目六 莫卡乡村重点制作	校内主导
2	西式面点	项目一 西式面点概述 项目二 蛋糕类 项目三 饼干类 项目四 挞酥类 项目五 面包类 项目六 裱花蛋糕 项目七 莫卡乡村西点制作	校内主导 + 校企双师共导
3	中西面点成本核算	项目一 成本核算概述 项目二 成本计算 项目三 售价确定	校企双师共导

表2-3　专门化选修课程

序号	核心课程	主要教学项目	校企合作形式
1	走进莫卡乡村	待协商	企业主导
2	莫卡乡村 企业文化	待协商	企业主导
3	项目接单	项目一　团队合作 项目二　沟通技巧 项目三　形象与礼仪 项目四　客户信息收集与整理 项目五　客户需求与消费心理 项目六　客户管理与维护 项目七　熟悉公司产品 项目八　家装营销(快递签单)	学校主导

三、学校"塔型进阶式"专业课程体系的现实反思

学校近年来取得的优异成绩,与国家、相关政府部门、企业、兄弟学校的大力支持密不可分,也得益于"塔型进阶式"专业课程体系的建构与实践。回顾13年的探索历程可以发现:第一,推动完全学分制的落实和完善是"塔型进阶式"专业课程体系的制度基础与保障;第二,加强中高职的课程衔接是完善现代职教体系赋予的使命;第三,组建教学共同体是创新教育教学形式的必然要求;第四,形成基于职业行动能力提升的"塔型进阶"评估体系是必要保障。我们还应当看到,当前的职业教育发展大势正在悄然发生变化,在"百万扩招"背景下,中等职业学校应当为高等职业学校提供比以往都要多的生源,这种新势态的出现值得引起各位同人的反思。

(一)推动完全学分制的落实和完善是"塔型进阶式"专业课程体系的制度基础与保障

首先,完全学分制是"塔型进阶式"课程体系得以顺利运行的重要制度保障,不仅能够促进复合型、创新型人才的培养,还能够在立足于地方经济发展特色的前提下,为社会急需人才的行业提供人力资源。[1]就目前而言,

---

① 侯爱荣.完全学分制与应用型人才培养[J].江苏高教,2014(6):90-92.

提升服务区域经济发展的能力,培养能够直接就业的技能型人才仍然是中等职业教育的重点。其次,完全学分制也适应了当前弹性学制与选择性课改的要求,可以使学生能够根据自身的学习情况选择适合自己发展阶段的课程,从而能够自由选择毕业的年限。在完全学分制下,充分尊重学习者个体之间的发展差异,尊重学生的主体性地位,以"达标即进阶"为参照标准,为学生的能力进阶发展提供支撑。这就意味着学生不必再囿于修业年限的限制,学习程度各异的学生可以由此来不断完善并提升其职业能力。最后,完全学分制还能够为社会人员(如退役士兵、农民工、下岗职工等)进行技能学习提供有力的系统支持,进而减少其技能学习的时间成本,从而更好地服务于社会经济的发展。

(二)加强中高职的课程衔接是完善现代职教体系赋予的使命

课程衔接是中高职衔接的实质所在[①],其衔接程度的好坏直接关系到现代职业教育体系的完善。作为较低层次的中等职业教育在服务就业的基本条件下,也应当关注学习者生涯的发展——进入高职深造。"塔型进阶式"课程体系对中高职的衔接能够发挥重要的作用。在中等职业教育阶段,学习者通过对技能和相关知识的掌握为高等职业教育的深入学习打下基础。但在西湖职高的实践操作过程中仍面临诸多问题:如何将"塔型进阶式"课程体系与高等职业教育课程体系联系起来? 如何与学习者职业能力发展阶段联系起来? 如何与学习者的学习方式联系起来? 一系列问题仍有待进一步研究。对"塔型进阶式"课程体系而言,应当首先要从训练类课程、服务类课程、研创类课程三种阶段性课程中找准切入点。从职业能力发展的角度来看,推动中等职业教育研创类课程与高等职业教育课程的融合可以作为衔接的重点。

(三)组建教学共同体是创新教育教学形式的必然要求

教学共同体是一种学生、教师、行业专家共同构成"多重身份、多边学习"的层级共同体。在一个学习项目团队中有三类角色:处于中心位置的导学者,处于中间位置的助学者,处于边缘位置的学习者。传统的课堂教学中,这三类角色往往固定不变。但在真实的职场环境中,根据项目特点的不

---

① 肖凤翔,肖艳婷.基于课程论视角论中高职课程衔接内涵及其条件[J].职教论坛, 2014(31):37—41.

同,中心与边缘的角色始终处于动态变化中。我们发现,即使在学习者群体中,依然有中心参与和边缘观望两类差异较大的情况。在缺少激励机制的情况下,边缘的观望者很难真正走到中心来。因此,西湖职高打破了传统的"师资团队＋学习者"的模式,转变为让导学者、助学者、学习者三类角色不断发生变动,以"新者为导,能者为师"为理念,推动教学共同体的建立。具体到中职学校的实践教学过程而言,以晋升通道激励成长较快的学生,以同伴互助搭建晋升平台。

1. 以晋升通道激励成长较快的学生,以同伴互助搭建晋升平台。团队中成长较快的学生,或者承担助理工作半年以上、在市级以上技能大赛中获奖的学生,晋升为学生导师。导师制不仅起到激励的作用,更重要的是在指导同伴的过程中,学生也获得综合能力的提升。

2. 不同类型的教师与行业师傅处于不同塔型进阶阶段。制订《塔型进阶导师聘任方案》和《学生导师晋级标准》,形成三阶师资:基础技能学习阶段——学生＋教师;工作能力提升阶段——学生＋教师＋行业师傅;高阶研创能力阶段——教师＋大师。技能熟练的教师在基础技能学习阶段担任导师;有企业工作经验或三年内新教师以及来自企业一线的骨干在工作能力提升阶段担任导师;有创新思维或有创业经验的教师以及企业的研发人员、高管、大师成为高阶研创能力阶段的导师。教与学的角色处于边缘与中心的流动之中。在熟手级以上的学习阶段中,学习(工作)项目是课堂教学的主要载体,所以教学常常以项目团队为组织形式,采用组长竞聘、职位招募等多种方式,促使团队形成"新者为导、能者为师"的动态架构。

3. 教与学的角色处于边缘与中心的流动之中。在熟手级以上的学习阶段中,学习(工作)项目是课堂教学的主要载体,所以教学常常以项目团队作为组织形式,采用组长竞聘、职位招募等多种方式,促使团队形成"新者为导,能者为师"的动态架构。

(四)形成基于职业行动能力提升的塔型进阶评估体系是必要保障

1. 评估职业能力。该评估体系将学生作为一个完整的职业人,关注职业行动能力、必备的专业知识与理论、职业技能水平、岗位胜任力等职业能力,也关注创新能力、沟通能力、整体理解能力等综合素养。

2. 不同评估权重。随着学习阶段的上升,评估权重从技能熟练逐渐倾向于工作思维和创新创业能力,从而形成多阶逐级提升的评估体系。

3. 多元评估团队。由学生导师、专业导师、行业导师组成的多元评估团队对学生的能力进行评估。不同阶段、不同的评估项目,评估主体的权重也各不相同。

4. 形成三种评估方式。①基于校内自动化认证平台的知识型评估。该类评估借助信息化手段,通过标准化闯关,评估学生对操作原理、操作步骤和操作要领的理解程度以及知识的运用能力。②基于实操任务情境的工作胜任力评估。该类评估根据学习阶段的不同创设逐渐真实化的工作项目,评估学生实操技能的熟练程度、工作流程的熟悉程度、问题的解决能力、团队的合作能力。③基于研创情境的方法能力评估。该类评估主要针对高级研创阶段,在前两个阶段的技术熟练和职业能力的评估基础上,通过已有的创新创业项目,将企业与市场的评价标准教学化,评估学生对市场需求的敏感度、分析能力、创新能力与应变能力。

5. 多时段评估选择。打破期中、期末两段式刚性考核,让学生的晋升有更多选择,因此每学期设有四次进阶评估机会,低段的学生可以自主申报,通过审核与评估后,即可获得晋级认证。

结　语

总而言之,职业教育人才培养的过程就是职业能力发展的过程,为突破中职课程体系建构的瓶颈,遵循学习者职业能力的发展,本章以能力进阶为理念审视学校课程体系建构,按照不同能力阶段的学习要求以及工作能力要求,将课程分为训练类课程、服务类课程、研创类课程三类进阶课程,逐步形成了以培养标准进阶塔、情境进阶塔、培养方式进阶塔为特征的"塔型进阶式"课程体系,重整了教学要素、学习情境、师资团队以及学习方式,全面提升了学校的教育教学质量。学校通过"塔型进阶式"人才培养模式的探索,形成了中国版的职业能力发展五阶段实践模式,破解了职教难题,为中职类学校探索出了一条适应社会人才培养的有效途径,推动职业教育向智慧化、多层级、高复合发展。

第三章
"微工场"中职专业课教学模式

　　在"塔型进阶式"课程体系构建中,提出了三类课程及三维进阶塔的模型,在教学过程中也需要有相应的体现。对此学校提出了以小型工作坊为载体,通过承接项目将工作任务化为无限接近真实工作情境的"微工场"教学模式,与新手、熟手及能手相对应的分别为基于熟练工作流程的生产型"微工场"、基于复杂工作情境的服务型"微工场"和基于创新思维培养的研发型"微工场"。

第一节 "微工场"中职专业课
教学模式的提出

一、中职学校专业课教学的现实困境

西湖职高在日常的教学研究中发现,尽管从人才培养方案、招生方案、专业建设、课程开发、评价重构等方面进行了全面的改革,但是依然存在着不少问题,尤其在学习项目的设计、学习环境的构建、学习方式的转变、师徒式的师生关系的重建等方面难以突破。究其原因,是在进行教学改革的过程中,学校关注人才培养的外在形式,却忽略了人才培养的核心,即职业能力形成的内在规律。所以,我们认为在技术技能型人才培养模式的构建中,掌握职业能力形成的规律,把握职业能力形成的渠道,找到职业能力形成的最佳学习途径,有着重要的意义。

在现实的教学中,不少专业课教师将职业能力的培养混同于技能培养,将专业课教学简单等同于技能教学。长期以来固化的观念,即使在专业课教学中将企业师傅引入了教学现场,但由于对职业能力形成规律的忽视,没有提炼出科学合理的职业能力培养策略。针对专业课的教学,我们总结了在日常教学中遇到的一些困境。

(一)专业课教学缺少职业能力培养

以能力为基础的教育教学是职业教育界的共识,而职业能力则是职业教育过程中理论和实践的核心概念[①],职业教育的目的也是培养具有职业能力的高素质技术技能型人才。中职学校作为人才输出地,需要注重职业能

---

① 庞世俊.职业能力概念及相关问题研究综述[J].职业技术教育,2008,29(28):17-20.

力的培养,将职业能力融入日常教学当中。职业能力是指员工胜任工作岗位及完成工作任务所需要的知识、技能、态度、价值观等综合能力,技术人才不仅需要利用自己的知识技能完成工作任务,还需要具有面对突发问题的判断力、问题解决的能力以及创新工作的能力,也要清楚在整个工作过程中发挥的作用与影响。[①]在日常教学活动中,专业课的教学往往只注重知识与技能的教学,三维教学目标中的方法能力目标及社会能力目标往往被忽略。单一的知识点和技能的教学只能让学生学会分散的知识碎片,而如何运用一个个知识碎片来完成工作中的项目,这是专业课程教学应该考虑的问题之一。专业课的教学没有用一个系统方法模式将知识点串起来,培养学生的职业能力,让学生清楚,在面对一个具体的工作任务时,我们应该如何系统地应用我们所学的知识与技能。

从建构主义角度出发,职业能力的形成和发展需要联系特定的情境,通过特定的职业活动或某种职业情境,将所运用的知识和技能内化迁移,使一般能力得到特殊的发展和整合,形成较为稳定的综合能力。[②]在不同的职业情境中完成不同的工作任务,在此过程中运用所学知识不断练习,逐渐积累、内化,最终形成职业能力。职业能力的关键是要在知识与具体工作要素之间建立紧密联系,那么,在专业课的教学中,职业能力形成的载体会是什么呢? 建立联系的基本方法是通过专业课实训中的项目任务,是一个又一个真实的工作项目。学徒在企业师傅的带领下,通过完成工作项目,不仅提升技能,更获得隐含在其中的专业方法、工作思维,尤其是工作诀窍知识。因此,下企业轮岗实训成为中职学校专业课程中的重要部分。然而,对于经验与学习能力有限的学生来说,无法最大限度理解未经过教学化处理的工作项目。所以,仅仅轮岗实训无法解决学生职业能力提升问题,最终需要学校与企业合作,共同开发针对学生学习特征与学习需求的稳定的学习项目。那么,这种区别于技能教学、实训教学的学习项目应该如何运行? 隐含在其中的学习方式、教学结构、组织形式又将发生怎样的改变? 这必将对传

① 胡建波,汤伶俐.职业能力的内涵与要素分析[J].职教论坛,2008(4):25-27.

② 邓泽民,陈庆合,刘文卿.职业能力的概念、特征及其形成规律的研究[J].煤炭高等教育,2002(2):104-107.

统的班级授课制进行全面的解构。

(二)学习情境与实际工作存在脱节

许多校内实训岗都依托校内实训基地,从第三学期开始,学生进行校内实训。但是这类实训依然停留在仿真实训的范畴内,如大庆职业学院利用模拟仿真软件开展仿真实训,模拟石油和化工生产操作相近的全流程;山东商业职业学院建立股份有限公司,将学生分成十六个小组,分为行政部、财务部、生产部、市场部、采购部、物流部和人力资源部,开展为期六周在仿真环境下的企业经营。但是这类校内实训基地没有解决仿真实训中的瓶颈问题,所提供的实训条件和任务处于抽离了复杂情况的真空状态。

当学生的学习发生在工作场所,而不是教室或者操作室,学习的结构、知识与技能获得的方式必然随之发生改变。传统的专业课教学依然是在教室或实训室,理实一体化的教学能够更好地让学生学习知识、练习技能。但在与企业脱离的真空式的操作室、实训室里,依旧不能很好地训练学生的职业能力。在与实际脱节的学习环境中,学生没有沉浸式的体验,缺乏对工作内容的直观感受,无法在日常学习中培养专业能力。不仅如此,学习环境的建设还必须符合不同学习类型的学习规律,"一刀切"的插秧式学习组织结构不利于信息的获得、自由的交流。传统操作室的环境布置,更是忽视了对学习的支持系统。即使有些实训室增加了摄像监控、演示屏幕,但都不能改变传统教学"跟做"的本质。因此,学习环境的重构是人才培养的重要且关键的环节。

制造业的飞速发展以及产业技术与结构的升级,不仅带来了技术的革新,也提升了职业能力的要求。各公司企业的生产设备在不断更新,但相对企业,职业院校的实训室里配备的仪器设施的更新速度无法跟上。学生无法接触最新的仪器设施或管理模式,就会导致学生所学的内容与企业对应的工作岗位存在脱节。学生学习的技能无法适用企业的设备,导致就业中需要重新进行学习,从而造成人力资源的浪费。学校应如何与企业建立合作,使学生能够学习最先进的设备,同时也能为企业创造利益,达成双赢局面,这也是改革需要考虑的问题之一。

(三)多导师容易导致角色定位混乱

为了提高人才培养的效率,中职学校的教师往往负担不同的教学任务。专业课的教师团队不仅包含文化课教师、专业课教师和企业师傅,有些课堂也会安排技能成长较快的学生导师,同一个学习空间里出现三个及以上的"师傅"已经司空见惯。教师的合作教学能够更为高效地教导学生知识技能,但在实际教学中,大多数教师更多的是负责自己的教学内容,对于学生职业能力的培养有一定的忽略。同一个教学空间下,多位教师的分工无法明确,学生的职业能力应该由谁培养、如何培养也都缺乏明确方案。教师在教学过程中忽略学生职业能力的培养,不仅要从教学方法上改进,更要从思维上加强关注。

那么,在现阶段的人才培养模式中,中职学校的师生关系能否简单等同于师徒关系?企业师傅进入课堂,是否只是示范与指导?在班级授课制一时无法改变的体制下,传统学徒制中基于稳定的师徒关系所产生的知识、技能、思维方式乃至工作习惯无法传递,学生的职业能力依旧得不到培养。因此,教学只是流于表面的知识技能,而缺少代际相承的内核。在新的学习结构中,不同教师的职能如何分配?他们是融合在结构中,还是独立在结构之外?在促进学习的过程中,他们分别起到怎样的作用?怎样的组合才能将教师的功能最大化?以"示范+模仿"为主的传统专业课教学无法培养出有较高职业能力的人才,单项输入的教学模式必将被多元学习、多渠道交流、沉浸式体验、定制式指导取代。那么,在不同类型的学习项目中,师徒式的知识、技能与思维方式应该如何传递?现代科技不断发展,越来越多的技术手段被应用于学习之中,这也对教师提出新的要求。在新的教育时代,如何运用信息化手段进行教学,将知识技能运用新的形式表达展现,让学生更好地运用软硬件设备进行学习,这是教师所面临的挑战。教师自身能否弄懂快速更新的设备,再依据信息化手段进行备课,培养学生的全方位素养,是教师需要解决的问题。

综上所述,要彻底革除传统专业课教学的弊端,不仅要改变教学形式,更需要改变的是学习内容、学习结构、学习方式以及学习环境。只有如此,职业教育的瓶颈问题才能突破,职业教育培养的人才能真正获得职业能力,

即使无法直接上岗,也必将实现快速转型,在职业发展的道路上走得更远。学校从2013年开始借鉴德国"学习岛"和新加坡"教学工厂"的模式,结合国情与校情,实行校企合作,在烹饪、旅游、建筑、电子商务4个专业中进行"微工场"的实践探索,取得了良好的成效。目前各类"微工场"的数量从2013年的4个增加至13个,企业培训学院的加盟更是丰富了"微工场"的类型。学校的"微工场"在教学、研发、培训等各个领域发挥着重要的作用,成为学校现代学徒制实践的重要场所。

二、"微工场"教学模式构建依据

(一)工作场所的学习理论

工作场所中的实践性学习是知识的学习和传播的重要途径之一。随着社会经济的发展和科技的进步、工作生活一体化的出现,工作与生活之间的界限越发模糊,工作的地点不再局限于传统意义上的工作场所。相较于传统的学校学习,工作场所常被误认为是非正式学习,越来越多的"基于实践取向"的学习研究结果表明,工作场所中基于工作实践的学习完全具有高度的结构化,具有有目的、有组织的学习特征,并具有类似于学校教育中教学的属性。技能的学习不仅是身体获得的能力,还包括理解力、情感、价值观和稳定的情绪,工作场所学习是通过自我导向,职场合作的支持与调节,愿意且有能力满足个人、团体及整个工作场所需要的结果。所以,工作场所学习是发生在工作场所这一真实情境中,在与专家、同事的互动过程中,为取得对组织和个人有价值的结果而进行的获取相关知识、习得工作技能的过程,注重学习者通过参与工作场所任务活动而获得持续发展。

工作场所学习核心概念的准确界定有利于理论研究的深入,并正确地指导实践领域的工作。应该在整个社会经济变革的大背景下去理解工作场所内涵的变化,在动态中对其进行理解,把握工作场所的时代特点,要在实践中学习、通过实践学习和依靠实践学习。根据"基于实践的取向"的思想,重在发展参与工作实践所必需的胜任能力,并且,参与实践本身是创造、获取、转化和重构"实践中的知识"以及维持实践、变革实践的方式。依据工作场所学习理论,创设真实的工作情境,让学生们能在工作任务中更好地获取各种所需知识技能与综合素质。

（二）工学结合的教学模式

"微工场"的教学是以双元协作育人理念为基础，采用工学结合的教学模式，将专业群课程进行重构，在对学生进行知识技能教学的同时，培养学生职业能力。校企合作是职业教育的根本属性，是决定职业学校办学特色以及人才培养质量的根本性因素。[①]双主体办学需要校企资源的有机整合以及校企文化的高度融合，将企业理念、企业文化、先进技术以及管理制度等贯穿整个育人过程，做到学校的育人理念与企业的用人理念对接；学校教学环境与企业生产环境对接；人才评价标准与企业质量标准对接。[②]工学结合的教学模式是职业教育课程的重要本质属性，强调学生在完成工作任务时学习应用理论知识，并通过实践检验理论知识、升华理论知识，其课程的核心载体就是工作任务。[③]将工作任务作为教学项目进行教学，能够使学生在学习过程中了解工作流程，适应工作岗位，培养学生在复杂的工作情境中问题解决及判断能力等综合能力。让学生能够真正体验到学习和工作的联系，降低学习的盲目性，为学生职业发展、终身发展提供正向平台。[④]在进行课程重组时，专业群内部的资源组合影响着课程的重组方式，不同的课程组织方式意味着教学内容不同的联系方式。课程群建设的基础是以知识群和技能群为依据的能力群，只有知识群和技能群对接了岗位群，建构的课程体系才能更好地支撑专业群和产业群。[⑤]重构后的课程体系要保证既符合技能型人才的培养目标，也要符合职业教育的教学规律以及学生的学习特点，具有动态灵活的特点，便于学生的课程选择。这样既能适应产业变动带来

---

① 周世青,何万一.职业教育校企一体化办学模式发展动因分析[J].职业技术教育,2011,32(23):51-54.

② 左崇良,胡刚.校企合作双主体办学的治理结构与运行机制[J].职教论坛,2016(16):50-56.

③ 赵志群.职业教育工学结合课程的两个基本特征[J].教育与职业,2007(30):18-20.

④ 金卫东.基于工学结合的校内生产性实训基地建设[J].中国大学教学,2011(1):82-83.

⑤ 林克松,许丽丽.课程秩序重构:高职高水平专业群建设的逻辑、架构与机制[J].高等工程教育研究,2019(6):125-131.

的生产结构的变化，又能满足学生个性化学习和就业的需求，实现"按需培养"和"依学设课"。①

(三)国外实践经验的借鉴

德国"学习岛"是设立在企业实际生产环境中的一个工作区域，无论是空间上还是组织上，它都是真实生产过程中的一个组成部分，即与真实的生产环境有着相同的工作条件及工作和问题解决程序。在"学习岛"中，学员以小组或团队的形式共同合作完成实际生产过程中一项特定的工作任务，其所生产的产品要符合一定的质量要求，即具有经济价值。同时，实训教师作为辅导人员，对学习者遇到的问题与困难提供帮助。"学习岛"的目标是在学习过程中培养并发展学习者更加广泛意义上的能力，包括专业技能、方法能力、社会能力与自我意识、尊重他人和文化意识、团队中的统一与民主等在仿真实训中无法培养的能力。在实际运行中，"学习岛"并不是一个孤立的学习场所，而是嵌入在企业具体生产工作环境中的，以团队或者小组形式协同完成某一具体工作任务或者某一生产产品的场所。"学习岛"不是简单地对生产型工业工厂的复制，而是基于问题学习的教学观念，强调实践教学与问题解决能力培育的一个学习场所。②从本质上说，"学习岛"是企业生产线的重要组成部分，具有真实的生产情境、生产条件和生产项目，因此要求学员具备质量意识，完成有经济价值的工作任务。当然，"学习岛"的命名必然带有教与学的性质，即企业导师或者实训教师在具体的生产环节中对学员进行演练、指导和辅助，为学员答疑解惑，协助学员提高技能。从这一角度看，真实生产情境下的"学习岛"能够让学员树立起更好的职业意识，培养起更扎实的职业技能，形成更优质的职业素养，如团队协作、质量意识、企业文化等在仿真情境中难以获得的"关键能力"。

"教学工厂"是新加坡南洋理工学院在广泛借鉴发达国家职业教育经验的基础上，结合新加坡国情所创造的一种独特的教学模式，更适用于发达国家。"教学工厂"不是字面意义上的脱离学校环境、走出学校办一个附属工

---

① 刘红燕,汪治.重构高职院校课程框架体系的范式与功能分析[J].高等工程教育研究,2014(2):156-161.

② 赵文平.德国工程教育"学习工厂"模式评介[J].比较教育研究,2017,39(06):28-34.

厂、教学实习工厂，或在社会上划定某一个工厂学校定点实习，让学生在学校学完理论课后再到工厂学操作；而是教学环境和生产环境高度融合的产物，即我们所说的理实一体化的教学基地，能够同时实现学生理论学习和生产实践的双重"任务"的载体，给学生一个工厂的生产环境，让学生通过生产，学到实际知识和技能。与校外实训的接受和模仿不同的是，在"教学工厂"中，学生的工作是一种创造性解决问题的过程。在"教学工厂"中，学生接触的是真实的企业项目，解决的是真实的技术问题，因此相较于仿真环境，"教学工厂"能够更好地培养学生的创新思维和创新能力。

第二节 "微工场"中职专业课教学模式的内涵特征

总结日常教学中的困境,并借鉴国外先进的专业课教学模式及经验,学校开始了对专业课工作场所学习方面的改革,最终初步形成了"微工厂"的教学模式理论。

一、"微工场"教学模式的定义

"微工场"是介于教学场所与工作场所之间的学习空间,以企业评价体系为基础,以培养学生核心能力为目的,以搭建沟通企业运营与专业教学渠道为核心,以微型生产单位为形式,以帮助学生积累创新创业经验为宗旨的工作场所。在以培养学生职业能力为目的的前提下,该学习空间基于职业能力形成规律,以小型工作坊为载体,通过承接项目,获得真实的工作任务,并根据学生的学习能力与特征,将工作任务教学化为无限接近真实任务的学习项目。在此过程中,不同层级的学习者与引领者组成项目团队,形成了全新的师徒关系,构建了"工作—学习场"。由此,学习者在完成项目中获得知识、技能、经验和工作思维,成为现代企业需要的职业人。

"微工场"教学模式是在"塔型进阶式"技能培养模式的基础上,以"塔型学徒制"作为人才培养实践模式。"塔型学徒制"培养模式即以"名师"带"高徒",按照学生现有的能力水平差异,进行分层、进阶的动态培养。以烹饪专业为例,让最优秀的烹饪"名匠"组成师傅团队(塔尖),然后通过真枪实弹的技能烹饪大赛,选拔出有热情、有天赋、技能扎实的"高徒"组成大徒弟(塔中),一般学生则为小徒弟(塔基)。大徒弟由"名匠"一对一指导、传授,在现场的实际操作中学习;小徒弟则在大徒弟的引领下,在烹饪"名匠"和其他教师的监管指导下进行训练学习,经过能力的累积晋升到大徒弟(塔中)的学习阶段。

二、"微工场"教学模式的特征

(一)学习空间企业化

不同类型的"微工场"由学校专业带头人、专业负责人或者教学骨干牵头,仿造企业真实的工作场所构建的一个场地,不同专业对接相关企业,以项目承接为核心,形成一个个准小型企业。"微工场"的学习载体是工作任务,学习组织形式是企业项目团队制,学习方式是准企业培训式。与之相应的是,不同类型的"微工场"形成不同特征的学习环境,实体环境与虚拟环境,工作环境与学习环境,操作环境与讨论环境,研究环境与实验环境,共同构成了企业化的学习空间。

(二)工作任务教学化

"微工场"教学中的教学项目是通过企业承接的工作订单,将工作任务进行分解、加工为各类要素,根据学生的专业及教学内容进行重组,成为具有针对性的学习项目。工作任务中的知识点与技能分离出来单独教学,之后再着手处理完整的工作内容,在此过程中理解知识技能的具体运用,熟悉工作任务的基本流程,加深对知识技能的理解。在解构、重建的过程中也要注意,工作任务目标与学习目标对接,工作任务流程与学习流程对接。完成教学后,工作项目中隐含的知识、技能、经验与思维方法等,在教师的引导下,学生将其内化重构,融合成学习者自身新的知识体系。

(三)教学组织多元化

"微工场"教学中,师生不是简单的"师"与"徒"的关系,而是"师资团队"与"学习团队"的关系。不是由单一分裂的学科教师进行教学,而是以教学团队的形式进行教学。师徒之间不是单线联系或者单项输入,而是塔型进阶、多边互动、网状关联,有时甚至是师徒互助共进的关系。多学科的教师组成项目团队进行联合教学,同时聘请的企业师傅也会入驻对学生学习过程进行指导评价。涉及团队合作项目部分,学生也是在合作中互为老师,进度快的小组能帮助进度慢的小组解决过程中的问题。学生在完成教学项目时,多元化的教师组织能够使学生更快更好地吸收知识技能,还能够培养学生团队合作等多方面的职业能力。

(四)学习评价市场化

"微工场"教学的准企业运行模式决定了学习成果评价的偏向市场化。学习评价既有市场反馈的结果性评价,也有学习过程中的能力提升、学习态度、团队协作以及项目完成度及贡献率的评价。市场化的评价跳出了普通教学评价的模式,经过教学化的评价更能从多方面对学生的学习效果进行评价,而评价主体通常由项目负责人、教师团队、团队成员、学习者自身及市场反馈组成。

三、"微工场"教学模式的设计

(一)以职业能力阶段为基础的培养标准进阶塔

在完全学分制的前提下,按照"达标即进阶"的理念,突破传统学制以学习时间为晋级主要条件的界限,同时系统设计相应的学习方式、学习情境以及学习者能力进阶的构成要素形成课程体系的培养标准进阶塔。主要体现在三个阶段。

新手—熟手的基础技能学习阶段。在从分项技能学习到综合技能学习的过程中熟练掌握专业技能,达到技能内化。如烹饪(热菜)专业,在这一阶段要求正确掌握常用刀法和要领,要学会蔬菜、家禽、水产原料的初步加工程序,使其符合烹饪的要求,进而能够准确、熟练地对原料接糊上浆,同时能够恰当掌握火候,调味准确,最终能够具备本菜系的特色。

熟手—能手的工作能力升级阶段。通过完成生产服务工作项目,熟悉生产流程,理解生产服务各环节及整体工作任务,能主动发现问题,找到解决问题的方法或途径,成为能够团队合作独当一面的合格员工。如酒管(餐厅)专业,在这一阶段要求能够依据服务对象的特点娴熟地提供摆台、折花、房间等服务技能,熟悉食品营养知识和饮食文化,能根据客人需要介绍菜肴,熟悉不同质地餐具、酒具的清洁方法及消毒技能,宴会台面美观、便于使用、具有艺术感,服务动作规范、娴熟、敏捷、姿态优美。

能手—高手的高阶研创能力阶段。通过参与产品、技术研发项目,或者参与和完成创业项目,形成对市场需求的调研分析能力与对技术发展的理解能力,形成创新创业意识,培养研发能力。如酒管(客房)专业,在这一阶段要求参与制订人员计划与物品计划,能够控制并实施清洁、整理客房的程序与标准,能正确实施检查客房清洁的程序与标准,能参与设计各类客房的布置方案,能依据贵宾的等级制订接待方案,并能独立处理贵宾接待中存在的问题。

(二)以实操项目升级为基础的情境进阶塔

学习阶段的提升意味着实操项目真实性、复杂性的元素不断增加,直至成为真实的实操项目。针对不同学习阶段的特征,形成了三类从仿真到真实的进阶项目系列:基于技能复杂化的训练项目进阶;基于能力结构化的轮岗项目进阶;基于思维建构的研创项目进阶。用以学习团队为单位、以从仿真到真实的微项目为载体的学习工作空间取代实训教室。该学习空间基于职业能力形成规律,从职业定向任务—蕴含问题的特殊任务—无法预测结果的任务。

1. 实训型操作室:重在技能训练,设置成半圆形或两纵列的形式,每个工位有可以拍摄的摄像头,便于观察示范、同伴互助、教师指导、积累操作资料,开放的信息平台和自建资源库方便学生寻找资料、主动纠错。西湖职高的实训型操作室主要分为单项训练(如刀工室、雕刻间等)、综合训练(如茶艺室、瓷砖拼接场等)及精专训练(如裱花工作坊、咖啡工作坊等)。

2. 生产服务型工场:重在产品规格、操作标准、团队默契、时间把控。根据企业的生产现场特征,该类"微工场"的情境设置是流水线式、开放式、圆桌式。此外,还设有讨论交流区,方便学习者进行经验总结、工作反思以及师傅、工场负责人的工作点评和教学交流。西湖职高的生产服务型工场主要分为流水生产型(如优麦食品加工车间、阿卡售后中心等)、开放服务型(如心心西点屋、文轩咖啡吧等)、圆桌咨询型(如湖边导游社、扬帆装修坊等)及企业培训型(如嘉匠西点培训中心)。

3. 研创型工作室:需要通过反复试验,获得数据与信息,验证假设,得出结论。因此,既需要集中式的研讨,又需要有小团队的碰撞研究。沙龙式的研发环境,将空间设计成可分可合的形式。在房间外圈放置实验器具与资料柜;内圈由几组沙发构成独立的思考、学习空间,也可以布置成交流分享的空间。西湖职高的研创型工作室主要分为企业大师工作室(如张勇大师工作室)、非遗传承工作室(如九曲红梅传承中心)、教师研发工作室(如厉志光特级教师工作室)及教师创业工作室(如应旭萍教师工作室)。

(三)基于学习机制与工作特征的学习方式进阶塔

长期以来,我们的专业课教学改革往往关注新技术、新内容、新信息如何进入教学,关注教师的教学方式革新、教学模式构建,关注教学如何与生产对接,但关于技能不同阶段的学习特征及其与不同类型工作之间的联系却鲜有研究。因此,教和学形成较大的鸿沟,教的革新再轰轰烈烈,也无法高效解决学习过程中的本质问题,即技能、工作、创新思维的建构。出于这一思考,我们将"塔型进阶式"人才培养的研究重点放在不同学习阶段学习方式的探究上,将学习机制与承载这一阶段学习过程的工作项目特征结合在一起。

1. 基础技能学习阶段:从单向技能学习到综合技能的运用,是建构认知结构、启迪结构和反思结构的学习过程,示范—模仿—纠错—巩固的线性推进是该阶段的主要学习方式。该阶段的学习(工作)项目以单品制作为主,逐渐向组合作品制作提升,如烹饪的猪肉切丝和滑炒里脊丝,建筑装饰的窗户的测量和典型空间测量,酒店管理专业的站姿和迎宾,等等。在观察示范中形成技能定向,在模仿练习中形成操作的连贯准确,在纠错思考中掌握细节方法,在反复巩固中完成动力定型。

2. 工作能力提升阶段:从单纯技能学习到工作思维的养成,需要建立方法与任务之间的联系,理解任务与任务之间的关系,熟知不同岗位的工作范畴、工作流程、工作规律,更需要明确工作团队成员间的关系与互动,在工作情境中,"体验—碰撞—复盘—改进"的螺旋上升是该阶段的主要学习模式。该阶段的学习(工作)项目以完整的工作项目为主,如烹饪专业的中秋订单月饼的制作,酒店管理专业的夕阳红北京游方案的设计,建筑装饰专业的多空间的设计,等等。在体验中获得工作经验,在碰撞中形成缄默知识,在复盘中达成团队共识,在改进中内化形式知识。

3. 高阶研创能力阶段:学生从模仿者、追随者到设计者、思考者,是在多元对话中逐渐形成多视角动态思维的过程,需要在理解市场需求与创新创业元素的关系基础上,在不同领域知识的支持下,实现研创能力意识的培养与相应能力和素养提升,调研—设计—讨论—反思—优化的网式协同是该阶段的主要学习模式。该阶段的学习(工作)项目基于学校教师、专业导师工作室,以设计类、创新类、研究类项目为主。学生在调研分析中获得需求,在方案设计中运用知识,在团队讨论中深化理解,在方案优化中获得能力。

(四)"微工场"教学的进阶模式

1. 新手:基于技术技能培养的生产型"微工场"

生产型"微工场"针对新手学习者,在模拟的企业生产线或工作环境中,通过承接的生产项目,根据学习进程、学习目标、学习者特征、生产环节进行解构,完成既定生产目标,达成产品生产标准。教学重点在于对学生的知识技能进行教学,同时根据项目内容对学生的技能水平进行训练。同一个生产项目组内根据岗位分工,通过轮岗熟悉生产流程的不同生产环节,掌握不同生产环节的工作要领。既提升学习者技能的精细化,又帮助学习者获得生产经验,熟悉生产流程,掌握流程环节的工作要点,以此培养学生适应工作岗位的职业能力。

2. 熟手:基于问题解决培养的服务型"微工场"

服务型"微工场"针对处于熟手阶段的学习者,该阶段所承接的工作项目要求学习者直接或者通过网络面对客户。在接受工作订单后,学生以小组形式讨论分析任务,明确岗位分工,制定任务书。在沟通讨论中明确客户需求和心理预期,制订方案策略。在完成工作任务的过程中会面对许多复杂的、临时的工作问题,在团队合作中寻找解决办法,优化方案。在完成任务时,培养学习者及时应对问题、解决问题的能力,发现问题产生的原因与规律,通过分析客户资料,掌握客户的心理需求,从而找到问题解决的路径,在解决问题的同时也进行客户资源的维护。在完成项目的同时,通过满足客户需求来解决工作中遇到的问题,以此将隐性的知识内化为职业能力。

3. 能手:基于创新思维培养的研发型"微工场"

研发型"微工场"主要针对技能成长速度较快、技能水平较高,又对专业发展有创新追求的能手型学习者。研发型"微工场"主要承接的项目往往是针对企业提出的技术难题、生产困境、产品改良与创新,通过小组合作进行主题研究,找出企业面临问题的关键之处并找到解决的路径,或者对于企业的新产品进行研发工作。研发型"微工场"的重点是分析项目中的问题,学习透过现象看本质的方法,找到工作过程中问题的症结所在。通过查阅资料、背景分析、实验数据收集等方法,研讨破解难题的方案,在导师的带领下实施研发方案。在此过程中,重点培养的是学习者的创新意识与创新思维等方面的职业能力(见图3-1)。

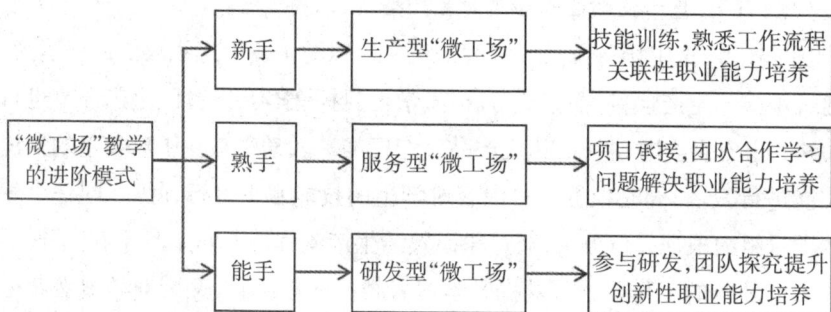

图3-1 "微工场"教学的进阶模式

四、"微工场"教学的实施

(一)变革学习方式

熟手阶段的培养目标是技能熟手,要求学生能够熟练、独立地完成规定任务并能达到相关标准。以学校烹饪专业为例,学生在新手成长为熟手的过程中,需要熟悉工具的使用、操作的流程、原料的特性、制作的技巧以及养成职业习惯和卫生意识。这一阶段需要加强引领,无论是教师、行业师傅、学生助教示范,还是利用技能微视频示范,目的都是让学生形成技能定向,比如刀要如何握,直刀与斜刀有什么不同,在颠锅时手臂的弧度如何掌握等。学生通过不断模仿练习形成连贯动作,在纠错环节提升操作的准确性,比如在中点制作过程中揉捏动作的力度与方向的把控,就是一个需要在纠错中积累经验、获得方法的技术难点。然后通过巩固拓展性练习,将这些技能内化为学生自身的能力，达到中级工标准。因此，"示范＋模仿"不是一个简单的过程，而是技能记忆不断加深、提升的过程，适宜于技能起始阶段的学习。但是在以培养合格员工为目标的能手阶段，这一教学模式就不再适用了，因为技能熟练只是合格员工的基础，他们更需要对生产型任务的理解与分解，需要对不同岗位职责的熟悉，需要与市场、上级对话的能力。所以，这一阶段的学习内容发生了改变，形成了以技能学习为中心的整体工作能力升级的课程内容。

从仿真任务到真实任务成为这一阶段的学习载体。2018年中秋，西湖职高的合作企业优麦食品有限公司就给了面点专业学生一个任务，要求他们批量生产月饼，满足手工月饼市场的需求。学生接到这个任务后分成不同的工作组，每个工作组在组长的带领下分解任务，理解标准，讨论工作方案，制定工作完成节点，形成一个个制作流水线。他们用了两天时间完成这个订单，并在之后的复盘中讨论工作中出现的问题，比如，岗位与岗位之间如何衔接，如何避免出现残次品，如何在包装上进行精致设计，等等，从而各组提出改进的工作方案。工作情境中"体验—碰撞—复盘—改进"的螺旋上升的学习方式，最终使学生形成问题意识，提升问题解决能力，优化工作思维。高阶研创阶段主要是借助创新创业的项目，培养具有"双创"意识的、具有研发与设计思维的高阶人才。对于中职学生来说，更重要的是明白研创的基础在于产品的风格类型与市场趋势的匹配，了解如何通过技术、原料、造型等的改良，创设出一个新的产品，如何对一个产品进行文化挖掘，从而形成品牌。在研创工作室环境中，学生通过参与教师和企业共同进行的产品项目获得相关能力。以虾类茶菜制作为例，学生通过完成学校茶楼虾类茶菜的设计项目，获得了完整的研发路径。一方面，他们发现研发不是天马行空，必须与客户的口味、企业的成本、当季的食材等因素相匹配；另一方面，他们在研究菜品的过程中，对不同类型的虾的特点以及相应的烹饪手法有更为深刻的理解，原料、口味、风格与烹饪手法不再是存在于菜谱上的机械记忆。这类学习由假设、验证、优化、实践四个环节组成，学生从模仿者、追随者转变为设计者、思考者，实现了角色、思维、方法的提升。这三种学习方式的设计既可以是递进式的，又可以是并行式的；既可以是基于教学行政班级的,也可以是基于社团、工作室环境的。无论是哪一个阶段的学习,重点都在于先学后教,先体验后碰撞,先碰撞后反思,让每一种经历都成为学生成长历程中的驱动力。

(二)设计职业学习情境

学习阶段的提升意味着实操项目真实性、复杂性的元素不断增加,直至成为真实的实操项目,这就需要对学习(职业)情境进行教学化的设计与加工。针对不同学习阶段的特征,学校形成了三类从仿真到真实的进阶项目系列:基于技能复杂化的训练项目进阶、基于能力结构化的轮岗项目进阶和基于思维建构的研创项目进阶。传统的实训教室因过于侧重单项训练而被诟病,实训工厂在教学化设计上的缺陷也无法完全满足不同阶段的学习需求。在这种情况下,西湖职高尝试建设兼具实训教室和实训工厂功能的"微工场"。"微工场"是以学习团队为单位、以从仿真到真实的微项目为载体的学习工作空间。该学习工作空间基于职业能力形成规律,按职业定向任务—蕴含问题的特殊任务—无法预测结果的任务顺序递进提升。目前,西湖职高共有实训型、生产型和研创型3类35个"微工场"。其中,实训型"微工场"重在技能训练,设置成半圆形或两纵列的形式,每个工位有可以拍摄的摄像头,便于观察示范、同伴互助、教师指导、积累操作资料。开放的信息平台和自建资源库方便学生寻找资料、主动纠错。生产型"微工场"重在产品规格、操作标准、团队默契、时间把控。根据企业的生产现场特征,该类"微工场"的情境设置有流水线式、开放式、圆桌式三类。此外,还设有讨论交流区,方便学习者进行经验总结、工作反思以及师傅、工场负责人的工作点评和教学交流。研创型"微工场"需要通过反复试验,获得数据与信息,验证假设,得出结论。因此,既需要集中式的研讨,又需要有小团队的碰撞研究。在房间外圈放置实验器具与资料柜;内圈由几组沙发构成独立的思考、学习空间,也可以布置成交流分享的空间。

(三)基于能力成长的闯关晋升

根据学习者能力成长规律,将闯关任务的完成质量作为岗位晋升条件或者轮岗前提。"微工场"负责人将承接的项目以教学问题为核心进行逻辑维的建构,以教学组织为核心进行时间维的建构,最终形成"微工场"内部的闯关晋升(轮岗)机制。

1. 闯关问题的建构。每一个具体的项目教学单元,都需要教师提供对应的具体案例,并形成对应的任务目标和项目要求,作为"教学导入"。即学生在开展学习之前,需要根据这一"导学案"进行预习,一方面梳理过去已掌握的理论知识;另一方面借助各种载体收集与项目相关的信息资料,从而分步骤完成相关的项目任务。在这一阶段,依据学生学情的不同,参照学生个别能力,教师需要提供针对性的指导,以启发性的方式让学生进行自主探究,形成闯关问题。当学生没有能力提出阶段闯关问题时,教师需要借助关联案例,协助学生提出疑惑,或者由教师抛出疑惑。闯关问题的建构重在激发学生的思考能力,鼓励学生自主学习。

2. 闯关问题的解决。这一阶段是教学环节的主要阶段,要求学生在预设时间内,以个人或者小组的形式对闯关问题进行讨论,并由教师对学生在项目任务推进中遇到的共性问题进行答疑解惑,对个性问题进行专项辅导,从而保证教学能够满足整体学生的需求,使大部分学生获益。这一阶段尤为强调学生的自主学习能力和团队协作能力,整个教学过程以学生为中心,教师仅仅起到辅助作用。具体来讲,学生自发形成学习小组或合作团队后,参照企业项目团队管理模式,进行职能分工和任务分解,要求人人有责,从而保证每个学生都能自觉参与到闯关问题的解决和项目任务的完成中,最终以团队形式提交项目成果。此时,教师以"巡视员"的身份在各个团队之间,帮助团队解决有争议的问题,强化学生对闯关问题的理解,强化学生自我能力的提升。

3. 闯关成果的展示。按照学习小组或合作团队,以团队为单位,进行项目成果的展示与汇报,包括闯关问题的讨论结果、项目任务书、项目作品等。在这一汇报中,各小组必须紧紧围绕闯关问题的解答,介绍小组成员对应的任务分工、解决方法、研究方法、应用知识、实操情况等。汇报完成后,各小组进行讨论,在教师的指导下完成书面成果,从而确保项目的完整性。

4. 闯关项目的总结。在成果展示阶段结束后,教师可以依据各个小组的完成过程及完成结果进行点评,对小组成员在闯关问题解决过程中所采用的有借鉴意义的理念、思想和行为进行表扬,同时要找出对应的不足,提出针对性的建议。各小组依据教师的评价反馈,进一步完善本小组的项目任务,通过组内探讨,优化解决路径,明确任务分工,修正项目成果。

(四)架构评估体系

评估目标指向职业能力。"塔型进阶式"人才培养模式的评估体系将学生作为一个完整的职业人,关注职业行动能力、必备的专业知识与理论、职业技能水平、岗位胜任力等职业能力,也关注创新能力、沟通能力、整体理解能力等综合素养。设置不同评估权重。随着学习阶段的上升,评估权重从技能熟练逐渐倾向于工作思维和创新创业能力,从而形成多阶逐级提升的评估体系。组建多元评估团队。由学生导师、专业导师、行业导师组成的多元评估团队对学生的能力进行评估。不同阶段、不同的评估项目,评估主体的权重也各不相同。这里主要采用三种评估方式,具体内容见第64页。

推动学生的能力进阶。在研创阶段,中职学生多在学校、创新创业教师、企业导师的支持下参与创新创业项目,因此,研创阶段的标准定为由工作(项目)的整体完成转变为创新创业思维、研发方法的掌握。

教学要素重构。"塔型进阶式"人才培养模式的落地必须以职业成长路线为核心,将原本分散的教学要素进行系统设计,消除之前各自为政、无法聚力培养的弊端。根据各阶段学习特征,优化要素组合,设计学习方式,创设相应的学习(职业)情境,组建教学共同体,重构评价方式。此外,校企合作实现了规模化、项目化,全校各专业都有对接的企业,这些企业不仅提供技术支援、评价标准,而且提供真实的项目。嘉匠咖啡烘焙学院、铭品建筑装饰学院等企业培训学院入驻校园,更是丰富了学生技能提升的真实环境。

第三节 "微工场"中职专业课的教学实践

　　职业能力实现的途径是实践,但是目前中职学校对实践教学的理解存在着严重误区,其中之一就是将实践教学等同于技能教学。究其原因,是学校对于能力的理解有偏差。杜威认为:"只有当我们在更大范围的经验情境中意识到它的功能,作为有计划探究'知道'才能被正确理解。"由此可见,能力的形成必须置于一定的情境中,通过学习者自主地探究才能最终成为学习者自身的能力。如果将这一观点引用到职业教育中,"只有在产生工作成果的组织化情境中,实践教学的价值才能被正确理解"。那么,怎样的"情境"才构成"产生工作成果的组织化情境"呢? 我们认为只有承接真实的项目,才能在项目行动中促进学习者对工作任务的理解,从而培养处理复杂工作情境的职业能力。因此,项目承接是"微工场"的起点。

一、"微工场"教学模式的实施基础

　　西湖职高在示范校建设期间,新建了6个实训室,建筑面积2000.8平方米,改建了17个实训室,完善了12个实训室。与此同时,校企共建了嘉匠咖啡烘焙学院、铭品建筑装饰学院等多个企业学院,由学校提供场地,企业投资设备。完成了厂学研一体的综合实训大楼和学生公寓的主体工程,为学校推进"微工场"建设奠定了基础。

　　"微工场"的建设与应用也在于师资队伍的能力。学校自探索技能培养模式以来,形成了一支塔型师资团队,研究团队也具有丰富的经验。专业教师与学生助教——专业教师、行业教师与学生师傅——专业导师、行业导师与学生导师,能够有效支撑不同阶段的"微工场"架构。学校经过充分的学

习与调研,成立了以校长为总负责,各学部部长为执行负责,全校各部门处室和企业领导、师傅共同参与的专项团队,研究制订了《西湖职高现代学徒制实施方案》,并完成了《现代学徒制试点(建筑专业)工作任务书》和《现代学徒制试点(烹饪专业)工作任务书》的修改与完善。这些方案的完善,为"微工场"的建设与运行奠定了基础。

"校企双师全程共导"教学模式是省级立项课题"依托职教集团,构建校企资源共享平台的实践研究"的研究成果,该模式弥补了阶段性"双师"教学的各种不足,以此为指导,在教学内容的衔接上可以做到更加严密和全面,整体的授课流程更趋向逻辑性;企业技术专家全程与学生接触,在授课内容、授课方式和手段的选择上能更契合学生的特点;这种教学模式要求学校在专业教师和企业技术专家频繁沟通的基础上,双方在教学实施过程中有更好的协同、各展所长、相互补充,进行良好的优势合作教学。这一教学模式的推进,为"微工场"的落地提供了较好的教学基础。

二、"微工场"教学模式的实施案例

根据不同的项目功能,"微工场"也有不同的类型划分。表3-1展示了西湖职高成立的"微工场"名称、类型、特点及专业属性。

表3-1　西湖职高"微工场"类型一览表

序号	名称	类型	特点	专业属性
1	嘉匠咖啡烘焙学院	生产型"微工场"	承接对外点心、咖啡制作培训项目	烹饪、酒管
2	心心西点屋	生产型"微工场"	完成核心课程技能学习,服务校内师生	烹饪
3	厉志光特级教师特色菜肴研发中心	研发型"微工场"	进行地域特色中西点心研发与相应课程建设	烹饪
4	闻涛西餐社	生产型"微工场"	承接校内外西餐制作服务	烹饪
5	茶文化导游团	服务型"微工场"	承接校外茶文化旅游团队	酒管

序号	名称	类型	特点	专业属性
6	文轩咖啡吧	服务型"微工场"	完成校内咖啡仿真训练	酒管
7	听阁茶屋	服务型"微工场"	完成校内茶水仿真服务	酒管
8	九曲红梅传承中心	研发型"微工场"	进行九曲红梅制作技艺的研究与传承	酒管
9	西职服务队	服务型"微工场"	为社会提供烹饪、旅游、酒店管理、电商运营、家装设计等多类服务	烹饪、酒管、电商、建筑
10	应旭萍名师工作室	服务型"微工场"	承接电子商务创新创业项目	电商
11	扬帆家装设计	服务型"微工场"	承接校内外家装设计与施工项目	建筑
12	小管家理财中心	服务型"微工场"	完成校内各"微工场"的财务管理任务	财会
13	老底子木艺	生产型"微工场"	完成校内建筑专业学生的技能拓展以及社会团建、亲子活动	建筑
14	艾括网络服务中心	服务型"微工场"	承接校外网络运营、客服等项目	电商、烹饪、酒管、建筑
15	西职创业孵化园	综合型"微工场"	小微企业、学生创业孵化	各专业
16	产教融合大楼	生产型"微工场"、服务型"微工场"	对外承接酒店、餐饮业务	烹饪、酒管

(一)确定以项目承接为核心的"微工场"类型

1. 技术技能培养的生产型"微工场"

此类"微工场"的重点是培养学习者单项技能,依据企业生产线的架构,对承接生产项目进行分解,设定生产目标及生产标准,通过组内轮岗让学习者处于不同生产环节。既能提升学习者技能水平,又帮助学习者获得生产经验,熟悉生产流程,掌握流程环节的工作要点。

【案例3-1】 心心菜点屋秋叶包的生产制作

生产项目:秋叶包的制作

"微工场"名称:心心菜点屋

"微工场"项目来源:以承接校内教师的净菜订单为主,也承接少量的校外热菜与点心的订单,同时根据校内学生的口味特点与季节特点制作点心,在校内售卖。

产品标准:

1. 形状似秋叶,色泽洁白,表皮蓬松,纹路对称工整;

2. 味道咸淡适中,每个秋叶包长度为10厘米,宽度为4厘米;

3. 每20分钟能做出一笼成品。

制作难点:捏褶子的手法以及产品大小的控制。

生产岗位与环节要领:

打面:面要光滑,没有裂纹,做到三光(手光、案台光、机器光)。

摘剂与擀皮:剂子均匀,皮为圆形,无裂纹,中间略厚于边缘。

包馅:泥状馅呈水滴状,菜馅要放在皮的中间部位,捏褶子的手法。

醒发:水的温度把握,鉴别醒发完成的方法。

蒸制:蒸制时间的控制。

在秋叶包生产项目制作的过程中,教师发布产品标准与岗位要领,每个生产项目组根据岗位人员设定进行任务分工,一次生产性教学的时长为4个小时,每完成一笼成品进行一次轮岗调配,由生产项目组组长统一调配。

在技术技能培养阶段,需要将"微工场"承接的任务进行教学化,将任务划分为各个技能点,同时设置相应的标准作为学生任务完成的考核目标及标准。对于教学重点及难点,也需要进行相应的分析,确保学生在完成项目制作时能掌握相关要领,熟悉制作流程。

2. 基于问题解决能力培养的服务型"微工场"

此类"微工场"承接的工作项目要求学习者完成客户的接洽工作,在完成工作任务的过程中依靠小组独立解决面临的各种问题,以此培养学习者应对及解决问题的能力。在项目接手时,首先分析任务明职责。"微工场"获得服务型任务后由项目负责人牵头讨论分析任务,明确岗位分工、职责要领、服务标准,并制定任务书。其次沟通需求明目标,项目组通过对客户信息的分析,完成客户服务需求调查表,负责人在与客户沟通的过程中,明确客户心理预期,获得服务产品的评价标准。根据客户的需求以及该服务项目的特点,项目组成员共同制订服务方案,明确完成任务的最佳策略组合。根据方案完成任务,记录服务过程中的问题、应对方法及应对成效,任务完成后在项目组进行复盘讨论,寻找问题发生的原因,优化方案,明确完成路径。与客户进行需求确认,获得客户对服务项目完成情况的反馈,明确工作经验,形成工作思维。

【案例3-2】 扬帆家装设计工作室室内装修手绘表达

该"微工场"与铭品装饰公司合作,主要承接铭品公司的家装设计草图绘制、量房、瓷砖贴面、软装设计等项目。手绘表达是建筑装饰专业学生的重要技能,该教学的重点在于能用手绘表达不同的材质特征,难点是家具体积感的表现。但这个项目更为重要的是学习者必须通过与客户沟通,准确把握客户的家装兴趣特征。因此在完成设计项目的过程中,学习者在负责人的带领下不断与客户交流,确认需求。

这类服务型"微工场"重点培养学习者面对复杂的工作问题时如何抓住问题的关键,及时采用有效的方法解决问题。在手绘表达室内装修方案的项目中,学习者在与客户沟通的过程中明确了由客户的年龄、家庭特征、文化层次、兴趣爱好等构成的需求信息,并在项目组内对装修方案的风格、色彩、空间流线等进行了详细的讨论,制订了绘制方案,通过手绘与客户达成需求确认,为进一步完成装修方案奠定了基础。在这个项目中,技能学习的重点是不同材质的手绘表现,难点是体积感的表现。学习者只有将不同材质的家具特征表现出来,才有可能获得客户准确的需求信息,进而获得客户

的信赖。然而,项目完成的过程,学习者获得的还不仅仅如此,更有与客户沟通的方式,满足客户需求的方式等内在的职业能力。

3. 基于创新思维培养的研发型"微工场"

该类"微工场"针对技能水平较高,具备独立思考解决工作问题的能手学习者,主要针对企业提出的技术问题及产品创新问题。接到项目的第一个环节是分析项目中存在的问题,学习透过现象看本质的方法,能够准确归因,找到问题的症结所在。成员通过查阅资料、背景分析、实验数据收集等方法,研讨破解难题的方案。根据不同的破解方案,组成若干研发项目组,在导师的带领下实施研发方案,做好数据记录、现象描述。分析实施过程,反思存在的问题,提取实施经验,总结研发思路,进行团队共享。根据研发思路以及对于问题的分析,优化方案,并进行再次实践尝试,记录数据或现象,进行试验对比。在项目完成中重点培养的是学习者的创新意识与创新思维。

【案例3-3】 特级教师特色菜肴研发中心虾类茶菜的制作

该"微工场"是烹饪专业针对学生进行菜品的改良、创新研究;其中虾类茶菜制作项目来源于学校"茶文化"实训基地茶楼,该茶楼在春季到来的时候需要更换菜单,根据顾客的口味,茶楼需要增加一道以虾为原料的茶菜,研发中心承接任务后,将"微工场"的师生分为四个研发项目组,进行虾类茶菜的改良、创新,在研发结束后,被选中的菜肴直接投入茶楼中接受市场的检验。

研发型"微工场"既为企业解决难题,又着重培养研发思维。在"虾类茶菜的制作"项目中,学习者获得的不仅仅是虾类菜肴的烹制技术,更是菜肴设计的思路。尤其是在初期方案与优化后的方案对比中,学习者明确的是菜肴设计需要考虑的因素包括市场需求、原料特性、大众口味、季节特点、投放场所等。

(二)确定以技能进阶为核心的"微工场"项目

对于以小型企业形式建构的"微工场",场内的人员组织形式既需要按照企业的岗位设置,又需要根据学习者的能力阶段进行组织。一般来说,一个"微工场"由三类人构成:学习者、引领者、指导者。其中,根据技能的成长规律,学习者又分为新手、熟手与能手。根据项目特点,不同阶段的学习者或者处于同一个"微工场"项目组内,或者处于不同的项目组内。同一个"微工场"中的引领者与指导者既可以由专业教师、行业师傅担任,也可以由技能层级较高的学习者担任。这就形成了"微工场"最基本的塔式组织形式。

我们将能力获得分为三个阶段:新手的技能熟练阶段,在分步训练中,夯实基础技能,达到技能自动化;熟手的技能精细阶段,在完成生产性实训的过程中,熟悉生产流程,学会技能的综合运用,培养工作思维;能手的技能创新阶段,通过参与产品的创新与研发,或者完成创业项目,培养发现问题、解决问题的能力,形成工作思维。基于这一能力层级,每个"微工场"针对不同岗位的能力要求以及学习者自身的成长需求和特点,形成塔式的组织形式。这一既具有企业性质的组织形式,又符合项目学习规律的组织形式,能提升"微工场"的运营效率。塔式"微工场"的运行机制由以下两个维度构建。

一是以教学问题为核心的逻辑维的建构,即根据教学情境需要设计对应的循序渐进的进阶问题。要求教师在教学过程中,依据专业教学内容和行业、企业的生产实际需要,编制塔式"微工场"教学环节中所需要的案例,形成以问题为导向的真实的教学情境,让学生能够体验到相对仿真的生产环境,感受真实的生产环节。依托于真实情境,指向教学目标,设计一系列从易到难的进阶问题,借助问题和疑惑,激发学生学习兴趣,引入学生进入教学情境,掌握相关知识。

二是以教学组织为核心的时间维的建构,也就是说,在进阶问题的基础上,重构教学环节、学习组织和考评体系。其一,以学生阶段问题解决和最终任务成果为导向,凝练教学要点,设置教学节点,完善教学进程,优化教学环节;其二,打乱传统的学习组织形成,构建学生学习小组或学习团队,由"熟手"带"新手"引导其解决过关问题;其三,在传统教师单一评价的基础上,形成学生自评、小组互评、教师点评的评价标准。

【案例3-4】 茶文化导游团分工

该"微工场"以承接茶文化一日游为主要项目,同时也承接茶艺表演、茶艺服务、茶艺培训等与"茶文化"有关的项目。在导游团中,主要工作人员为熟手级学习者,而新手级学习者以跟学、观察为主,能手级学习者以岗位分工、问题处理为主。因此,每次外出导游会有3名学习者作为一个项目组共同承担导游任务,而能手级以上的学生助教会随团观察、拍摄、记录,对工作过程中的问题进行反馈,作为生成性的学习资料。专业教师、行业师傅根据学生助教提供的资料,对项目组的工作做出评价,并在每次工作完成后组织讨论、分享、提炼。

茶文化导游团的任务中,将学生分为项目组,依据真实的导游项目设立任务导向,以熟手带新手的模式帮助新手同学快速适应岗位。新手在完成项目时能熟悉真实工作环境,熟手阶段的同学也能够熟悉流程,综合运用学习技能,提升自己的职业能力。

三、"微工场"教学模式的改革成效

基于"微工场"的人才培养模式以学生专业技能、职业能力和创新创业能力养成路线为核心,以进阶式现代学徒培养为模式,以"微工场"为组织形式,让学生沉浸在多样态实践情境中,在不同层级教师团队的引导下,逐级提升,达成培养目标。

(一)探索了职业能力培养的实施路径

"微工场"的实践探索以职业能力培养为核心,从"微工场"的功能分类,不同类型"微工场"的运营模式和环境构建,到研究不同类型"微工场"学习环境中学生知识、技能、思维方式获得的规律和特点,以及与此相匹配的师生关系的重构,"微工场"对社会与专业学习的辐射效应。

在理论研究和实践研究结合的基础上,以理论学习明确"微工场"的理念设计,以行动研究构建"微工场"的运行机制,以调查研究反思"微工场"的可行性与困惑性。因此,"微工场"教学模式也能够为其他中职学校的职业能力培养模式提供参考和借鉴。

基于"微工场"的人才培养模式能针对企业对岗位的要求,明确各专业的技能培养目标和不同阶段学徒的能力培养需求,并将其细化为不同的进阶级,层级式小步子前进,为教师的教、学生的学提供可见的方向和可测的目标。随着学生技能水平的提升,应对工作问题、解决工作问题的能力也在提升,企业对学校的满意度也在提高。因此,学校的毕业生平均就业率达到98%以上。比如,近年来学校建筑装饰专业被大型装饰公司正式录用的人数在逐年上升。由2013年的23人增加到2014年的35人,2016年更增加到86人,录用率达到了98.3%。

(二)有效解决了技能训练机械性和技能成长多样性的矛盾

"微工场"教学模式突破传统中职专业技能训练单调重复的模式,以承接项目为载体,以"校企双师全程共导"教学模式为依托,针对中职生职业能力的培养问题,创新中职专业课的教学形式与教学内容,深化"塔型学徒制"的推广与应用,从而提升育人质量。针对不同能力习得阶段制定相应的学习内容,配备相应的师资团队,创设相应的学习环境。以市场导向的评价体系,突破了单一校内评价的局限。塔式"微工场"、内聚式"微工场"和辐辏式"微工场",有效弥合了多元能力学习差异带来的学习惰性,让落后的学生有阶梯,让优秀的学生有发展。由烹饪专业和旅游专业的50名优秀学生组成的G20服务支援小队,经过酒店8个月的技能培训,成功入选西湖国宾馆、西子宾馆、大华饭店、望湖宾馆、杭州西溪悦榕庄和浙旅机场大酒店等酒店的各国首脑接待服务队,其中西子宾馆的4位学生加入了国宴服务团队。学生的出色表现得到各酒店高度的评价和肯定。与此同时,学校学生技能大赛捷报频传,共获得15枚金牌,为全市第一,奖牌109枚,为全市第二。2016年学校第七次代表浙江省参加烹饪技能国赛,续写"七连冠"传奇。教学科研齐头并进,2项成果获得省教学成果奖。

(三)实现了从项目融合到文化融合,从资源共建到管理共通的转型

一方面,学校制定了《"微工场"管理与运行机制》,对"微工场"实行动态管理和综合考评,对"微工场"中不适合学生多元能力发展的组织形式采用淘汰机制。各专业主动与行业组织对接,构建合作平台,如发起成立了"浙

江省餐饮业点心专业委员会""建筑专业委员会""校企联谊"等校企优质组织,有效地促进了校企之间的深度融合,使学校及时把握人才市场律动,培养企业招之能用的紧需人才。另一方面,加强企业的主导性作用,通过项目载体,深化资源互通与整合,为"现代学徒"搭建跨区域的发展平台,充分发挥"微工场"的辐射作用,促进"现代学徒"向"现代准职业人"直至"现代职业人"的更高层次迈进,初步实现了对学徒的共育共管。借着"微工场"现代学徒制人才培养模式研究的良机,建筑专业和烹饪专业都与各试点单位就共建课程资源和课程体系进行了深入探讨,制订了《杭州西湖职业高级中学建筑装饰专业"铭品订单"学徒培养方案》《杭州市西湖职业高级中学烹饪专业"莫卡乡村订单"学徒培养方案》和《杭州西湖职业高级中学中式烹饪膳食与营养专业"大华+新白鹿订单"学徒培养阶段性目标和标准》。

同时,学生助教、学生师傅、学生导师与不同技能等级呼应,塔型的教学组织形式实现了学生的身份转变,这既是学习的激励,也解决了差异化教学中师资短缺的问题。行业技术骨干的引进,仿真型实训室与真实工作情境的三类"微工场"的创设,改变了校企合作的松散状态。尤其是辐辏式"微工场"下的企业学院模式,学校、专业实训处只需要和商学院的负责人直接沟通交流、制订方案,其分公司均会统一执行,保证了合作的统一性,为形成"1+1+1"(一所学校,一家名企,一百个项目)的校企合作模式奠定了基础。得益于此,学校师资队伍不断优化,课题研究期间,学校培养了省特级教师1名,专业带头人4名,骨干教师22名,青年教师30名,"双师型"教师44名。

结　语

职业学校专业课教学研究方兴未艾,结合"塔型进阶式"课程体系设置相应的"微工场"教学,分析了"微工场"的内涵和特征,介绍"微工场"的实施方式,突破班级授课制的局限。这对于中职生技能及职业能力的培养是一个有意义的实践,对职业学校校企合作、产教融合理论的发展同样具有内在的理论价值和研究意义。

第四章

"无边界"公共基础课课程改革

　　21世纪,随着我国经济产业的不断升级转型,劳动力市场对于技术技能型人才产生了极大的需求,中职学校毕业生作为一线劳动者,是否能够满足社会需求,实现高质量就业,影响着服务和产品等的质量,也影响着我国中等职业教育培养人才的质量以及社会未来经济的发展水平。在这样的背景下,国家十分重视立德树人,培养学生的全面发展。公共基础课是中等职业学校(以下简称"中职")课程体系的重要组成部分,是培养中职学生思想政治素质、科学文化素养、职业素养等的基本途径,对于促进中职学生的可持续发展具有重要意义。教育部2020年3月正式颁布的《中等职业学校公共基础课程方案》也明确强调:"依据学生发展核心素养,结合学生学业基础,精选适应学生终身学习和职业生涯发展需要的基本知识和基本技能,进一步打好学生文化基础,培养学生综合素质,夯实学生个性化发展的共同基础。"[①]由此可见,在中职学校中,公共基础课培养可持续发展的人的作用越来越被国家重视。为了贯彻落实教育部号召,培养中职学生可持续发展,学校结合学校特色,针对长期以来中职学校文化课教学中出现的问题和困扰,提出了基于"无边界"理念的中职公共基础课课程改革思路,以期对中职学校公共基础课的现实不足提出改进措施。

---

　　① 教育部.教育部办公厅关于印发《中等职业学校公共基础课程方案》的通知[EB/OL].http://www.moe.gov.cn/srcsite/A07/moe_953/201911/t202003_410208.html.

第一节　中职公共基础课课程改革的意义

一、公共基础课课程改革的现实需要

职业教育作为与普通教育有着同等地位的一种教育类型,在人才培养的过程中发挥着非常重要的作用,但由于其职业属性与产业发展的密切联系,学校往往更注重专业课程的建设与发展,而忽略了公共基础课在中职学生成长过程中的作用。但随着国家对职业教育发展方向的转变,中等职业教育作为职业人才成长的基础教育阶段,应该从公共基础课入手,使中等职业学校的学生与普通高中的学生在公共基础上保持在大体相同的水平上,满足高中阶段的共性要求,改变大众认为职业教育的学生文化素质低下等刻板印象。①因此,中职公共基础课的改革势在必行。

(一)适应社会经济发展的客观需要:"人才观"的转变

随着社会不断地发展,社会经济结构也在发生着相应的改变,社会对于人才的需求呈现出与传统的"人才观"不同的价值追求。一般来说,我国传统的"人才观"侧重于学历、较为全面的能力和素养,强调"知识就是力量",认为占有知识越多的人越能成为精英人才。在这样的"人才观"的引导下,我国的中等教育往往由素质教育变成了应试教育,由人才教育变成了知识教育。即使是直接面向市场的中等职业教育,也跟随普通教育的风向,将几乎所有的教学时间放在了小小的、有限的课堂中,进行着与社会需求完全脱

---

① 徐国庆,王璐.公共基础课建设是中等职业教育发展的重要基础[J].中国职业技术教育,2020(9):5-9.

节的封闭式教育。而随着社会发展，职业教育的目标也发生了改变，从原先的追随普高的应试教育转向了升学+就业的职业教育。特别是在全球新一轮科技革命和产业变革中，"互联网+"必将催生一批新产业、新业态、新商业模式，产生一系列新的用人需求[①]，即要求学生不仅能够掌握熟练的操作知识，而且要拥有丰富的文化知识，只有这样，才能在复杂、多变的工作情境中进行权变创新。[②]而公共基础课作为提高学生文化素质、文明程度和综合素质的一种基本途径[③]，在培养高素质劳动者和技术技能人才方面具有不可言喻的作用。因此，公共基础课的教学方向也需要发生改变。

（二）适应职业教育自身发展规律的客观需要：政策的支持

从2003年开始，职业教育的办学方向发生了转变，由升学为主转为以就业为导向，中职公共基础课的课程设置发生了相应的改变。2019年5月，在《教育部关于深入学习贯彻〈国家职业教育改革实施方案〉的通知》中强调："要提升受教育者的职业适应能力和可持续发展能力。要落实立德树人根本任务，深化专业、课程、教材改革。"[④]2019年6月，《教育部关于职业院校专业人才培养方案制定与实施工作的指导意见》提出："要广泛运用启发式、探究式、讨论式、参与式等教学方法，推广翻转课堂……推动课堂教学革命。加强课堂教学管理，规范教学秩序，打造优质课堂。"[⑤]2020年3月，在《教育部办公厅关于印发〈中等职业学校公共基础课程方案〉的通知》中进一步强调："要注重基础性，遵循学生身心发展规律……进一步打好学生文化基础，培养学生综合素质，夯实学生个性化发展的共同基础。要体现职业性、反映时

---

① 许艳丽,刘晓莉.基于"互联网+"时代特征的高职院校学生就业能力提升研究[J].职业技术教育,2017,38(25):34-38.

② 徐国庆,王璐.公共基础课建设是中等职业教育发展的重要基础[J].中国职业技术教育,2020(9):5-9.

③ 董奇.职业教育文化课教学阵地不容"失守"[J].教育与职业,2013(28):21.

④ 教育部.教育部关于深入学习贯彻《国家职业教育改革实施方案》的通知[EB/OL].http://www.moe.gov.cn/srcsite/A07/zcs_zhgg/201905/t20190517_382357.html.

⑤ 教育部.教育部关于职业院校专业人才培养方案制定与实施工作的指导意见[EB/OL].http://www.moe.gov.cn/srcsite/A07/moe_953/201906/t20190618_386287.html.

代性。"①由此可以看出,国家对职业教育中公共基础课的目标定位和科学把握也使得公共基础课课程的改革需要及时实施。

(三)适应中职学生发展的客观需要:专业发展和可持续发展

公共基础课作为中职学校教育的必修课程,是学生不可或缺的学习内容,其在学生的发展过程中具有基础性、工具性、情感性、发展性的特征。②③首先是基础性,公共基础课能够提高中职学生的认识能力和理解能力,只有学好了文化基础知识,才能服务好专业技能知识的学习。④其次是工具性,从语言沟通与社会交往方面来看,公共基础课是学生与他人交流沟通的一种工具,是学生独立生活、规范自己的道德行为、融入社会的基础。⑤再次是情感性,任何一个职业角色,首先应该是一个完整的人的社会角色⑥,公共基础课能够培养人的文化素质,影响学生的价值观、人生观。最后是发展性,公共基础课是学生进行专业学习的基础,更是其培养终身学习能力、成为全面发展的人的基础。由以上可以看出,公共基础课的基础性为学生的专业发展创造了可能性,公共基础课的工具性、情感性和发展性特征又为学生的可持续发展创造了可能性。四者相辅相成,共同为中职学生的全面发展服务。

二、公共基础课的课程现状

(一)中职学生的学习特征

1. 缺兴趣——中职学生自主学习少动力

学校在前期对中职学生做过一个关于"学习动机"的调查(见图4-1),数据显示,大多数中职学生缺少内在学习动力。大多数学生可能是被网络游戏等吸引,造成厌学或学习动力不足,但就教学而言,更多的是以下三个方面造成的:(1)基础差导致缺兴趣。中职的大多数学生在初中时就没有良好

---

① 教育部.教育部办公厅关于印发《中等职业学校公共基础课程方案》的通知[EB/OL]. http://www.moe.gov.cn/srcsite/A07/moe_953/201911/t20191129_410208.html.

②⑤ 徐涵.应进一步明确中职文化课的功能定位[J].江苏教育,2019(4):1.

③⑥ 袁丰.职业教育中的文化课教学[J].卫生职业教育,2016,34(12):54-56.

④ 张朝伟.中职文化课与计算机专业课教学有效衔接的对策[J].电脑迷,2018(12):126.

的学习习惯和科学的学习方法,故而在学习基础上会有或多或少的脱节,导致高中学习无法跟进。很多学生想从高中重新开始,但因学习基础薄弱,无法跟进,只能选择放弃学习,甚至对学习产生厌恶情绪。(2)知识难导致缺兴趣。本来就基础薄弱的中职学生,在学习中又遇到一些文言文、函数、智能编程等深奥、难以理解的知识,就更没有兴趣和动力把它们学好。还有一些建筑力学、会计专业的知识,偏重理论,更让中职学生"知难而退",没有兴趣和信心去把它们学好。(3)脱离情境导致缺兴趣。在过去的教学过程中,很多理论知识脱离实践,为了学习理论知识而学习,没有一定的情境;或是教师在学习开始,导入了几张图片,后续就开始理论知识的"娓娓道来",严重地抹杀了学生对学习的兴趣。

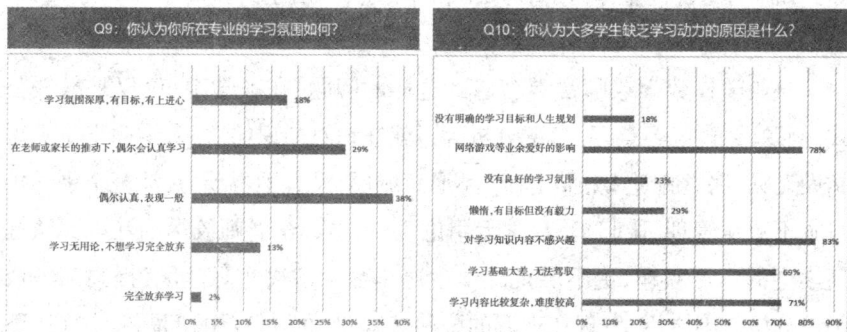

图4-1　中职学生学习动机调查

2. 缺方法——中职学生素质提升遇瓶颈

如学校某建筑装饰专业的学生,在学校量房技术非常好,绘图、量尺寸这两个量房中的基本任务在学校学习时已经非常娴熟,还得到企业教师的认可。无论是学校场所还是模拟实训室的量房工作,都能很精准地完成。但是,高三进入企业实习,跟师父去实际现场量房,却是"漏洞百出",有很多细节不知道如何处理,有很多地方不知道该量哪些尺寸。很多学生在学校学习时,感觉都会了,一到考试或遇到真实案例时,就都不会了。为什么会出现这样的状况呢?

学校对学生进行调查之后发现,原因主要集中在以下三个方面:(1)缺乏知识提取能力。对于中职学生来说,学习力较弱,要学会提取知识,就一定要有熟练的知识"存储"。而这个存储的过程就是学生在学习时需要建立知识系统，把知识和实践相结合地学习，实行统一，才是最正确的学习方法。案例中的学生，只是学会操作，但没有把实践变为知识要点，这样就会缺乏学习知识的提取能力。(2)缺乏知识整合能力。每一门功课、每一次实践或每一个知识点的学习都是有联系的。知识之间存在着并列、递进、因果等关系，其实也可以构成一个整体框架。案例中的学生，对于知识的不理解或是不懂得综合考虑，就造成知识综合运用能力的缺乏。(3)缺乏整体思考能力。要将知识融会贯通，运用到生活或工作的实际案例中，就得对知识进行整体考虑。特别是像案例中的学生，在学习专业技能的时候要有整体思维。量房是为后续设计服务的，量什么尺寸，就要考虑后续设计需要什么尺寸。如果有这样的整体考虑，那实践工作就会少出差错。

3. 缺引导——文化课教学改革有盲点

职业学校数学老师常常会遇到这样的问题：在教学中，仅仅是教授公式、例题讲解、练习点评、考试分析等。就知识对知识的讲解，中职学生觉得枯燥乏味，课堂睡觉率很高，学生不愿意刷题，没有学习动力，甚至个别学生根本不服从管理，谈起了"数学无用论"。很多数学老师绞尽脑汁都无法提高学生的学习兴趣，更不要说让学生应用数学解决实际问题，提高高考成绩。分析原因之后，发现在现有的公共基础课教学过程中，问题集中在以下三个方面：(1)去情境化导致知识结构割裂。很多学生看到 X、Y 就头疼，对数学知识的学习，中职学生缺少兴趣点。需要更多地引入情境化教学，不仅可以提升学生的学习兴趣，还可以帮助学生在情境中运用学科知识解决实际问题。知识与实际的结合，不仅可以让学生学会运用，还可以提升他们今后的职业能力。(2)忽视迁移导致知识无法激活。就知识的学习，还会导致学生只会刷题。哪怕是成绩相对较好的同学，也不能将知识运用到实际问题中去。在数学课的学习中，部分学生会提出"数学无用论"，主要还是知识的割裂，导致在实际运用中无法激活，使得学生没有知识迁移能力。(3)通道单一导致学习差异明显。对于中职学生，由于学习基础薄弱，所以学校单一的学习通道已经不能满足他们的学习需求。只靠刷题、教师讲解答疑，造成学生间学习差异加大。所以学生在学习中，需要多渠道地获取知识，帮助他们提升学习基础,增加多元化辅助手段迫在眉睫。

(二)中职文化课教学局限

1. 去情境化导致的封闭课程教学

情境化课堂是指将情境化的教学理论作为基础的教学指导理论,结合学科特点和教学内容,将学生的认知水平、兴趣爱好和实际教学情况作为教学的出发点,利用真实的事件模拟环境教导学生发挥自己的想象力,创造一个符合学习的模拟环境,激发学生的学习能力和学习兴趣,更好地加深学生对于学习内容的情感体验。在情境化课堂教学中,教师能够通过创造模拟环境,比如丰富多彩的图片、旋律优美的音乐,能够有效激发学生的学习兴趣,符合低年级学生喜欢追求新鲜事物的性格特点,保证学生长久保持学习热情。

在多数中职学校,公共基础课的教授方式、学生学习公共基础课的方式仍然跟普通高中保持着相同的做法,即使是更换了教学教材,但仍然是"换汤不换药",没有考虑到中职学生的学习特点和他们的专业性,从而导致学生在学习公共基础课的时候仍然像是在初中、小学,而之前他们对公共基础课学习的无助感在这里就会被延续下去,以至于丧失公共基础课学习兴趣。再者,不同专业的学生学习的特点不一样,去情境化的公共基础课教学方式让所有学生都采用同样的教学方式,从而没有联系到他们的专业性,导致公共基础课产生去情境化的封闭式课程教学,让学生觉得公共基础课的学习对于他们来说可有可无,降低了公共基础课学习的热情。

2. 教学束缚导致的固定课程空间

中职学校的学生擅长实操、不喜理论知识的学习特点,使他们不喜欢以传统的方式进行理论知识的学习,而公共基础课的学习大都是在教室中进行,跟传统的文化课学习并没有任何差别,教室的固定性、教材的固定性会固化学生对于中职学校文化课的认识,从而束缚学生的学习积极性。

3. 忽视思维导致的实质课程教育

中职学校的学生学习能力和学习习惯较差,对于他们来讲,他们更需要的是一种综合性的教育,而不是他们往常所熟悉的传统式实质教育。由于大部分中职学校的学生在学校学习三年后都会走上工作岗位,他们认为现在更需要的是专业技术的学习，而不是跟专业"毫无联系"的公共基础课学习。但是对于中职学校来说，教材不可能考虑到每个专业的学生，因此教材的内容更多的还是偏实质教育，忽略了学生思维的引导和培养，更没有改变学生对公共基础课的学习态度，即使进行公共基础课改革，也难以实施下去。

鉴于中职学校公共基础课教学过程中存在的这些弊端，找到一种更好的方式来调动学生的学习积极性是十分必要的。

三、"无边界"公共基础课的内涵

20世纪90年代，澳大利亚学者斯图尔·卡宁汉姆等提交了一份题为《新媒体和无边界教育：回顾全球媒体网络与高等教育供给的聚敛》的研究报告，试图揭示新媒体时代影响澳大利亚高等教育参与全球竞争的潜在因素，并首次提出了"无边界教育"的概念。①2000年，英国大学副校长委员会（CVCP）与英格兰高等教育拨款委员会（HEFCE）在《无边界的教育事业：英国观点》报告中，正式提出并界定了"无边界教育"这个概念，指出"无边界"一词意味着"跨越或潜在地跨越高等教育（不论是地理的还是概念的）传统边界的那些发展"②。

因此，"无边界"作为一种教育理念，其内旨是跨越边界的交流与沟通，其具有施教主体无边性、受教主体无边性、办学空间无边性、教育内容无边性等特征。③施教主体无边性与受教主体无边性模糊了教师和学生的边界，突出学生学习的主体地位，为提高学生学习积极性提供了可能；办学空间无边性突破了班级授课的限制，扩大课堂到生活中去，为提高学生的学习主动

---

① Cunningham, S., Tapsall, S., Ryan, Y., Stedman, L., Bagdon, K., Flew, T..New media and borderless education: a review of the convergence between global media networks and higher education provision. Evaluations and investigations program higher education division.1998［EB/OL］.［2019-01-22］.http//pandora.nla.gov.au/pan/24685/20020426-0000/www.detya.gov.au/archive/highered/eippubs/eip97-22/eip9722.pdf.

② 英国大学副校长委员会（CVCP），英格兰高等教育拨款委员会（HEFCE）.无边界的教育事业：英国观点[J].张宝蓉，译.国际高等教育研究，2003(4)：23-31.

③ 陈飞.理解与共存："无边界"高等教育的支撑性理念[J].江苏高教，2003(2)：19-21.

性提供了可能性;教育内容无边性更是摆脱了"唯教材"的缺点,将教学内容延伸到书本外,为拓展学生的视野提供了可能性。因此,基于"无边界"理念的中职公共基础课课程改革,能够提高学生的学习积极性与主动性,能够为学生的专业发展和可持续发展提供帮助,从而使学生满足社会对于新型人才的需求。由此观之,中职学校有必要进行"无边界"教育理念的公共基础课课程改革。

第二节 "无边界"公共基础课课程改革的理论构建

核心素养也叫作"21世纪素养",是为了培养能够应对未来社会和工作岗位的学生而提出的。目前关于核心素养的定义,不同的组织、国家、地区有着不同的界定,如经合组织(OECD)称为关键能力、美国称为"21世纪技能"、澳大利亚定义为"7种通用核心能力"等。我国教育界学者将其定义为学生在接受相应学段的教育过程中逐步形成的适应个人终身发展和社会发展的人格品质与关键能力。①2016年,北京师范大学等联合课题组发布了《中国学生发展核心素养》报告,以培养"全面发展的人"为核心,将中国学生发展核心素养分为文化基础、自主发展、社会参与三个方面,共六大核心素养18个具体要点,如图4-2所示。"无边界"理念的中职公共基础课课程改革正好顺应了我国发展学生核心素养的潮流,以培养全面发展的学生为目的,打破学科之间的界限,结合专业的特点,激发学生自主学习的热情,为学生专业课程的学习打下了良好的基础。

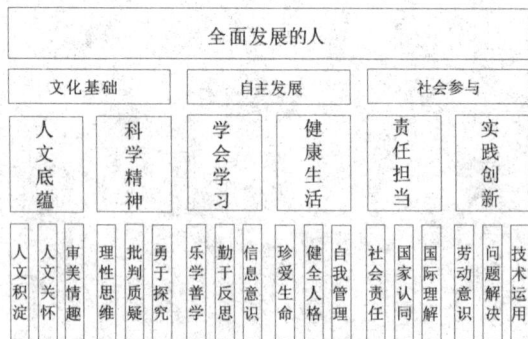

图4-2 中国学生发展核心素养

---

① 钟启泉.核心素养十讲[M].福州:福建教育出版社,2018:1.

一、中职公共基础课的学科核心素养

学科核心素养是核心素养的一个下位概念,是学科本质和教育价值的体现[①],是在核心素养发展的背景下,基于我国的教育现状发展起来的,我国特有的一种表达方式。由于不同学科的性质、特点不同,每一门学科都有自己的学科核心素养。2020年8月,教育部颁布了中职学校十门公共基础课(思想政治、语文、历史、英语、数学、体育与健康、艺术、信息技术、化学、物理)的课程标准,并在课程标准中界定了不同学科的学科核心素养。其中,语文、数学、英语学科的核心素养如下。

(一)中职语文学科核心素养

中职学校的语文课程是各个专业学生必修的公共基础课,2020年8月,教育部颁布的《中等职业学校语文课程标准》将中职学校语文学科核心素养界定为以下四个方面:语言理解与运用、思维发展与提升、审美发现与鉴赏、文化传承与参与[②],具体内涵如表4-1所示。

表4-1 中职学校语文学科核心素养

学科核心素养	具体内涵
语言理解与运用	掌握祖国语言文字特点及运用规律,形成个体的言语经验 正确理解与运用语言进行有效交流和沟通
思维发展与提升	能够发展直觉、形象、逻辑、辩证、创造思维 可以运用多种思维对语言进行感受、理解、分析等 能够准确传递信息、论述观点等,提升思维品质
审美发现与鉴赏	通过阅读、品味语言,形成正确的审美意识 能够在生活、工作中表现美、创造美

---

① 邵朝友,韩文杰.学科核心素养与核心素养的关系辨析——基于学科核心素养逻辑起点的考察[J].教育发展研究,2019,39(6):42-47.

② 教育部.中等职业学校语文课程标准[EB/OL].http://www.moe.gov.cn/s78/A07/zcs_ztzl/2017_zt06/17zt06_bznr/bznr_zzggkdg/202008/P020200821550330709003.pdf.

学科核心素养	具体内涵
文化传承与参与	能够理解、吸收、传授和发展中华文化 继承发展中华优秀传统文化、革命文化、社会主义先进文化等，在学习过程中拓宽文化视野 培育老师精神，弘扬劳模精神、工匠精神，增强文化自觉和文化自信

综上来看，首先，中职学校语文的任务就是既要培养学生听、说、读、写的语文能力，还要传授并使学生掌握一定的语文知识，进一步培养学生掌握基础知识和基本技能，强化关键能力，使学生具有较强的语言文字运用能力、思维能力和审美能力。学生一旦有了一定的语文知识和具备了一定的语文能力以后，对于学好其他学科和走向社会都奠定了良好的基础。其次，语文知识的学习能够培养学生健康的审美情趣，积累丰厚的文化底蕴，培育和践行社会主义核心价值观，增强文化自信，从而形成良好的思想道德品质、科学素养和人文素养，为学生学好专业知识与技能，提高就业创业能力和终身发展能力，成为全面发展的高素质劳动者和技术技能人才奠定基础。

（二）中职数学学科核心素养

数学作为研究关系和空间形式的科学，是其他科学和技术的基础，是解决现实问题的重要工具。中职数学课程是各个专业学生必修的公共基础课，2020年，教育部颁布的《中等职业学校数学课程标准》将中职学校数学学科核心素养界定为以下六个方面：数学运算、直观想象、逻辑推理、数学与抽象、数据分析和数学建模[1]，具体内涵如表4-2所示。

---

① 教育部.中等职业学校数学课程标准[EB/OL].http://www.moe.gov.cn/s78/A07/zcs_ztzl/2017_zt06/17zt06_bznr/bznr_zzggkdg/202008/P020200821549599961529.pdf.

表4-2　中职学校数学学科核心素养

学科核心素养	具体内涵
数学运算	能够掌握基本的运算法则和运算方法 能够发展数学运算能力,并且具有分析问题、解决问题的能力 养成一丝不苟、勤于反思的品格
直观想象	能够基本形成空间想象能力 能够初步形成运用图形和空间想象分析问题、解决问题的能力和思维品质
逻辑推理	能够掌握逻辑推理的一般方法 能够通过逻辑推理基本掌握事物之间的联系 基本形成条理清楚的思维能力和表达能力 养成敢于质疑、善于思考、严谨求实的品格
数学与抽象	能够在具体情境中抽象出基本的数学概念和命题 积累从具体到抽象的基本活动经验 发展运用数学抽象思考问题和解决问题的基本能力 养成在学习和工作中抽象思维的意识与习惯
数据分析	能够初步掌握数据分析的基本方法和策略 提升处理随机现象和数据的基本能力 基本形成借助数据分析发现规律和解决问题的能力 初步具备求真务实、敢于质疑的品格
数学建模	能够有意识地用数学语言表达现实世界 会模仿学过的数学模型解决简单的实际问题,积累数学实践经验 增强创新意识,初步具备勇于探索、批判质疑、实事求是的品格

在大数据和人工智能时代,数学在科学研究和社会生产服务中的作用已经越来越大,应用到了生活的方方面面。中职学校数学课程的目的在于使学生获得继续学习、未来工作和发展所必需的数学基础知识、基本技能、基本思想和基本活动经验,从而能够从数学角度发现、分析、解决现实中的问题。

(三)中职英语学科核心素养

英语作为当今世界上最为广泛的通用语言,是国际交流合作的重要工具,是思想与文化的载体,对人的全面发展具有积极的促进作用,中职学校的英语课作为各个专业学生必修的公共基础课,具备以下四个核心素养:职场语言沟通、思维差异感知、跨文化理解和自主学习①,具体内涵如表4-3所示。

表4-3　中职学校英语学科核心素养

学科核心素养	具体内涵
职场语言沟通	掌握语言特点及其运用规律 发展语言技能 正确理解职场中不同类型的语篇信息,就与职业相关的话题进行有效沟通与交流
思维差异感知	能够认识口头交流与书面交流的表达特点 感知不同文化背景下思维方式的多样性 理解中西方思维方式的差异性,能够从不同视角观察和认识世界,对事物做出合理评判
跨文化理解	能够形成对外国文化的正确认识、对中华优秀文化的深刻认识、对中外企业文化的客观了解 能够理解多元文化、坚定文化自信、促进文化传播
自主学习	能够在英语学习的基础上,根据自身特点,制订学习方案 能够选择和运用恰当的学习策略,养成良好的学习习惯 促进语言学习与学习能力的可持续发展

综上,中职学校英语课程的任务是通过发展学生的英语核心素养、引导学生发展健康的审美情趣、理解不同文化背景的思维差异,从而坚定文化信念,树立正确的世界观、人生观、价值观,成为全面发展的高素质劳动者和技术技能人才。

由此可见,不管是哪一门公共基础课的核心素养,在对学生的要求上都不仅仅限于自身的学科知识,还突破了学科知识的范围,综合考虑了学生的全面发展。

---

① 教育部.中等职业学校英语课程标准[EB/OL].http://www.moe.gov.cn/s78/A07/zcs_ztzl/2017_zt06/17zt06_bznr/bznr_zzggkdg/202008/P020200821549837617092.pdf.

二、"无边界"课程的内涵

随着"无边界"教育理念的推广,"无边界"意味着消除传统教育领域隔阂,跨越地域和概念的边界限制,进一步促进教育的全面发展。[1]近年来,在全球化和信息化的推动下,"无边界"教育成为一个用来描述教育中一些新出现的变革和特征的重要名词,它打破了传统教育在时间、空间、学科和观念上的边界,形成一种新型的教育形态。[2]而"无边界"课程则是在这种理念下提出来的,目的在于更好地实现中职学生自主发展、自我管理、自我塑造[3],从而使学生能够满足社会的用人需求。因此,需要厘清"无边界"课程的内涵和框架,为公共基础课课程改革提供理论基础。

在传统的学校教学模式中,对每个科目按照学科进行分类,每个科目恪守边界,不与其他科目联系沟通,只顾自己科目,只在课堂内进行教学,从而割裂了学科知识的相关性,削弱了学生对各科知识的理解和学习应用性。而"无边界"课程并不是说课程本身没有边界,而是指在保持每个学科原有内在逻辑结构的基础上,打破其外在的壁垒,让其与其他学科、其他专业保持一种融通性。让学生成为教育的中心,在促进学生学习的过程中满足他们的需要和特点,从而使学生能够以新的态度来面对公共基础课的学习,突出教育资源的无边界色彩。

三、"无边界"公共基础课体系构建

传统的赫尔巴特的教学三中心:"教材中心""课堂中心""教师中心",仍然是现在许多学校上课的一种模式,但是其弊端也已经越发明显。同时信息化的发展,使得学生的思维方式也跟之前有所不同,他们现在所希望的教学是新颖的、有趣的。那么更改传统教育"三中心"的教学模式已经势在必行。打破往日教学的固有壁垒,进行课程的融合在这个时候也就显得与众

---

① 詹韩琼.论高中语文的无边界学习[D].武汉:华中师范大学,2012.

② 彭红光,林君芬.无边界教育:教育信息化发展新图景[J].电化教育研究,2011(8):16-20.

③ 滕亚杰.打造无边界课程 促生命绽放光彩[J].中国教育学刊,2019(5):104-105.

不同。无边界教学是指在公共基础课的教学过程中，以学习者为中心，以促进学习为主线，系统地构建全方位、全过程支持学生自主学习的课堂、课程①、师生关系。

（一）课程无边界——打破教材中心

教育是培养人的活动，课程又是学校育人的核心环节。②而以"教材为中心"的传统教学强调学科知识本身的逻辑性和体系性，是学生简洁有效地获取学科系统知识的重要途径。但是过分强调教材内容容易导致学科与学科之间的割裂，限制学生的视野。③

无边界课程的核心要义是要打破学科之间的壁垒，使课程逐渐从原来的强分类走向弱分类，逐渐淡化课程知识的边界。④在课程上，以上级课程规划为基础，学校课程参照地方实际，通过课程内容、教学方式、教学手段等的整合，形成学校特色课程。⑤

（二）空间无边界——打破课堂中心

多元智力理论认为，每个学生都有自己的优势智力领域，自己的学习类型和方法。适当的教育和训练将使每一个儿童的智能发挥到更高水平。因此，教育应该在全面开发每个人的各种智能的基础上，为学生创造多种多样的展现各种智能的情景，给每个人以多样化的选择，从而激发每个人潜在的智能，充分发展每个人的个性。

自17世纪捷克著名教育家夸美纽斯提出班级授课制以来，固定的班级授课制就一直沿用至今。但这种固定的教学组织形式不利于进行自由的讨论、合作，不利于开展形式多样的教学和学习。中职开放式课堂教学系统打

---

① 荀渊.高等教育全球化的愿景：从无边界教育到无边界学习[J].电化教育研究，2019,40(5):32-39.

② 洪伟,李娟.大情怀的"无边界"课程构建——史家小学课程育人实践[J].人民教育,2019(1):15-17.

③ 何莉."无边界课程"的校本化开发[J].上海教育科研,2017(7):61-64.

④ 肖驰,朱婕,胡航舟.泾渭分明的课程壁垒逐渐淡化[J].全球教育展望,2018,47(3):31-43.

⑤ 班振,和学新.基础教育学校课程整合模式研究[J].教育理论与实践,2020,40(14):45-48.

破了传统的固定班级授课形式,不仅在以班级为单位的教学中打乱传统的行列式座位编排,还打破了班级、专业之间的壁垒,以选修课的形式,让学生自由选择喜欢的课程和老师。同时,网络、学校活动、社区活动、外出参观游览等多种形式的教学手段,也使课堂不再局限于小小的一方教室。教学组织形式有着更大空间的自由拓展。

(三)导师无边界——打破教师中心

在中职无边界理念的开放式课堂教学中,师生关系被重新定位。如果说传统的课堂中老师和学生是一种单向的灌输与接受的关系,那么无边界理念的课堂教学中,师生则成为一个学习共同体。教师通过创设学习环境、提供学习资料、指导学习方法、协调学习矛盾等手段,激发学生的学习兴趣,最终达到培养学生学习能力的目的。而学生则在教师的激发下,通过合作和探究的学习方式,自主建构知识,最终提高学习能力。于是,我们看到了一个立体的学习空间,教师与学生、学生与学生利用一切可能的方式进行交流,在交流的过程中,无论是学生还是教师,知识体系被重构,师生共同成长。因此在这样的教学中,教师既是主导又是主体,学生既是主体又是教师成长的促进者。

第三节　学校"无边界"公共基础课
教学改革案例

　　基于以上内容,学校以培养学生核心素养为目的,结合各个学科的核心素养以及学科的性质、特点进行了无边界的公共基础课教学改革,本节选取了学科内的课程改革(包含开放式的语文课堂教学、工程思维化的数学课堂教学、生活化的思政课堂教学)、跨学科的课程改革(木艺STEAM课程)进行详细介绍。

一、学科内的课程改革

(一)开放式的语文课堂教学

　　职业教育的首要职能是促进学生的发展,中职语文课程的构建必须跳出只关注语文学科内容体系和结构的束缚,真正把人的发展放在首要位置,必须以促进学生自主、全面和可持续发展为目的。因此,针对传统语文教学中的"教材中心、课堂中心、教师中心",提出了"开放式教学"的口号,开放课堂的内涵是从"学生主体"出发,关注学生整个精神生活,赋予课堂以生活和生命价值,并由此涉及学生的认知活动、情感活动、意志活动和道德活动的各个层面。在语文课程内容方面,构建以"师生创造"为主要内容的职高语文课程资源体系;在教学时空和教学资源的开放中,打破时空限制,让语文渗透到学生的日常生活及学习中,主张语文老师应开放自己的教学,多与音乐、美术、计算机等学科融合在一起;在班级组织的开放中,实施"走班制"教学组织形式,让学生根据实际自由选择学习班级和任课教师,并让学习的合作伙伴产生动态变化;在课堂教学方法和形式的开放中,以学生为主体、教师为主导,努力探究创造多种方法和形式让学生在"活动体验"中学习

（见图4-3）。

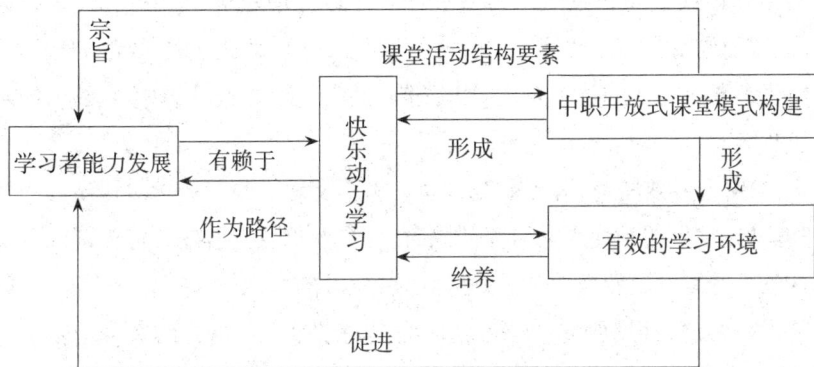

图4-3　中职开放式课堂教学系统建构图

1. 开放的课堂内容：整合课程资源

向专业开放，以专业为素材，是全面开放式语文课堂教学实践的亮点。在开放式语文课堂的教学实践中，我们不仅注重学生人文素养的积淀，还注重语文为学生专业发展服务的责任。

（1）结合专业需要，自编校本教材。从专业需求出发，将与专业有关的内容作为素材，编写具有专业特色的小本语文教材，既有利于提高学生汉语言文学的素养，又有利于调动学生的积极性，了解与本专业相关的文化知识，培养学生实际运用的语文能力。首先，烹饪专业在语文教材的编写上，不仅是单元话题围绕一个"味"字来设计，而且每个单元的情境活动都考虑到学生将来的实际需求。其次，在学习篇目上，针对烹饪专业的特点，将语文分为四个单元：前两个单元着重于饮食文化；第三单元着重于学生的事业观，给学生展现未来的情境；第四单元则侧重于培养学生一种坚持、善良、认真的人生态度。这些选文既考虑到了学生专业的需求，又考虑到了烹饪专业学生的语文基础特点。最后，考虑到语文口语教学的特殊性，我们将口语教学单独编写两个单元，而且将口语教学与学生专业需求紧密结合起来。

（2）结合地方特色，进行语文综合活动。学校位于西湖区，西湖是杭州著名的景点，有许多至今保存完好的具有鲜明江南特色的民居，也有著名的龙井茶园和虎跑泉水，以及杭州餐饮业的老字号——楼外楼。这些都是学校根据不同专业开展研究与综合活动的宝贵资源。如在学习汪曾祺的《胡同文化》时,我们组织建筑广告专业的学生以三墩里弄、吴山老街、闸口为点,进行胡同文化与里弄文化的比较。又如在学习郁达夫的《故都的秋》时,我们组织餐旅专业的学生参观龙井茶园,品尝虎跑泉水,从中体验品茶的乐趣和意境。

(3)结合专业特色,开展研究性学习。语文教学与专业学习相结合的目的,就是让学生在积淀人文素养的同时,为专业的可持续发展打下基础。一个具备可持续发展特点的学生,必然具有思考能力、质疑能力、合作能力、创新能力。因此,开展研究性学习就成为提高学生这些能力的适合的教学方法之一。以电子商务专业为例,该专业的学生思维活跃,语文基础相对较好,但是由于目标不够明确,缺乏文化积累,因此对上课往往不感兴趣。为了引导这个专业的学生更好地投入学习中,激活他们的思维,发挥他们知识较广博的优点,我们决定以这个专业为试点,进行课程的重新设计,将计算机专业的语文课程从纯粹的课本学习中解放出来,结合其他与人文有关的内容,运用他们的专业工具,进行研究性学习。根据计算机专业的特点,我们将这个专业的课程分为四个研究板块:网络人生、网络文化、网络游戏、网络的诚信体制。这个研究性学习综合发展了学生信息筛选能力、多角度评论能力、团队合作能力、与人沟通能力等多种学习能力,其意义在于,它是在计算机专业学生实际的语文课程基础上,在计算机逐渐成为人类满足精神需要的一种生存方式时,结合学生的专业兴趣,帮助学生加深对社会、对人生的认识,开阔视野,提升人格,培养人文素质。

2. 开放的课堂时空:内外结合

"内外结合"是指语文教学打破传统的教师课堂在空间和时间上的封闭性与狭隘性,将固定班级授课与走班选修结合起来,将班级内部学习与学校生活结合起来,将学校中的学习与社会生活结合起来,将传统的纸质媒体学习与现代的网络信息技术结合起来,打开一片天地,使语文学习延伸到学生的生活中,以学生感兴趣的方式,潜移默化地培养他们的学习能力。目前,我们将语文课堂分成四种空间形态,见表4-4。

表4-4 语文课堂的四种空间形态

课型	内容	课堂空间
基本课型	阅读课、文学写作课、口语课	固定班级
选修课	专业选修课、任意选修课	不固定班级
语文活动	学校活动、社会实践、实用写作课	班级、校园、社会
网络活动	网络资源、博客和论坛交流	班级、校园、社会、家庭、网络

开放的课堂空间将语文学习渗透进学生的生活中,利用中职学生爱动、喜欢变化的特点,促使他们在自己喜欢的学习环境中得到发展。同时,开放的课堂空间必然需要开放的课堂时间来保证,教师将思考、讨论的时间交还给学生,使学生有充足的时间建构知识体系。同时发挥校内隐性的课堂时间,打破学校、家庭、社区的隔阂,形成一个立体的语文学习时间。

(1)开放教室小课堂,转变传统师生关系。教室是学生重要的生活和学习空间,它的开放学习与学生的身心素质发展密切相关。因此,我们及时转变师生观念,重新定位教师的角色,而且从实践上将民主的权利交给学生。"走班制"采用"3+2"(3天在各班教学按教材上课,2天根据选定的主题走班上课)的形式,将语文分为基础模块和特色模块,让学生自主选择、自主学习的意识和能力在此过程中得到提高,不仅激发了学生学习语文的兴趣,而且激发了他们主动参与和个性展现的天性,有利于学生良好个性的培养。

(2)强化校内第二课堂,利用隐性教学时间。走班制的选修课有两种形式:一种是以专业为单位的专业选修课;另一种是打破专业限制的任意选修课。无论是哪一种选修课,它们的共同点是学生可以选择自己喜欢的选修课和教师,每次上课前,都突破原先的班级编排,重新组班。此外,学校还充分利用隐性教学时间,将语文课堂教学巧妙地渗透到全校性的活动和其他学科的学习中,使语文成为学生生活的一部分。这不仅能够鼓励大多数学生参加活动,培养参与意识,而且在参与的过程中逐渐提高人文素养,将语文教学与学生、学校的发展规律结合起来,使语文教学服务于生活,又高于生活。

（3）走进社会大课堂，实现学校、家庭、社区的教育整合。走进社会大课堂就是把课堂放到社区、实习单位、大自然等环境中，将蕴含在社会生活、日常交往中的丰富的语文教育资源整合到语文教学之中，使语文课堂变得更加生活、丰富、博大。同时，我们还把学生在家的时间、参与社会活动的时间与校内时间结合起来，形成一个三位一体的语文学习时间。丰富多彩的语文活动和社会实践，让语文课不再只是课本上静止的文字，而是生动活泼、充满温度的真实的世界，在这里，语文学习与生活真正地融合在了一起。

（4）拓展网络学习空间，无限延伸语文教学时空。为了更好地利用网络空间，学校建立了专门的语文学习网站，把语文课堂拓展到网络学习空间，充分利用其巨大的信息资源，推动语文课堂教学的现代化，使语文教学能够面对更多的学生。利用语文学习网站进行语文教学，主要包括语文学习资源、专业语文学习资源、电子阅览室、我的优秀作文、话题讨论、师生博客六个板块。其中，"语文学习资源"板块主要包括各种与语文教材相关的文字、图片、音频、视频资料，供学生预习和自主研究；"专业语文学习资源"板块是以专业为单位，呈现各种与专业文化有关的学习资源，满足不同专业学生的语文学习需求；"电子阅览室"板块提供优秀时文、经典作品的电子文本以及网络链接；"我的优秀作文"板块给学生提供展示满意作品的空间，这些学生习作既可以是学生自己粘贴的，也可以是教师推荐的，每篇文章后面允许其他学生和教师进行点评与讨论，充分表现了作文教学强调"我以我手写我心"的理念；"话题讨论"板块是师生就学校、生活、社会的热点话题进行讨论的板块，由学生和教师共同担任管理员；"师生博客"板块是能表现自己思想情感的空间。

3. 开放的课堂教学：新型师生关系

中职的语文课堂应该是一个活动的课堂，有效的语文活动能够最大限度地激发学生的语文学习热情，给学生提供一个展示自己的舞台。开放的课堂要求语文教师能够根据学生的特点、专业的特点以及自身的特点以多种形式进行课堂教学。

（1）以变化教学手段为中心的语文活动。这种形式的语文活动是为了丰富语文课程形式，给学生的学习以新鲜感，使语文教学永远充满活力。比如,教师组织学生进行散文和诗歌教学中的诵读课,小说教学中的阅读笔记报告会,探究性学习中的专题讨论会等。课堂不再是教师讲、学生听,而是学生在教师的引导下感悟语文内容。

(2)以拓展学生知识为中心的语文活动。这种形式的语文活动在拓展学生语文知识的同时,也是人文素养的积淀。如在教师的组织下,与学生专业结合的有烹饪专业的传统菜名追根溯源、餐旅专业的景点诗词楹联知识大赛等。学生在查阅资料的过程中,拓展相关的专业知识,加深对语文的理解。

(3)以学生表现特长为中心的语文活动。这些活动旨在鼓励学生发挥自己的特长,增强学习自信心。尤其针对不同问题的文章采用不同的活动,会取得良好的效果。如《罗密欧与朱丽叶》的角色扮演活动,《永远的蝴蝶》的剧本改编活动,以"傍晚、仙人掌、书包"为意象的多种形式小说编写活动,以社会实践汇报为主题的多种形式的展示活动,等等。在这种形式的语文活动中,教师将课堂还给学生,真正形成以学生为主体的语文教学活动。

此外,学生的自主提问也改变了传统教学中教师满堂问、学生被动答,并指向所谓的"正确答案"的教学模式,采用学生预习、学生提问、师生整理、师生讨论解决问题的模式,帮助学生学习语文。

自开放式语文课堂实行以来,学校取得了一些教学实践成效:(1)激发了学生学习激情,促使学生形成主动发展的意识。学生的学习自觉性明显提高,对语文有了新的认识,当语文与专业结合起来进行授课时,学生不仅对原先感觉枯燥的语文有了兴趣,也带动了专业学习的热情,取得了共赢的效果。(2)促进了学生专业的发展,增强了学生适应社会的能力。开放式语文教学在提高学生语文素养的同时,也推动了学生的专业发展。(3)激起了教师课改的热情,提升了中职语文教师的职业幸福感。教师们也开始逐渐转变思想,教学探究的氛围更为浓厚。(4)引领中职文化课教学,提升了学校整体教育品质。在语文课题研究的带动下,学校的数学组、英语组等也积极开展有职教特色教材的编写工作和教学的探索活动,并且都在省年会中取得了优异成绩。与此同时,家长对学校的满意度也在不断提高,学校的招生数量和质量也在不断提高。

(二)工程思维化的数学课堂教学

1. 以情境任务为链接,聚焦系统性思维

让学生在情境任务中发现问题、提出假设,可以培养学生在复杂中找出有效条件,锻炼学生的条件分析整合能力,运用关联性思维把条件和问题放在系统的大背景下,从而提出有效假设,为培养学生的系统性思维创造了有利条件。

(1)创设情境、提出假设。其包含两个方面:第一,真空情境——发现联系。真空情境就是教师在准备实验时不需要借助额外的实验工具,也不需要创设另外的实验条件等硬性设施,只需要学生在实验前具备相关的数学知识就足够了。在实验开始前,教师启发学生思考,让学生去猜想这样操作的依据、去发现其中所蕴含的理论、验证是否符合实际情况与是否正确。在实验的过程中,教师只需营造相关的知识情境,带动起学生的思维,给学生提供足够的思考空间让学生去观察、发现、分析出有效的条件,进而大胆提出假设。第二,实物情境——体验联系。实物情境就是需要教师根据实验的不同主题、不同类型以及实验所要达成的目标等,创设出有利于实验进行的有效的实物情境。

(2)揭示任务、大胆猜想。其包含两个方面:第一,子任务启发——建立联系。对于难度较大、较为复杂的实验,直接发现问题、提出问题对学生来说还是有相当大的难度的。这时需要一些外力的协助来启发和引导学生,教师可以将实验的假设暗含在一个主要任务中,再将其分解为一个个较易操作的子任务,子任务之间的关系可以是并列的,也可以是递进的,还可以是独立存在的。然后设置时处理好子任务和任务之间的关系,要易于学生提出假设,能够迅速有效地共同探讨完成一个个子任务。第二,主问题细化——遵循联系。由于实验的过程中不可避免地会有很多问题产生,所以教师对于实验的过程和结论以及实验条件的变化等要有预见性,将可能出现的问题罗列出来,然后将这些问题步步细化,分解为一个个相对容易解决的小问题,逐个击破。

2. 以方案筹划为载体,建构设计性思维

在方案的设计中,学生需要对方案要素进行分析确定,确定方案设计思路,从而培养学生的预知能力、建构能力以及创新能力。在由抽象到具体的分析中,学生的规划与决策能力、筹划性思维、构建性思维也得以展现;在方案展示评价中,学生的多元评估能力、交流合作能力、表达沟通能力、组织管理能力、容错性思维、价值性思维也得以锻炼。这些都为设计性思维的解构提供了有效的铺垫,有利于学生设计性思维的培养。

(1)层级构建、设计方案。其包含两个方面:第一,明确思路——让设计可见。一条明确的设计思路,就是一条主线架构整个实验过程,将素材和实验、数学知识和工程思维融合在一起,有利于实验的推进与实验的成功,培养学生化抽象为具体的能力,理论转化为实践能力、创新能力、预知力、评估能力。第二,完备要素——让设计可行。一个完整的方案需要具备实验条件、设计思路、具体流程、定量和变量的确定、数据的采集与分析,教师要根据学生的具体情况准备实验案例供学生学习,只有学生亲自动手设计方案,才能锻炼学生的设计思维,在实验的过程中潜移默化地培养出学生的建构能力、分析能力和审辨性思维能力。

(2)轮次碰撞、确定方案。其包含两个方面:第一,展示方案——让设计留痕。展示方案是实验确定方案的核心,是学生所学凝结的集中展现。在展示方案的过程中,每个学生都有切实的体会,很容易产生共鸣,这时学习力、吸收力会很强,给学生以充足的空间,重构自我认知。通过展示,学生的交流合作能力、表达沟通能力、组织管理能力都得到了锻炼。第二,评价方案——让设计发声。展示完成后,每组学生热烈讨论并认真严肃地对设计进行评判,并对于他组方案给予评分。其中,评价内容除了一些实验中所限定的要求外,还可以为其他选项,给予学生自由,可以让学生加入自己认为重要的内容;评价主体可以是本组学生和他组学生以及教师,也可以是家长、专家等涉及实验有发言分量的人员等;评价方式可以是纸质的表格、自由的言语、奖品的奖励等,同时可以将工程实践的人文精神、专业中的职业道德以及将会接触并需要养成的伦理责任感融入其中,让学生潜移默化地感受和熏陶。让学生从中锻炼自身的组织领导才能,用多元评价引导学生形成工程思维习惯和良好的价值观,让学生可以自主发展,更加严谨,勇于探索。

3. 以验证结论为核心,演绎审辨性思维

在分析处理数据的过程中,培养学生信息获取能力、应变能力、构建性思维等工程实践能力,以及思维的严谨性、严密性、实事求是的精神态度,诚实、正直的优秀品质;在如何看待结果的环节中,让学生学会分析主要问题与次要问题的能力、权衡性思维,所有种种都演绎培养了学生的审辨性思维。

(1)借力工具、处理数据。其包含两个方面:第一,数据收集——有所选择。依据所设计的验证表格,准确地测量记录数据。工具的选取以及软件的操作使用,对于学生来讲是一项很重要的能力,合理地、自如地使用工具对于实验的推进也起着举足轻重的作用。信息技术对学生的工程思维培养也是一项很重要的能力,通过可视、交互、大众性、便于操作的软件,让信息获取能力、应变能力、构建性思维等工程实践能力的培养变得更加可行。第二,数据分析——有所侧重。占有大量有效数据,开始对数据进行分析处理。在对数据进行分析时,相关知识的提取、运用,用数学的眼光来看待实际实验中所出现的数据及现象,并用之前的实验思路来指导学生进行后续操作。同时自始至终让学生分清楚什么是影响实验成败的主要因素、什么是实验的次要因素,养成数据处理的正确思路,让学生能够分清主次,把关注度集中,培养学生的分析能力、研究开发能力和实事求是的科学态度。

(2)理实结合、得出结论。其包含两个方面:第一,立足实验——明辨得失。如果误差在合理的范围内、符合实际,那实验是成功的。如果误差超过了合理范围、不符合实际,那需要对实验再次分析。实验让学生体验到数学的严谨性、真实性、具体性,在分析处理数据的过程中,培养学生信息获取能力、应变能力、构建性思维等工程实践能力,以及思维的严谨性、严密性。第二,深入实验——细究高下。对数学实验和工程思维有了更为深刻浓厚的情感,经过实践的洗礼,学生开始像数学家那样去思考数学、研究数学;像工程师那样去设计工程、实施工程。同时还收获了实事求是的科学态度以及诚实、正直的优秀品质,学习信心也得到支持,敢于探索、敢于挑战,学生的工程思维品质得到潜移默化的提升。

4. 以修正发布为抓手,渗透整体性思维

在实验的发布拓展中,培养学生全面看待问题的整体性思维,对于问题有整体性的认识与分析,锻炼综合集成性思维、过程性思维;在实验的修正总结中,让学生认识到实验的背后需要更多综合性能力和多学科知识,需要学生有终身学习的意识,培养学生坚持和执着的工程精神。

(1)实事求是、完善修正。其包含两个方面:第一,自我修正——小中见大。成功的实验需要总结,失败的实验更需要总结。在总结中,学生寻找到自己的思维漏洞、知识结构的不完善、设计思路呈现的不严密等问题,修正实验的同时也修正自我、重构自我,勇敢地面对得失,超越自我,从而培养学生全面看待问题的整体性思维。第二,寻求帮助——去伪存真。在寻求帮助的过程中,除了实验的修正和证明外,还会有很多意外的收获,这些意外会给学生带来很多启发、力量和引领。有更多人员参与,更会重视实验本身以及实验的科学性、无他性。在寻找修正问题的过程中,让学生感受到实验是求真的,追求精准性的。

(2)多样开放、发布拓展。其包含两个方面:第一,呈现发布——超越实验。学生整理发布的过程实际上是重新学习的过程,对实验的各个环节和构成以及实验展开与推进又重新审视的过程,在回想中更明确了实验的所得。同时学生间有了相互学习的机会和迅速得以提升的可能。在教师查阅批改的过程中,教师明确了学生对于实验的反馈,同时也促使学生立足实验的同时,超越了实验,有了更深层次的领悟。第二,挖掘拓展——延伸视野。立足实验的同时,促使学生用科学家的眼光来看待实验,给学生带来更多的学习兴趣以及对学科知识的认同感和责任感,在挖掘实验延伸视野的过程中,也把自己的能力、要求以及目标进行了最大化的延伸,学生会更具有综合能力,更好学自信。

基于工程思维的数学课堂自实行以来,学校取得了一些教学实践成效:(1)从单向度到综合性,挖掘工程思维潜力。教学内容上,针对相似的教学内容,本着跨学科的思想,重新归类整合,将数学知识、实验原理、工程思维有效融合,从纯数学的学习过渡到混科的学习;教学形式上,将学生根据学习能力分组,实验以小组为单位进行,给每个学生的发展提供保障;设置任

务上,根据学生的具体实际情况将任务分解,让学生可以逐步完成,挖掘自身潜力,使思维能力的训练从单一的数学思维能力提升到数学+工程的综合性思维。(2)从演示模仿到自主设计,重塑工程实践能力。在实验的推进中,设计与实施在从"无"到"有"、从"虚"到"实"的过程中,都体现着学生自主设计思想的痕迹。在确定方案时,学生的建构能力和决策力得到充分显现;在数据收集和分析时,学生运用工具的能力得到提高,思维也更为严谨;在验证结论时,学生的权衡性思维得以带动,开始像工程师那样考虑问题,操作性强的数学实验将思维能力反复内化的同时,工程实践能力也不断地螺旋上升、落实到位。(3)从被动教授到体验探究,传载工程品质素养。在小组探究中,让学生身临其境地体验着数学,感受着实验的推进与变化。在数据采集与分析中,学生更加谨慎、严密;在发布结论中,学生会更为客观全面地看待、分析实验的结果;在自我修正中,学生的诚实负责、实事求是的工程思维、人文品质得到监测,学生主体的"我"的唤醒为工程品质素养的传载做了铺垫。

(三)生活化的思政课堂教学

1. 挖掘生活中学生喜欢的热点问题,培养学生世界观、人生观、价值观等核心素养

作为意识形态的"政治育人"和作为科学世界观的"素质育人",是马克思主义哲学教学的两个基本功能,人生发展需要用哲学观点来武装自己的头脑,利用哲学理论来指导自己的生活和工作。哲学理论不得不学,可这部分内容恰恰是学生最不喜欢的。把看似高深的哲学理论生活化,和学生在生活中感兴趣的话题结合起来,让学生活起来,有话可说。采用话题引入积分策略,推动学生思维向纵深发展,鼓励哲学与生活结合起来。

(1)读高职还是去实习——人生就是一次无法重来的选择

客观实际是人生选择的前提和基础,每个人想问题、做事情都必须从客观实际出发,不同的选择会产生不同的结果。做出正确的人生选择,是影响人一生事业成功和生活幸福的重要因素。但是这些理论碰到实际选择时,却是如此的高深和实用。学生在高一、高二分流之际就面临一个重要的选择(见表4-5)。

表4-5　去实习还是读高职的分流选择

学生的客观实际	高职班客观条件	实习班客观条件	学生的正确选择
文化课基础较好	作业量大	重技能	读高职或实习班
对学习比较热爱	学习强度大	高三实习	
适应高强度学习	考试多	学历低	
有一定经济基础	文化课要好	家庭负担轻	

(2)开一家餐饮店——创业素养培养的有益尝试

如前所述,已经分解了创业的素养,它是专业课培养的外延性目标,政治经济课程可以辅助这个目标的实现。根据创业素养的形成规律来构建教材的项目,将经济政治各知识点合理地融入各教学项目中去,可以很好地实现政治经济课对创业教育的支持。以烹饪专业学生如何成立一家餐饮企业作为项目载体,围绕创业的基本流程和创业素养的形成规律,将《经济政治与社会》中经济部分内容进行重组,如表4-6所示。

表4-6　优化后的项目设计

创业素养的形成规律	优化后教材	教材处理
创业意识的觉醒	项目一　舌尖上的"一带一路"——对外开放的基本国策(世界餐饮业大环境)	原教材第6课对外开放内容,结合时事"一带一路",了解世界经济环境和专业机遇
创业思维的形成	项目二　走近餐饮市场——社会主义市场经济(中国餐饮业的环境)	原教材第4课内容,结合餐饮企业,了解我们市场经济模式和创业环境
创业知识的初识	项目三　创业奔小康	原教材第1课商品货币部分和第5课内容,让学生掌握经济常识,了解经济持续健康发展后开始创业项目

续表

创业素养的形成规律	优化后教材	教材处理
实用经济学内容:包括资金来源、注册登记、经营管理和经营策略等	项目四　成立餐饮企业	原教材第2课和第4课部分内容
	项目五　开始经营	原教材第1课价格、价值内容和第3课收入与理财内容
	项目六　企业竞争胜出的秘诀	原教材第2课提高企业的经济效益和劳动者素质内容

与专业相结合的创业化教材处理,迎合学生的学习需求,体现出了教材的实用性和时代性,也使得这一部分的教学目标发生了质的飞跃。原有课程目标以认清自己今天和未来的社会角色(公民、消费者到企业的劳动者、经营者)以及与这些角色相匹配的基本知识、正确观念为内容,而教材优化后,增加了结合专业的具体项目和角色体验。

2. 开发多种形式的生活化课堂,培养学生独立思考、思辨和团队合作核心素养

优质高效课堂教学是指教师在遵循教学规律与学生认知规律的基础上,激发并维持学生兴趣,促进学生主动学习,促进学生核心素养发展的过程。教学不仅需要有艺术性,还要有一定的科学性,不然教师充其量只能成为"教书匠",学生感觉枯燥乏味;职高教学对教师这两个方面的要求其实更高,所以我们只能在教学中同时运用头脑和心灵,艺术化地设计我们的教学,像导演一样,导多种形式的课堂,让学生成为演员,使课堂灵动起来。

(1)百家讲坛——哲学故事串讲

"哲学与人生"这门课有很多内容都是以一些故事来阐述哲理的。很多学生对上讲台讲故事非常有兴趣。在学期开始,笔者就把教材中那些可以让学生上讲台以讲故事的形式来深化哲学理论的内容,以任务的形式进行分解,并以自由选择的形式落实到每一组同学身上。这样可以让同学提前去备课,收集相关资料,包括文字、故事配乐,在课堂上以讲故事的形式来呈现给大家。有些故事,学生在演绎时需要有一定的团队合作,所有这些在一定程度上培养了学生独立思考和团队合作做事的核心素养。

（2）人生 AB 剧——你我同选择

只有真实的东西才是有说服力的，只有源于现实的东西才是有生命力的，学生才感兴趣，才乐于思考讨论。所以课堂教学内容从现实生活中提取，一方面可以是身边新近发生的事情；另一方面必须是符合学生身心特点和认知规律、学生能够理解接受的。如讲到"矛盾"观点时，结合班级关于手机使用的管理规定谈起，可以采用 AB 剧的形式，让学生自己选择管理方式。然后就选择方式来讨论矛盾，认识到事物都有两面性和矛盾的普遍性。

（3）辩论赛——知识与口才的碰撞

将日常生活引进课堂，将学生的"熟知"变成"真知"，把哲学理论内化为学生在现实生活中认识问题、解决问题的能力。课堂中恰当运用讨论、辩论等对话式情境，可让学生在创设的情境中动口、动手、动脑并获得情感体验，既让学生真切地感受到自己是课堂的主人，又能培养他们的思辨力。

（4）表演故事——角色体验

在教学中设计学生演故事，让学生根据某一情节扮演各种相应的角色。或根据教材内容，编制课本剧，并进行表演。通过角色的体验，很容易引起学生情感共鸣，让学生在情境中体验感悟、思考选择、辨别理解，有助于将感性认识向理性认识升华。在讲授"科学思维与创新能力"这一课时，为了让学生明白人生发展不能缺少科学思维方法，在课堂上设置了一个学生表演节目。学生表演完后，让学生讨论故事中的小赵和小张，为什么一个成功了，另一个却失败了。这样一种形式一定比传统的课堂留给学生的印象要深刻得多。

3. 利用视频资料让学生感悟生活哲学，在情感体验中发展反思力、感悟力等核心素养

运用图片、音乐、视频等多媒体手段，创设贴近教学内容、贴近学生生活的情境。借助影像视频更容易充分调动学生的多方面感官，如视觉、听觉、触觉等，多种感官的调动更容易吸引学生的注意力，抓住学生的眼球，而且这种多感官的调动带给学生的体验会更形象深刻，使学生获得如见其人、身临其境的艺术享受，从而帮助学生提高认识，激发学生的情感，打动学生的心灵。

经过高二实习方向的烹153班和3+2模式的酒153班一学期生活哲学课的实践,学生普遍认为创设哲学生活课堂能激发他们的学习热情和兴趣,也肯定了哲学就在他们的生活中,而不完全是高大上的理论的认识。很好地锻炼了学生语言表达能力、动手能力、心理承受能力,增强了学生的自信心、竞争意识和求知欲,进一步提升了学生的核心素养;同时也锻炼了学生收集资料和演讲的能力,最终营造了和谐有效的课堂,尤其是克服了高二实习班难上哲学课的情况。但是仍有一个问题有待思考:如何提升学生参与活动的质量?研究发现活跃的同学在这样的生活课堂如鱼得水,而沉默的同学活动参与度还是不够。

二、跨学科的课程改革——木艺STEAM课程

在职业教育中,学科知识的划分并不利于学生探索真实的实践项目。分科教学的弊端也逐渐彰显,因此STEAM教育应运而生。木艺STEAM课程要求在实施的过程中把多学科知识融于有趣、动于有味以及见于有效;要求所设置项目的问题提出和活动设计都能与学生的实际生活息息相关,能够使学习者理解核心关键点,知晓解决方法,最后解决问题,获得自信与成就感;要求学习产出环节包含设计作品、文化理念、客户群体三个方面。因此,学校课题组以STEAM课程为理念,以知识统整为抓手,组织设计教学内容,开发新的课程方式,符合现代职业教育教学的特点。

木艺STEAM课程是以木艺作为课程项目的载体,融合智能科学、语文、数学、英语、创新创业等知识,用以解决实际问题,创造、销售新产品的课程。学生在木艺项目制作中,习得制作技能,打破学科壁垒,以完成项目为目标,需要什么知识就学什么。将诸多文化课知识融入制作过程中,以够用、适用为原则,以工作进行需要为前提,学习相应的理论知识和技能训练的过程,提高学生综合解决问题的能力,提升学习力。本课题组在课程研究实践过程中,以核心概念为基础,各学科知识通过核心概念的整合贯穿其中。在此基础上设计三类项目,形成评估方案,创设表现人物,设计多种学习通道,其设计思路如图4-4所示。其特点是:侧重文化课的统整与融合,将语文、数学、英语等文化课通过情境有效融合;面向未来人才的需求,加入了

智能相关知识技能,而且在实践过程中逐渐加大了智能学科的比重;为符合电商经济时代的需求,关注创新创业能力的培养。

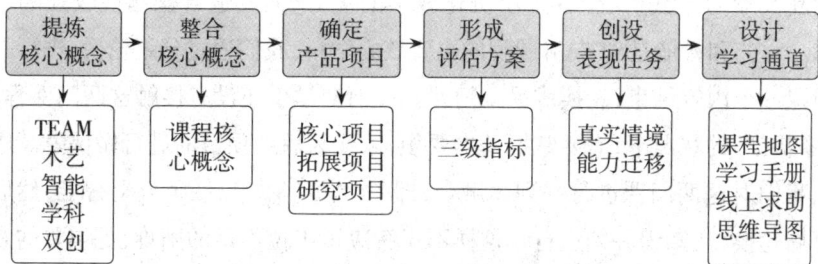

图4-4　木艺STEAM课程设计思路

(一)学科融合:基于跨界项目的课程设计

本课程在研究实践中共分为三类项目。一是核心项目,指的是基础产品制作,在产品制作过程中,学会木艺、智能学科相关的基本工具使用和操作流程;二是拓展项目,在基础技能掌握的前提下,进行产品设计,学生发散思维,进行产品创新、改进;三是研究项目,即对木艺和智能学科的融合创新,学生自我设计与制作拥有智能功能的木艺产品,这也是对学生最后的综合运用能力的考验。

1. 多方式学科融合

STEAM课程注重的就是在以上这些项目的教学上进行课程统整,而整合时会根据不同的情况,进行有针对性的融合,出现多方式学科融合。木艺STEAM课程结构,如图4-5所示。

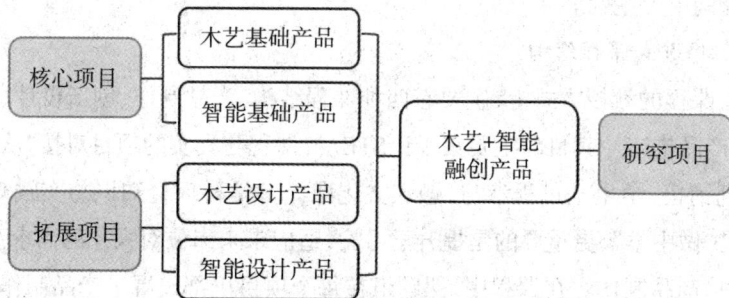

图4-5　木艺STEAM课程结构

（1）并列式融合。并列式融合是指同时开设两门及以上独立学科，学生分组，交换完成学科课程的学习。这类融合既遵循独立学科的学习规律，不割断其学习主线，又保证了小班化教学的优势，尤其适合操作性较强的学科。木艺和智能是STEAM课程的主要核心学科，我们通过分组轮换，进行一门课一个内容结束，轮换成另一门课。在前期学生还没有接触这两门课程，"零基础"的状况下，需要掌握基本要领，才能为后续项目的进行做保障。所以我们对这两门课进行并列式融合，即一半人上木艺，一半人上智能，然后每周轮换，让知识并列进行。这样不仅解决了工位不足的困难，更重要的是使课程知识共同推进，学生尽快掌握基本技能，为后续项目推进奠定基础。

（2）部分式融合。部分式融合是指一些学科知识以完成项目的辅助形式进入课程。与木艺和智能不同，这类学科往往是独立的必修课，有各自独立的课程目标与任务。由于这些学科的知识是提升学生素养与学习力的基础，是解决问题的工具，是建构完整思维体系的重要环节，因此尤为重要。这些学科的融入有两种方式：第一，直接进入STEAM课程，当学生需要这类知识时，由团队中的学科教师负责教学；第二，间接进入STEAM课程，学科教师在自己的必修课程中分出一部分时间，以STEAM课程的学习项目为主题进行学科知识的教学。

（3）平行式融合。平行式融合是指两门及以上学科围绕同一个主题进行研究，这更需要教师团队的协同教学。针对制作过程中会出现的问题，我们应用学科知识进行解决。在制作时，我们会专门提取文化课的专项知识进行辅导，以便解决问题。平行式融合的主要特点是：一般仅两个学科，共同研究同一个主题。

2. 推进式课程结构

在课程的教授方式上，主要有四种课程结构：产品制作、创新设计、文案撰写、产品推广。其目的主要在于让STEAM课程与真实的项目对接，从生产制作到销售，学生全过程参与，融入文化课等多学科理论知识与实践知识。不仅是"做中学"，更重要的是提升学习力，适应未来岗位对人才的需求。

（1）产品制作。在课程中，课题组在每个项目里都设置了产品制作的环节。这既是项目的开始环节，也是后续环节的基础。在实践操作中，课题组会组织学生先看视频做木工作品,借鉴翻转课堂的模式,学生边看视频,边自主学习制作过程。在学生对制作产生疑问或出现问题时,教师再组织学生"自我提出问题→相互解决问题→教师总结答疑"。

(2)创新设计。在学习、实验的基础上,重新设计、制作智能化木件。当然,学生也可以通过数学、科学等知识学习,修改原有的创意设计。学生可以充分发挥想象力和创造性,综合运用学科知识,脑洞大开地设计木件,可视化地呈现学生的设计。其中,创意设计还包括自由创意设计、创意广告语、拍摄新视角等创新,加强语文与英语的文化课知识学习,同时提升创新创业中的实践技能。

(3)文案撰写。学生在设计成品制作完成后,更多的是需要把他们的创意诠释出来。学生通过一些写作方法,把他们的创作意图、创作主题、创作过程、产品特色等都一一表达出来。

(4)产品推广。这是项目的最后一个环节,也是最热闹、最具影响力的环节。学生制作的产品,课题组会引导学生在淘宝网、微信群、闲鱼等平台进行推广售卖。产品是否过关,是否符合消费者的需求与心理,相信这是一次最好的检验。通过产品推广,学生可以发现问题,并在后续中改进。而且真实售卖,贴近生活实际,对他们即兴推销的语言水平也是一个严峻的考验。

(二)知识统整:基于核心概念的任务设计

1. 提炼核心概念

对于诸多课程项目,要把各个学科的知识进行融合、统整,必须以课程标准为依据,针对各科的核心概念,以 STEAM 核心理念为中心,进行项目核心的整合。

2. 设计评估方案

对于课程的评估,本课题组希望能够对学生的产品制作进行综合评价,具体指标如表4-7所示。通过评价,促使每一个学生在知识和技能及学习能力上都有所提高。

表4-7　木艺STEAM课程三级评估指标

一级评估指标(3分)	二级评估指标(4分)	三级评估指标(3分)
能完成符合标准的产品	能多途径获得解决问题的知识与方法	能综合运用知识与方法解决问题

（1）以产品标准为导向的一级评估指标。对于一级评估指标，是以产品标准为导向，要求学生能完成符合标准的产品。课题组把产品标准放在首位，更多的是培养学生专业课学习的一种建构方式。以专业课学习为基础，将文化课贯穿其中，全方位学习，锻炼学习能力。

（2）以知识获得为导向的二级评估指标。在二级评估指标中，教师重点关注学生是否采用多途径获得知识与方法。在面向未来的人才岗位需求中，这种自主寻找方法的能力是企业非常看中的。除此之外，还要评估学生的应用能力。学生要能真正将这些知识灵活运用到问题解决中去，也是学生能力增长的关键。另外，由于团队协作过程中需要的是协作，所以在这个指标中，本课题组还会关注"知识分享"的情况，对知识的分享过程也是考验学生对知识的掌握，有助于学生对知识的迁移。

（3）以思维建构为导向的三级评估指标。将思维建构作为导向的三级评估指标，重在检验学生运用知识的能力，用成果（包括作品、文本等）倒推学生在制作过程中是否掌握知识，是否建立知识系统，是否建立解决问题的思维。

3. 创设表现任务

每个项目的制作和运行必须建立在情境中，给予学生在学习中一定的场景，帮助学生对知识点的理解，对制作产品赋予更多意义。创设情境也是对生活或生活中的实际问题的一种仿真与加工，给学生一种代入感，帮助他们对核心概念的理解，给项目增添意义。

（1）从仿真到真实：情境设计。在情境的设计中，课题组采用仿真到真实的情境，尽可能去与现实接近。在制作书签时，我们加入了"运动风"主题，让学生制作与运动相关的书签并制作成海报，刚好用于学校运动会的宣传。

（2）从个人到团队：组织设计。在课程的组织形式上，为了充分发挥每个学生的能力提升，安排了个人与团队的任务。每一项任务必须先个人执行完成，然后再进行团队方案讨论。学生要有独立思考的过程，然后各自发表观点与见解。

（3）从单一到多元：类型设计。在课程的实践过程中，很多同学都成了"木客高手"，已经对木工操作技术比较熟练。很多外界人士来参观的同时，还会有兴趣来体验，有些还下单定制木艺作品。我们的优质"木客"志愿者纷纷为小学生体验进行指导。通过一些接单、拍卖、培训等过程，我们的课程更多元化，学生的能力范围也从动手能力拓展到组织能力、语言表达等能力。

（三）能力提升：基于多个通道的学习设计

1. 梳理融合课程的学习问题

（1）学习实验暴露问题。在课程的开设前，我们选定不同专业、不同层次的学生进行课程实验。学生在未进行课程学习之前必定会暴露许多问题。基于暴露的这些问题，我们开始思考，如何更有效地将各个科目的知识有效融合，如何加强学生在团队中的任务分工，如何解决后续项目中会遇到的各种问题，如何帮助学生解决学习基础层次的差异性。

（2）收集信息聚焦问题。根据实验情况，本课题组在正式开课前，对报名学生进行学习情况的调查，发现其在学习中的问题，并以解决这些问题为教学目标。为了达成这个目标，本课题组就采用理解+多通道的方式解决问题，帮助学生提高成绩，减少差异。

2. 绘制课程学习的知识地图

为了有效地将课程融合起来，解决试课中的问题，帮助学生形成课程自主学习框架，本课题组设计了木艺STEAM课程可视化地图，如图4-6所示。

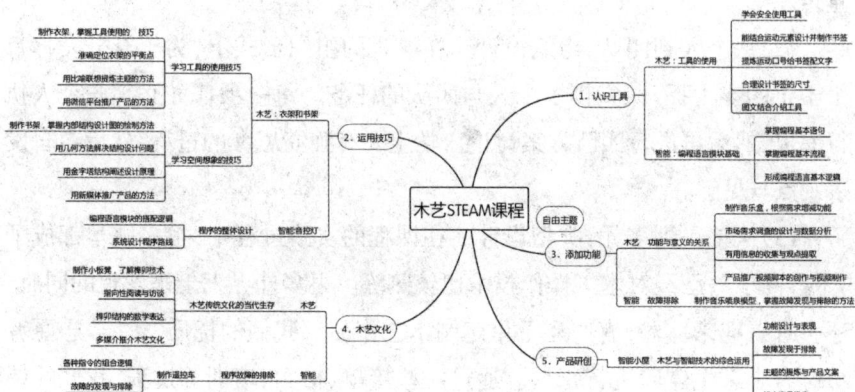

图 4-6　木艺 STEAM 课程可视化地图

本课题组对 STEAM 课程的项目组合进行了课程的融合与统整。通过认识工具→运用技巧→添加功能→木艺文化→产品研创五个环节,把各个学科的核心概念串联起来,使公共基础课有机融合,帮助产品制作与推广,形成一个以理解核心概念为基础的课程体系。

本课程地图会在课程前期给每个学生观看,让学生在课前了解课程内容和要求,明晰自己在本课程中的任务和方向。这个课程地图不仅厘清课程项目,还给予学生很好的指导,指明方向。

3. 设计学习项目的完成通道

在学习的过程中,为了减少学生之间的基础差异,本课题组还通过多种通道,帮助学生解决问题,拓宽视野和文化知识面。具体措施如下。

(1)解决情境性问题串。解决工作情境中的问题串是学生必然要碰到的现实工作,也是整合学科知识解决问题的重要路径。这类情境性问题往往具有如下特征:及时性,即问题的出现是包含在项目完成的过程中;综合性,即每个问题包含着多学科知识与技能,需要综合运用多学科知识与技能解决问题;连贯性,即问题与问题围绕着同一个项目,因此有着表层或者深层的关系,需要学生整体、系统地思考问题。

(2)进行全科阅读。阅读是解决终身学习瓶颈问题的重要方法。学生在以阅读为主的语文课中学习的主要是文学阅读,但因此也局限了学生的阅读视野。据调查,大部分学生容易出现因为阅读视野不融合导致拒绝阅读的情况,尤其是学生不能借助阅读获得学习帮助,搭建学习阶梯,窄化了他们职业发展的道路。因此,本课程设计了全科阅读的学习通道,促进学生主动选择适合的文本,通过阅读解决问题,提升素养。

（3）参与助教行动。根据学习金字塔原理,最有效的学习是教会别人学习。本课程设计的助教通道正是依据该原理。学生在参与助教行动的过程中,内化和巩固已学得的知识与技能,发现学习盲点,在活动结束后的复盘中通过分享弥补,并自主学习提升。此外,通过助教行动,学生能直接接触社会,提升表达能力,也锻炼问题的发现与解决能力,获得学习的价值。在课程开设的过程中,吸引了很多外界人士参与木艺体验,优秀学员会充当"木客助教"。在参与助教的过程中,可以让学生发挥自己的所学,提升学生学习的信心,建立良好的成就感。

（4）自制思维导图。为了加强学生多知识的扩散、整理,常常采用自制思维导图的方式进行。学生发散性思维的练习,也是对知识点进行整合与梳理的过程。

（5）求助学习手册。为了更好地引导学生进行项目的制作、设计等环节,教师会编制学习手册,供学生练习、梳理知识等,便于学生构建问题解决思路,架构知识体系。

（6）提问在线专家。学生在成品完成或制作过程中,有些是在将设计变成现实时遇到困难,工艺上不知道如何解决。有些学生是只在编程上遇到困难,课题组会建立微信群,进行学生与专家直接连线问答。

经过一学期的课程实践,学校在以下三个方面有了不错的成效:(1)学生的学习能力有所提升。在这一学期的课程实践中,学生文化课的成绩有了明显的进步。首先,不仅提高了木艺相关的文化课知识,而且提高了对语、数、外的学习动力;其次,学生产品的质量、美观程度、复杂程度也越来越高。(2)教师的课程研发能力有所提升。经过长时间的课程打磨,整个课题组的教师对课程、授课以及STEAM课程理念都有新的认识。英语教师对于英语课程开发了英语项目课程,数学教师开发了游戏课程,木艺专业教师还开发了与企业融合的实训课程。(3)课程方式得到了媒体推广。在多次活动和宣传下，我们的木艺课程吸引了不少媒体的关注。STEAM教育理念深受学生、家长的欢迎，受到社会各界的关注。不少媒体对我们的助教活动、产品发布会、拍卖情况等事项进行报道宣传。《中国教育报》专门报道了西湖职高的木艺课程走进浙大白马湖幼儿园的实况，这也是对我们的木艺课程的一种认可。

结　语

随着新产业、新业态、新商业的不断出现，社会所产生的用人需求由简单的技术操作转向复杂的技能应用，中职学生作为未来生产一线的主力军，对推动国家经济发展有着不可估量的作用，因此提高中职学生综合能力是目前中等职业教育所面临的一大难题。公共基础课作为培养中职学生各种素养、提升综合能力的基本途径，中职学校现有的教学方式已然不能满足各方面的需要。为了突破中职学校公共基础课教学困顿和学生学习情况低迷的问题，本章以"无边界"教育理念为突破口，重新构建中职学校文化课课程体系，遵循课程内容无边界、空间无边界、导师无边界的原则，根据各个学科自身的特点和内部逻辑，通过学科内的课程改革以及跨学科的课程改革两条路线，打破原有文化课与专业课学科之间的壁垒，重新编制公共基础课教学内容，开放教学空间，做到以"生"为本，使学生在新的课程体验中学会知识，提升素养，增强能力。为中职类学校培养高素质技能人才做出了有效的尝试，推动了中职学校公共基础课教育的发展。

第五章
"沉浸式"学习资源

　　学习资源是用来进行学习、支持学习与改善学习、为达到教学目的而专门设计并且服务于教育教学资源的集合,学习资源的建设可以为学生的学习和学校教育质量提供强有力的支撑。在产教融合的模式下,中等职业学校的校企合作模式已由以往的企业师傅进校指导、校企共建实训基地发展到了以产教融合为载体、信息化平台为媒介、区域需求及双方所需为前提,通过资源共建实现技术标准、管理制度等的融合来培养具有较高综合职业素养的人才。而目前我国中等职业学校的学习资源建设在职业体验、校企共建等方面还存在一定的问题。为了促进学生的职业体验感和自主学习能力的形成,学校构建了"沉浸式"学习资源内涵框架,并根据资源类型进行了建设路径的设计,从企业、产教融合基地以及线上平台出发提出建设策略,为打通学校、企业以及职业体验的通道,实现职业技能型人才的培养提供了可能。最后,通过以杭州市西湖职业高级中学具体专业为例介绍实施的路径以及成效,尤其在疫情期间也开发了大量的"沉浸式"线上学习资源,不仅响应了"停课不停学"的现状,而且变革了学生的学习方式,为中等职业学校的学习资源建设提供了一定的借鉴作用。

第一节 "沉浸式"学习资源的提出

"沉浸式"学习资源的提出建立在学校对于课程改革带来的需要对资源进行改革、增加学生职业体验以及最终促进学生自主学习能力的生成的基础上。资源建设对学校来说具有学习内容导向作用,因此需要详细阐述"沉浸式"学习资源的内涵、分类及特征,为资源的建设路径提供参考。

一、"沉浸式"学习资源构建的现实诉求

"沉浸式"学习资源的建设可以在很大程度上推进课程改革,为促进学校、教师和学生的发展提供支持。目前越来越多的中等职业学校开始重视学习资源的建设,形成了不同类型的学习资源,取得了很大的成效,但是研究发现大多数学习资源的建立主要以学校内部精品课程或是学习资料为主,缺乏有行业、企业和专门技术人员深度参与的学习资源[①],导致学生学习过程中的职业体验感不强。在促进中职学生职业能力形成的过程中,企业发挥着不可替代的作用,针对中等职业教育设计优质的让学生充分融入相关职业环境的"沉浸式"学习资源势在必行。

(一)营造学习情境,增加职业体验感

"沉浸式"学习资源营造的职业氛围可以突破以往注重学习知识与技能的学习资源的局限性,进而向学习过程中形成职业认知和职业能力的提升、最终融入职业转变,形成一种自主、活跃、个性化的学习意识,使学生对学习

---

①廉捷.基于资源整合理论的中职教学资源库建设探究[J].职教论坛,2016(30):65-69+76.

产生一种强烈的欲望,达到学习的沉浸状态。①中职学生对于接近职业的情境式学习资源的利用可以在很大程度上提高学习积极性和学习质量。通过学习情境中渐进式的学习任务、多元化的共享资源、身临其境的学习环境的设计,学生能够进行自主学习以及解决职业体验碎片化和职业体验不深刻的困境,能够帮助学生获得多元的学习交互以及提高学习过程中的参与度。

(二)校企合作育人,深化技能的培养

随着产业升级和行业发展,现代职教体系下要求充分利用校企合作的方式育人②,把真正作为需求侧的企业纳入了人才培养过程中③,通过将学校教学与企业培训相结合,组建由企业优秀员工、培训师、实习生、教师组成的学习共同体,营造真实或仿真的企业工作情境,打通正规学习与非正规学习,学校教育、职业培训与职业体验的通道,从而提高学生技能形成与企业需求的契合度,进而实现以下三个方面的需求:一是人才培养需求。校企共同构建学校专业群、明确人才培养定位④、制定学习资源体系、课程实训体系,共同培养学生职业能力。二是社会服务需求。通过提供技能支撑以及职业体验学习资源的研发,助力中职学校为社会源源不断地输送技能型人才。三是学生价值实现需求。校企共同育人,使学生通过实训获得相关技能。

(三)资源反复加工,促进自主的学习

目前很多学校都很重视学生学习过程中职业能力的培养,但由于学校与企业之间共同合作开发的实训类以及紧跟行业动态变化的资源较为匮乏,导致知识和技能的培养占有较大比重,为学生提供真实或仿真的职业体

①梅明玉,朱晓洁.基于沉浸式具身学习的商务英语教学研究[J].现代教育技术,2019,29(11):80-86.

②俞洋,罗印升,郭占涛.现代职教体系下校企深度产教融合的实践探索[J].职教论坛,2019(8):135-139.

③张彦群,徐梦阳.构建新时代产教融合发展平台战略[J].中国高等教育,2019(24):19-20.

④季瑶娴.高职院校产教融合"三链合一"人才培养模式探索——以浙江商业职业技术学院为例[J].职教论坛,2020(1):133-138.

验学习资源较少。而"沉浸式"学习资源是学生通过学习原有学习资源进行理解、发现、筛选和再加工、反复优化，由政府、学校、企业与行业进行资源交互、加工优化补充到原始学习资源中提供给下一批学习者的模式，如此循环往复，达到学习资源的不断更新和升级，通过线上线下资源的提供，引导学生利用提供的学习情境感受职业氛围、利用产教融合平台锻炼技能，让学生在技能形成以及职业体验的过程中动起来，进而促进学生能力的进阶以及自主学习能力的形成。

二、"沉浸式"学习资源构建的理论依据

(一)沉浸理论

沉浸理论由米哈里·契克森米哈博士于1975年首次提出。[①]后于20世纪90年代末传入中国，用于国内的英语教学，取得了不错的成效。沉浸理论认为，要令使用者处于沉浸状态，需维持技巧、挑战两个因素的平衡，即可引导使用者"学习行为"的发生，是使学生进行场景式学习、培养具有创造力和想象力的技能型人才常用的一种支撑理论。事实上，沉浸理论充分体现了最广泛应用的认知建构主义教育理论的核心价值，那就是坚持以学生为中心，强调学生对知识的主动探索、主动发现和对所学知识意义的主动建构，特别强调学习的活动性与实际性。因此，在学习活动设计和语言环境构建方面，如果能够充分考虑上述因素，为主体的活动营造良好的环境与氛围，将在客观上有利于主体沉浸体验的获得。从本质上讲，沉浸理论就是将师生置于特定的环境中，让师生在真实的互动中产生身临其境的感觉，从而潜移默化地影响学生，让其产生兴趣，有助于培养学生将知识向真实生活情境转化的能力，要求学生能够在一个具体的学习环境中进行知识的研究和探索，并且针对这些研究内容对学生学习过程中的理论进行丰富和发展，着眼于在真实、和谐的学习氛围中激发学习的主动性、能动性，使学习资源发挥最大作用和达到最佳学习效果。

---

①邓旭华,袁定治.沉浸式项目教学法在JAVA课程中的应用[J].中国职业技术教育,2014(26):5-7.

在学校大力倡导大职教理念下的中职人才培养的背景下,沉浸理论为沉浸式资源的建设提供了理论支撑,企业行业走进学校,通过行业师傅讲解、实训平台学习、学习环境的搭建,通过模拟真实的学习环境,为学生进行扫盲、指导、技能的深化和熟练,不仅能促进人才培养模式的转型,构建个性化及情境式的学习环境,锻炼学生探究式学习的自主学习能力,而且能够提升学生在学习过程中的沉浸感,加深对知识、技能的认识和理解。

(二)建构主义学习理论

认知建构主义是认知主义学习理论的一个重要分支,它主要关注个体如何建构认知经验和情感经验[①],其基本观点是学习是一个意义建构的过程,强调学习的非结构性和具体情境性以及学习中的社会性相互作用,重视协作化学习和交互式学习的作用。事实上,建构主义学习理论认为,"情境""协作""会话"和"意义建构"是学习中的四大要素,而沉浸理论充分体现了认知建构主义教育理论的核心价值,那就是坚持以学生为中心,强调学生对知识的主动探索、主动发现和对所学知识意义的主动建构,两者在活动形式与内容方面不谋而合,将知识与活动密切结合,有助于培养学生将知识向真实生活情境转化的能力[②],要求学生能够在一个具体的学习环境中进行知识的研究和探索,并且针对这些研究内容进行丰富和发展[③],这也为"沉浸式"学习资源的创设提供了一定的理论支撑。学生在对知识进行自我构建的过程中不断地内化知识,充分参与学习以及融入学习环境,促使学生自主学习行为的发生以及自主学习能力的产生。

所以,在产教融合的背景下,建构主义理论指导下的"沉浸式"学习资源突出学生的主体地位,为学习者搭建学习场景,促进学生有意义地学习。在资源构建的过程中,邀请企业行业走进学校,通过行业师傅讲解、实训平台

---

①余璐,周超飞.论我国高等教育中的沉浸教学模式与实践[J].河南社会科学,2012,20(6):78-80.

②李璐.情景认知理论视角下应用型翻译人才培养的问题与对策[J].教育理论与实践,2014,34(16):57-60.

③闫常英.基于构建主义理论的情景式教学在高校英语教学中的应用[J].赤峰学院学报(汉文哲学社会科学版),2018,39(2):155-157.

学习、学习环境的搭建,以及模拟真实的学习环境,为学生进行扫盲、指导、技能的深化和熟练,使学生投入学习过程中;在利用创设的学习资源过程中,使学生动手实践操作,达到职业体验的效果,能够更好地感受到职业沉浸感。

三、"沉浸式"学习资源的内涵与类型

"沉浸式"学习资源从学生的职业体验出发,通过学校、企业、政府等多方主体的共同参与,以学生的职业体验为中心和以促进学生自主学习能力的形成为目标,可以在一定程度上解决现有的资源存在的问题。因此需要进一步探讨"沉浸式"学习资源的内涵和分类,从而为"沉浸式"学习资源的建设路径提供基础。

(一)"沉浸式"学习资源的概念

"沉浸式"学习资源以沉浸理论为基础,充分体现坚持以学生为中心,强调学生对知识的主动探索、主动体验和对所学知识意义的主动建构。[①]"沉浸式"学习资源通过企业行业走进学校、学习环境的搭建、实训平台的学习,将师生置于一个具体的学习环境中进行知识的研究和探索,并且针对这些内容进行丰富和发展[②],构建个性化及情境式的学习环境,学生沉浸于学习过程中,形成将知识向真实生活情境转化的能力。[③]基于上述理论和由学校、企业共建平台,共同开发专业群的要求,将"沉浸式"学习资源的内涵进行界定:以区域需求以及学校、企业双方所需为前提,以政府、学校、企业、行业为开发主体,以产教融合基地平台为载体,以产教融合信息平台为媒介,以增加学生职业体验以及培养自主学习能力为目的,可以支持沉浸式学习产生的包括扫盲式学习资源、支架式学习资源和迭代生成式学习资源(见图5-1)。

---

①徐洁.对建构主义的重新审视[J].高教探索,2018(5):40-43.

②聂瑞华.基于支架理论的在线学习资源开发研究[J].电化教育研究,2014,35(11):46-50+58.

③闫常英.基于构建主义理论的情境式教学在高校英语教学中的应用[J].赤峰学院学报(汉文哲学社会科学版),2018,39(2):155-157.

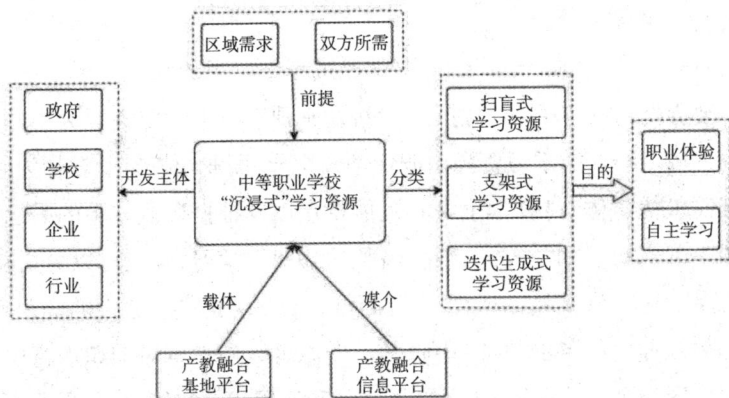

图 5-1　中等职业学校"沉浸式"学习资源的内涵

(二)"沉浸式"学习资源的类型

"沉浸式"学习资源主要依据学生从新手、熟手到能手的职业能力成长路径,使用过程中采用线上、线下以及线上线下混合的方式,遵循学生自学、教师指导、自主探究的学习过程,以及分别以重难点突破、过程指导和促进自主学习为目的,划分为不同梯度的"沉浸式"学习资源类型,助力能力的进阶(见表5-1)。基于此,可将"沉浸式"学习资源划分为分阶段分层次的线上扫盲式学习资源、依赖协同性的线下支架式学习资源、迭代生成和线上线下混合的迭代生成式学习资源三种类型,这三种资源不仅可以打破学习时间和空间的限制,而且通过不同类型的学习内容,兼顾学习过程中不同阶段的教师行为与学生活动。三种资源之间遵循知识获取的规律:在感知信息阶段,教师线上发布学习任务,使学生明确学习的重难点;在认知加工阶段,以线下学习为主,进行过程指导和技能训练;在整合输出阶段,线下完成、线上分享互动反馈,使资源不断迭代生成。

表5-1　中等职业学校"沉浸式"学习资源的类型

资源类型	呈现方式	性质	核心	目的
扫盲式学习资源	线上	自助式	学校专业课程	重难点突破
支架式学习资源	线下	指导式	校企培训体系	过程指导
迭代生成式学习资源	线上线下混合	渗透式	职业能力进阶	促进自主学习

1. 扫盲式学习资源

扫盲式学习资源主要用以解决学习过程中出现的知识盲区,学生可以根据需要自行选择学习内容进行学习,是一种以线上学习资源为主的自助式学习资源。扫盲类学习资源由职业学校主导,职业学校专业教师为主体,以区域需求为载体,符合学生身心发展特点以及根据职业体验的需求进行设计的学习资源。如学校的微课、名师的慕课等学习资源,可以分为初阶、中阶与高阶的学习资源:初阶学习资源可以为学生提供科普性的知识,以及了解相关专业所必备的技能;中阶学习资源可以使学生对知识进行内化和再加工后形成自己的理解,从而能够掌握和运用相关技能;高阶学习资源则是能体现学生对知识和技能的迁移能力,能针对不同的问题选取可行的解决方案。因此,利用三个阶段使学生对专业和技能达到系统的认识,可以满足不同层次学生的学习需求,便于学习者根据自身的掌握情况进行选择。

2. 支架式学习资源

支架式学习资源是一种以线下学习为主的指导式学习资源,以维果斯基"最近发展区"理论为基础,它通过提供一套学习"脚手架"来帮助学习者理解知识、建构意义。[1]支架式学习资源按照学习者职业能力的发展阶段,分别提供相应的问题指导以及范例来提高学习质量。主要包括两类学习资源:一是标准的操作示范,由专业教师、企业专家、行业师傅以及在市级以上技能竞赛中获奖的学生进行示范,包括完整的操作以及关键点的分解操作,侧重知识图谱的某一个节点技巧的讲解,完整的工作项目示范侧重流程关系与生产服务合理性的讲解,为学习者提供一个应然与实然的支架;二是提供纠错示范,由专业教师、企业培训师在教学与培训的过程中,通过观察学习者的操作,总结典型的错误,同时分析错误的原因,提出改进的训练方法或者思维方式,为学习者技能的提升提供一个更加完整的支架,在循序渐进的指导过程中进行独立探索。

①张腾,张玉利.迭代式创新关键维度、机制与理论模型构建——基于海尔创业"小微"的多案例研究[J].河南大学学报(社会科学版),2017,57(3):46-54.

3. 迭代生成式学习资源

迭代生成式学习资源是对学生原有的学习资源进行再加工,通过评价反思不断迭代生成的优秀学习资源,是一种线上线下相结合的渗透式学习资源。主要通过企业主、行业专家、企业优秀员工、专业教师整体定位,通过不断试错、持续改善、颠覆效应等形成对学习资源的一种再加工和整合。[①]迭代生成式学习资源主要是以线上线下相结合的方式生成:一方面是通过学生在线上自主学习过程中为寻求问题解决而进行讨论交流、思维碰撞、困惑或质疑和在协作学习过程中小组协同解决问题的方式;另一方面是线下教学中学生的讨论交流和成果分享以及教师与企业师傅面对学生出现的"意外"而灵活调整教学策略、及时予以答疑。企业与学校结合学生的职业体验,进行项目架构,将学习任务进行分解,资源进行优化与更新;教师通过创设职业情境,使学生沉浸在角色体验的过程中产生职业意识、思维方式和职业习惯;学生在利用资源过程中不断地进行反馈重构,丰富和更新原有的学习资源。由多方主题共同建设与交互作用、完善学习资源,进而变革学生学习方式的渐变过程[②],在不断迭代与深化的学习过程中获得职业认知,形成价值认同感,最终促进自主学习能力的生成。

(三)"沉浸式"学习资源的特征

1. 依赖协同性

产教融合中,政府、学校、企业与行业通过资源交换互相弥补自己不具备的资源,以减少对环境的依赖,产生对保障资源交换的组织——产教融合体的依赖。四个主体在进行资源交换时相互作用、利益互补,其内外部在不断相互作用的过程中成为有规则、有机制、有操作策略、有共享平台的自组织,最终产生"1+1>2"的协同效应。

2. 迭代生成性

产教深度融合是职业人才成长和技术产品升级全过程的模式,打通了

---

①刘伟雄,何静.基于产教融合理念的"引企入教"探索与实践[J/OL].包装工程,2019(S1):75-80[2020-04-25].https://doi.org/10.19554/j.cnki.1001-3563.2019.S1.019.

②孙田琳子,张舒予.迭代共生:开放课程资源建设的路径创新[J].开放教育研究,2015,21(4):115-119.

正规学习与非正规学习,学校教育、职业培训与职业体验的通道,因此"沉浸式"学习资源的开发应该建立在支持全过程发展与升级的基础上。它是学生通过学习原有学习资源产生的学习成果,经过理解、发现、筛选和再加工形成更有效的学习资源的反复优化过程。具体来说,政府、学校、企业与行业负责对原始学习资源进行初级开发,根据课程目标和学习者需求制订课程计划,引导学生利用学习资源完成课程内容。在此过程中,不同的学习者会进行不同的知识建构,创造出不同的学习成果,即生成性学习资源。然后经四方主体加工优化补充到原始学习资源中提供给下一批学习者,如此循环往复,达到学习资源的不断更新和升级。

3. 线上线下混合呈现性

企业、行业在学习资源的开发与使用中受到时空的限制,很难像在校教师全程投入线下教学,同时考虑到线上线下混合式学习方式适用于各阶段教与学的活动,因此"沉浸式"学习资源的设计应兼顾学习过程不同阶段的教师行为与学生活动。在感知信息阶段:教师线上发布学习任务、学生线下浏览或阅读;在认知加工阶段:线下为主、技术参与为辅、线上留痕;在整合输出阶段:线下完成、线上分享互动反馈的过程中涉及的学习资源,势必以线上线下混合的方式呈现。

4. 全程全方位性

基于产教深度融合的"沉浸式"学习资源适用于职业生涯发展的全过程,涵盖职业体验、职业教育、岗前培训和回炉升级。资源内容涵盖知识、技能、职业意识、思维方式和行为习惯的综合养成,覆盖训练类课程、服务类课程和研创类课程,来源上涉及校内、校外和内外共创三种渠道,兼顾课前预习、课中学习、课后巩固和日常训练的需要,考虑到不同教学空间的特点和不同学习者的需求,具有全方位性。

5. 分阶段分层次性

遵循从高级新手、技能熟手、合格员工到精专型、复合型员工的职业能力成长路径,根据追求标准精致、追求高效合理、追求研究创新三个能力层次,分别设计不同梯度的"沉浸式"学习资源,助力能力进阶的教学。

第二节 "沉浸式"学习资源的构建路径

在目前倡导中等职业学校校企合作育人的背景下,岗位需求为导向,经过学习者的合理选取、重组和利用,才能使其隐藏的价值可视化。"沉浸式"学习资源被赋予了新的内涵与不同的类型划分,这也为资源的建设路径提供了思路。"沉浸式"学习资源开发主体是多元的,一方面,学校携手企业、行业、政府力量共建"沉浸式"学习情境和学习资源,诸如知识地图、微课等资源,可以协助学生课前预习、课中学习和课后巩固复习,保障学生自主学习的进行;另一方面,学生根据企业与行业提供的真实职业情境,在开展情境分析、资源筛选、任务体验的过程中进行互动、合作、探究、思考等,不断迭代生成新的学习资源。这不仅充分调动了学生的学习兴趣,而且在潜移默化中使其习得职业自主学习能力。在这一过程中,从"沉浸式"学习资源的参与主体、环境以及学习平台入手,从企业参与资源构建、产教融合基地和线上平台融入"沉浸式"学习资源三个方面进行了框架设计和策略的研究。

一、"沉浸式"学习资源建设框架

"沉浸式"学习资源的设计按照"嵌入现场,工学交替"的模式进行。通过对扫盲式学习资源来形成对问题的认知,再通过支架式学习资源进行技能的习得和不断深化,之后根据学生、教师、企业的校内仿真实训、现场实训的反馈不断进行资源调整优化和更新迭代形成迭代生成式学习资源,将学习的技能不断叠加,设计更大范畴的学习情境,安排学生到校内外的产教融合实训基地和利用产教融合信息平台,让学生在真实的工作岗位中运用所学的知识与技能解决职业问题(见图5-2)。扫盲式和支架式学习资源的技能训练实现了新手到熟手的进阶,多次迭代学习资源技能的叠加练习铸就综合实践训练,遵循从高级新手、技能熟手、合格员工到精专型、复合型员工的职业能力成长路径。根据追求标准精致、追求高效合理、追求研究创新三个能力层次,根据不同梯度的"沉浸式"学习资源助力能力的进阶,使学习情境之间也呈现螺旋上升的递增关系,最终促进学生自主学习能力的生成。

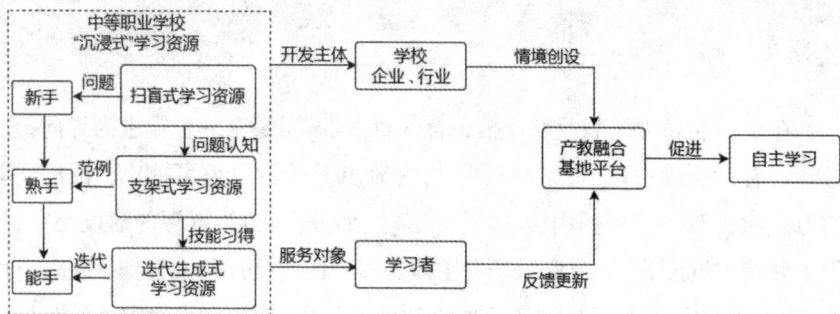

图5-2 中等职业学校"沉浸式"学习资源的建设框架

二、"沉浸式"学习资源建设策略

(一)企业深度参与"沉浸式"资源建设过程

1. 学习资源建设如果脱离行业企业、职场环境、时代特征,不能做到与教育教学改革同向同行,就不能充分利用信息化带给职业教育的比较优势,就有可能建成缺乏职教特色的教育网站或学习平台,因此企业要深入参与学校的教学改革,将行业、市场的需求融入学科建设、课程改革等环节。[1]企业是连接学校、园区、政府、科研院所等微观主体的重要渠道,也是孕育共生思维、打造价值共同体的一线阵地。实施职业教育离不开行业和企业,校企合作、工学结合是职业教育的基本特征。在资源建设过程中,不仅应深挖院校和企业合作的空间,掌握该行业国内外知名企业基本情况、与参建院校合作情况、现有合作企业在行业中的地位,还要关注工作过程、行业企业标准

---

①陈斌.产教融合型企业要深入参与学校创新创业教育[J].中国高等教育,2019(10):25-27.

等企业实际要求,掌握企业与资源库匹配度较高的主要岗位要求以及人才需求规格,企业相关标准、规范,相关专业毕业生、在校生现状。资源库要与相关需求相匹配,具备支撑学习需求的能力。

企业只有参与到这一过程中,才能根据自身的需求来合理地培养所需的人才,通过参与学校的专业设置与调整,共同制订人才培养计划,助力教学模式、课程、教材的改革。企业参与课程改革的过程中,一方面要强调工学结合的中等职业学校办学特色,在课程和学习资源建设的过程中,密切联系企业所需的实践内容和行业内的最新要求;另一方面是对企业和学校提供仿真或真实的环境,在仿真的环境中形成对问题以及职业的相关认知,在真实的学习场景中学生可以与企业专家零距离接触,感受职业氛围和在锻炼技能的过程中实现产教融合的育人目标。企业可以派出经验丰富的专业师傅与学校的教师和学生进行交流或者校企共建名师工作室、产教融合基地、产教融合信息平台等,分享行业所需知识技能和行业发展的最新动态,创建可以进行线上线下自主学习,利用提供的学习情境感受职业氛围,利用产教融合平台锻炼技能,涉及校内外共创的有知识、任务、实操、技能、空间的全方位、不同梯度的学习资源来促进自主学习和不同阶段能力的进阶,深化产教融合、校企合作,在教学应用中凸显工学结合、知行合一。

2. 企业应纳入中等职业学校人才培养过程中,以需求为导向实现产业资源转化为人才培养资源,人才资源转化为企业行业所需的创新资源的良性互动,创新学校、企业"双主体"教育模式,实现产与教的协调运转。[1]学校可以与企业进行平台共建、资源共享,教师与学生到企业学习、实践,与企业零距离接触,才能切实提高专业技能,更好地理解企业文化,进而感知职业;学校教学与企业培训相结合,组建由企业优秀员工、培训师、实习生、教师组成的学习共同体,营造真实或仿真的企业工作情境,从而提高学生与企业需求的契合度。企业应基于自身的特色优势,与学校进行资源的共建共享,发挥合力,紧跟市场需求的变化,及时调整人才培养的战略;学校要制定适应

---

①曾东升,刘义国,尚维来.职业教育产教融合、校企合作治理政策分析与思考[J].中国职业技术教育,2018(31):28-30.

不同教学形式的人才培养形式,认可线上教学、线上线下混合式教学以及其他各类教学方式,确定各类课程教师工作量,合理安排不同教学形态课程,对采用混合式教学的则需要确定授课计划中线上和线下学习的成绩占比,并对线上和线下学习做出明确界定、安排具体的学习内容,使学生明确学习评价的构成,在完成学习目标的同时更有针对性地了解岗位所强调的技能要求,强化人才培养策略。

3. 企业应参与到学校师资培训中,在各参与主体之间通过差异化、互补化的"沉浸式"学习资源供应体系,实现人才培养过程中的需求和供应连接贯通,利益共创共享,促进资源在更大范围内的组合优化。

一方面,企业可以利用行业资源对学校教师开展师资培训、科研项目和教师顶岗实践,提升专业教师教科研能力和自身对于专业的理解与实际操作能力,有利于推动教师专业能力和职业规范的发展,再通过企业中的生产与应用实践转化为教学资源,使教学内容与产业行业中的共性技术发展方向对接。[①]企业在教师师资培训过程中应强调教师的情境教学,将教学置于真实或仿真的教学情境中,进而使学习者在他人(同伴、教师、师傅)的协助下,通过沟通与交流,对与职业工作有关的知识、技能、态度与价值观进行主观上的建构,并进行情境化学习。在情境化学习中,教师不应提供现成的结论,而是提供教学以及学习任务资源,设置一系列的情境让学生自行探究、判断,使学生在完成综合性工作任务的过程中获得对工作和职业的认识。整个学习活动以现实生活和工作环境为基础,通过指导设计企业相关的工作情境来介入知识建构过程,从而有效地支持学习。

另一方面,企业应和教师在以下方面达成共识。主要表现在:教学目的是全面素质的发展,和以往的成绩定论有所不同,"沉浸式"学习的结果更注重学习过程的评价和考核,因此企业在融入教师培训过程中应改善教师以往的教学目标,从而构建新型的教学目的,使学生不仅学习专业知识,还要学习包括社会、伦理和政治教育等社会知识与技能;学生进行自我管理式学

---

①黄德桥,杜文静.基于产教融合的高职院校校内生产性实训基地建设研究[J].中国职业技术教育,2019(2):88-92.

习,教师要提前设计基于产教融合的教学任务和环境,使学生根据需要来设定学习目标,确定学习资源、选择学习方法,并评价自己的学习结果;企业与教师要更多地对资源进行开放和筛选,形成不同层次的学习资源,使学生根据需要选择学习内容,不必重复已经掌握的内容,可随时利用评价标准评价自己的学习成果,实现个性化学习;设置的学习任务须是比较完整的,使学生在学习和工作过程中能够拥有完整的学习经历,不管要解决的问题的大小和复杂程度如何,都要完成确定任务、制订学习计划、做出决策以及实施等过程。这些都是企业在与学校共建学习资源时所必须面对的现实需求,因此鼓励教师结合自身专业深入相关企业一线进行实践锻炼和学习,提升实操能力并对实际要求转化为真实的情境式学习资源对"沉浸式"资源的建设具有很大的促进作用。

(二)产教融合基地环境布置中融入"沉浸式"学习资源

学习资源与职业场景往往作为两个独立维度而被分开设计,因此学习资源的开发会忽视与线下教学环境布置及线上教学平台设计的融合,没有基于职业场景的"沉浸式"学习资源支撑,就无法获得身临其境的职业体验。基于产教深度融合背景,一方面在产教融合基地环境布置中融入包含知识、技能、文化理解等的全方位学习资源;另一方面在线上平台通过沙盘游戏创设职业场景,融入市场需求分析、岗位知识与技能、实践案例等学习资源。通过线上线下混合式资源与职业场景的融合,为学生创造更具实际操作性、更接近真实世界的"沉浸式"学习体验。在这个过程中,将真正作为需求侧的企业纳入了人才培养过程,集聚校内外学习资源提升人才培养能力,把人才培养的空间全面扩展到企业[1],以需求为导向,实现产业资源转化为人才培养资源,人才资源转化为企业行业所需的创新资源的良性互动。

学校产教融合基地通过完善职业体验中心的文化环境建设和软件配置,使体验岗位更多,体验效果更好,进一步推进高技能人才培养的需要。产教融合基地一方面由以学生为主,学院教师和企业教师共同参与并指导、

---

①钱程,韩宝平.基于平台建设的职业教育产教深度融合研究[J].教育与职业,2017(13):32-37.

合作的多个创业企业组成;另一方面由多个经过职业院校严格筛选并自愿达成合作协议的信任型、实力型、经验型企业组成。在现有实训操作室的基础上创设生产性实训教学环境,将实习实训资源、研发资源、产业资源结合,根据不同的学习场景设计不同的学习任务,利用企业的需求将三种学习资源融入校企共同育人的过程中,实现知识、技能、文化理解和职业体验的生成。基地环境布置中进一步提升改造企业学院,逐步构建起"生产性"实训教学环境,让学生能够全方位真实地获得不同岗位的实操体验,将知识、技能以及对职业的文化理解和体验凸显出来。产教融合基地中的环境布置可以充分利用行业提供的基础设施和技术服务体系[1],营造学习场景,将不同类型的学习资源在产教融合基地建设中分层次、分阶段呈现出来,学生利用资源进行技能训练、顶岗实习等多种实践环节,在浓厚的职业氛围中得到锻炼,及时掌握先进的设备和工艺,提高人才培养质量和适应社会生产的能力。

(三)线上平台融入"沉浸式"学习资源

线上主要利用产教融合平台,依托企业与学校的资源而建立的教学与产业结合,相互促进与相互支持的集科学研究、人才培养与科技服务于一体的校企合作办学模式的线上资源。在这一过程中,主要围绕发布学习任务、制订学习方案、操作训练、点评总结的主线进行:首先,参与的主体一方面是学校、企业专家、教师,另一方面是学生,通过线上布置学习任务,使学生接收和进行预习,形成对扫盲式学习资源中重难点的理解;其次,教师及企业专家进行远程讲解和现场操作示范相结合,督促指导学生的操作训练,学生利用真实或仿真的支架式学习资源进行自主的实践,根据行业标准进行自评互评;最后,由专家及教师进行反馈和总结,对学习过程中出现的问题进行记录,及时保存和更新,不断迭代形成迭代生成式资源,达到能力提升的目的。线上平台不再是传统意义上的网络课程或平台,而是以情境以及工作导向为基础的综合性学习辅助系统,通过创设工作过程中产教融合的学习情境,为学习者提供多种交互学习的支持工具。严把资源制作质量关,每

---

①张波.移动互联网时代的商业革命[M].北京:机械工业出版社,2020:35-59.

个课程建设小组在资源制作、上传过程中,资源建设和应用质量保证小组对所建资源进行严格质量审核,对资源应用过程中存在的问题及时进行监控、收集、整理,并反馈给资源建设小组进行更新和持续改进。通过信息技术条件下的职业性、多学习场所和学习任务,不但为学生提供多种学习机会,也为教师与企业提供教学设计和知识管理工具,确保学习者成为教学过程的主体。采用线上的学习资源建设可以以其便捷的操作来加快学习资源的更新,使教师和学生都能参与到学习资源建设工作中,不断加快"沉浸式"学习资源的迭代,形成课程或专业的资源库,进而关注学习者的体验、激发学习者的学习动机,在运行过程中遵循职业促进与任务导向原则,强调情境中的知识建构以及资源的开放性与交互性。

在信息化氛围下和在实训基地的基础上,遵循校企共建、共管、共享机制,从而实现实训平台的建设水平、管理效率和效益的提升,利用实训平台提供的线上数字化教学资源和线下企业与学校的实训装置资源,以教师及企业技术人员为学习主导,学生或员工为学习主体,将在线学习与现场实际操作训练相结合,促进教师教法和学生学法的改变。通过创建资源库平台运行管理和更新维护机制,充分发挥专业教学资源库联建单位和企业使用者潜能,使资源建设者、资源用户在建设、管理、运用、维护和二次开发等方面高度合作、深度参与,确保教学资源持续更新以满足教学需求。"沉浸式"学习资源建设的线上产教融合信息平台可以建立在学校原有的教学平台上,实现智慧教学和资源共享的功能,通过平台设计模块化的知识,从而为学生提供模块化学习内容,将线下设计的教学资源上传到平台并进行不间断的更新和维护,采用线上线下相结合的形式进行呈现,体现全方位性,突出体现校企共建原则,提高专业人才培养质量。

第三节 "沉浸式"学习资源案例实践

"沉浸式"学习资源的建设路径与实施需要在具体的专业中进行实践来验证其达到的成效,因此,这里选取酒管专业茶文化课程、建筑装饰专业以及烹饪专业进行具体的"沉浸式"学习资源的实施与验证。

一、实践案例

【案例5-1】 酒管专业学习情境导向的中职茶文化学习资源建设

1. 案例背景

本实施案例选取了学校的酒店管理专业,课程为茶文化专业课程。学校一直倡导"嵌入现场,工学交替"的人才培养方式,脱离行业师傅开发的资源与岗位需求必然脱节。近年来,学校也积极适应社会需求,通过打造"沉浸式"学习资源和平台的方式来培养酒管先进人才,初步探讨在酒店管理专业中实施"沉浸式"学习资源的建设。据此,依托本土茶文化,设计了单项技能型学习情境、组合技能型学习情境和综合实践型学习情境。依据营造的三类学习情境,分别构建了三类"沉浸式"学习资源:单项技能型学习资源从多角度切入,实现技能熟练化;组合技能型学习资源进行资源包升级,实现技能精细化;综合实践型学习资源旨在实现技能突破,实现技能职业化。三种类型的学习资源中分别包括线上线下的学习方式,学习方式从仿真模拟过渡到工作实践中问题解决的真实性学习。为适应学习者对可移动学习的需求,搭建基于泛在学习理论的茶文化资源平台,并且通过开发主体、资源内容和开发路径的迭代实现资源平台的持久与再生。

2. 实施思路

学校以实地调研为基础,调查企业为"龙坞风景区"和"沿江产业休闲带"上的茶楼、茶庄以及杭州的知名茶室,调查对象为茶楼、茶庄和茶室的经营者与顾客,调查的主题围绕他们对服务人员的岗位需求展开。设计真实的学习情境的理念对学习资源进行分类,以方便学习者搜索与取用,因此开发的资源必须具有持久和再生性(见图5-3)。

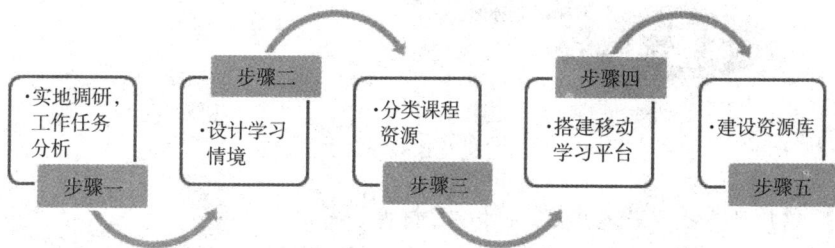

·实地调研,工作任务分析	步骤二	·分类课程资源	步骤四	·建设资源库
步骤一	·设计学习情境	步骤三	·搭建移动学习平台	步骤五

图5-3 案例实施思路

茶文化学习情境可以划分为单项技能型的学习情境、组合技能型的学习情境和综合运用型的学习情境,分别对应扫盲式、支架式和迭代生成式三类学习资源。这三种学习情境并不是孤立设计的,而是按照"嵌入现场,工学交替"的模式进行的。几个相关联的单项技能掌握之后设计一个组合技能型的学习情境,在校内进行仿真实训后,带领学生利用周末和节假日到校内"微工场"进行现场教学。根据现场实训的反馈,回到课堂进行教学调整与优化。然后,在上一次组合技能的基础上再叠加几个相关联的单项技能设计一个范畴更大的组合技能型学习情境,在校内开展二次仿真实训后,再次带领到"微工场"开展现场教学。根据现场实训的反馈,回到课堂进行二次教学调整与优化。以此类推,继续叠加单项技能直到能完成一个岗位的工作过程时,就可设计综合运用型学习情境,安排学生到校内外的"微工场"和实训基地,让学生在真实的工作岗位中运用所学的知识与技能解决职业问题(见图5-4)。技能实训室的单项技能训练到仿真实训室的组合技能训练,实现了新手到熟手的进阶,多次组合技能的叠加练习铸就综合实践训练,实现了从熟手到能手的蜕变。简言之,学习情境之间呈现螺旋上升的递增关系。

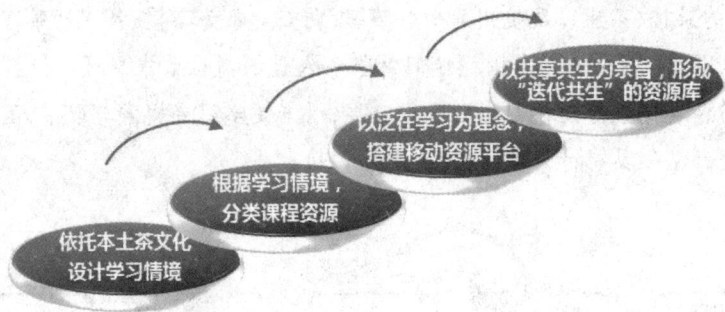

图5-4 茶文化课程资源开发路径

(1)产教融合基地共建,设计学习情境

根据本地茶产业发展需要的炒茶师、茶艺师、评茶员、茶事服务员、茶叶销售员和茶文化专线讲解员六个岗位的工作过程,选取和重组单项技能,按照"嵌入现场,工学交替"的思路设计学习情境。下文以炒茶师为例,介绍"沉浸式"学习资源的设计思路和执行过程。

学习情境主要包括单项技能型学习情境、组合技能型学习情境及综合实践型学习情境。为了提高学生的适岗能力,设计基于三个单项技能的现场实训学习情境,带领学生利用业余时间到校内制茶"微工场"进行现场教学。这种现场教学情境本身也是组合技能型学习情境,但它把上课的地点从仿真实训环境转移到校内"微工场"的真实环境中去,目的是实现课堂与岗位的对接。根据现场实训的反馈,回到课堂进行教学调整与优化,落实三项单项技能后,叠加学习识茶和鉴茶两个单项技能的学习情境。在此基础上,整合炒茶师的五个单项技能设计第二个范畴更大的组合技能型学习情境。最后根据炒茶师的工作内容设计综合实践型学习情境:置身茶海,做一回炒茶师,为顾客介绍西湖龙井茶,展示手工炒茶的魅力,传授鉴茶秘诀。开展方式为安排学生利用周末轮流到龙坞实训基地进行岗位实践(见图5-5)。

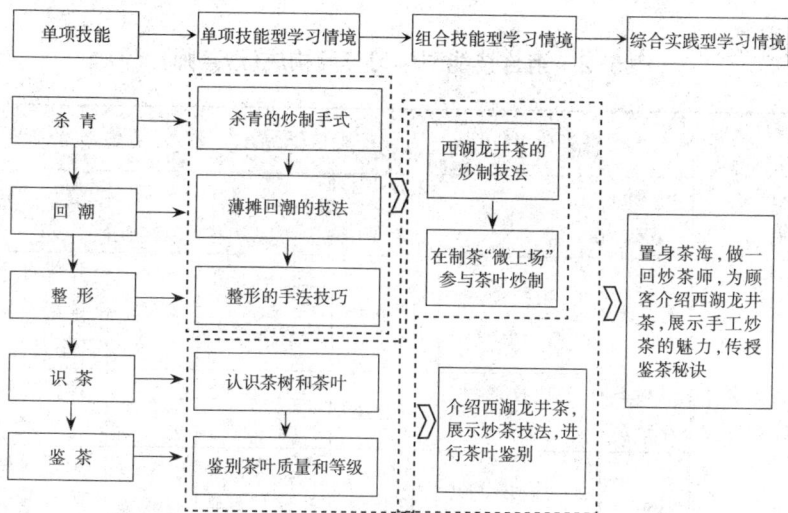

| 单项技能 | → | 单项技能型学习情境 | → | 组合技能型学习情境 | → | 综合实践型学习情境 |

图5-5　基于"嵌入现场,工学交替"模式的炒茶师学习情境设计

(2)依据学习情境,分类课程资源

　　学校的茶文化课程资源分为单项技能型学习情境导向的课程资源、组合技能型学习情境导向的课程资源和综合实践型学习情境导向的课程资源。以组合技能型为例(见表5-2),每一类课程资源均包括教师提供的资源包、学生课中课后的生成性资源和行业师傅的辅助性资源,呈现方式以图像、视频、音频、动画为主,文本类资源为辅。以炒茶师为例,呈现三种课程资源:单项技能型学习资源通过文本、音频、视频、动画等形式来帮助学习者实现技能的熟练化;组合技能型学习资源是对单项技能资源进行筛选、优化和重组后形成的升级版资源包,这些资源的学习场地也从校内实训室迁移到校内"微工场",旨在实现技能的精细化;综合实践型学习资源实现了对单项技能型学习资源和组合技能型学习资源的提炼与整合,实训场地从校内"微工场"迁移到企业工作现场,实践过程有了顾客的融入,学习者最想得到的是对顾客服务过程中的专业技巧突破。

表5-2　组合技能型学习资源构成(炒茶师)

资源构成 学习情境	资源包		生成性资源		行业辅助性资源	
	资源类型	资源名称	资源类型	资源名称	资源类型	资源名称
西湖龙井茶的炒制技法	图像类	三项技能的PPT介绍	视频类	西湖龙井茶的炒制过程	视频类	师傅自己录制炒制全过程
	视频类 音频类	三项技能的手法	综合类	在线互动、资料分享	综合类	师傅在线答疑
	动画类	抓、抖、搭、压、扣、磨、推	视频类	学生录制自己炒制龙井茶的过程	视频类	师傅对学生作业的点评
在制茶"微工场"参与茶叶炒制	图像类	三项技能的PPT介绍	视频类	师傅现场传授龙井茶的炒制方法	视频类	师傅自己录制炒制全过程
	视频类 音频类	三项技能的手法	视频类	师傅对学生典型炒制过程的指导与点评	综合类	师傅在线答疑
	动画类	抓、抖、搭、压、扣、磨、推	—	—	视频类	师傅对学生二次作业的点评
介绍西湖龙井茶,展示炒茶技法,进行茶叶鉴别	图像类	两项技能的PPT介绍	视频类	西湖龙井茶的特点和茶叶等级的鉴定	视频类	师傅介绍茶叶特点和等级鉴定技巧
	视频类	西湖龙井茶的特点和茶叶等级的鉴定	综合类	在线互动、资料分享	综合类	师傅在线答疑

(3)产教融合平台融入

学校以岗位需求为中心、以学习情境为焦点,综合移动学习的特点、学习情境资源的呈现方式,设计了茶文化课程资源的学习平台界面(见图5-6)。它包括五个功能模块:情境分析模块、资源中心模块、学习监控模块、交互模块和评估模块。

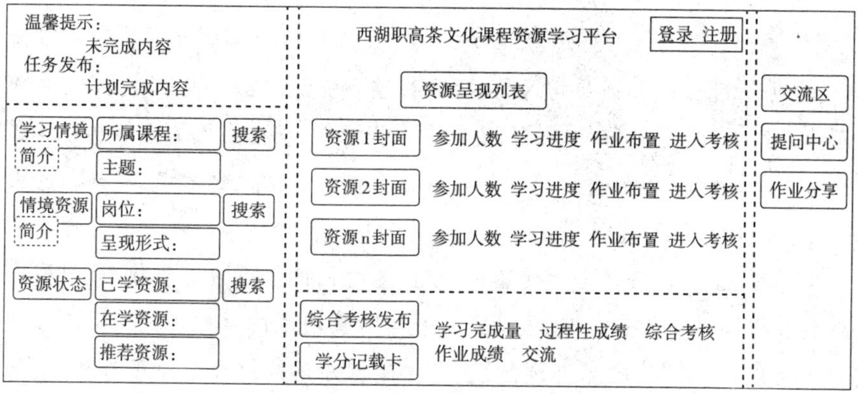

图5-6 茶文化课程资源的学习平台界面

情境分析模块包含茶文化课程所有的岗位情境,学习者进入资源平台后,通过关键词的设计进入情境分析模块,快速找到自己所需的学习情境;资源中心模块包含每一个学习情境对应的所有学习资源,分别按照文本类、图像类、视频类和音频类进行分类储存,学习者选定学习情境后就可以在对应的资源中心模块选择自己需要的学习资源;学习监控模块为学习者在平台导航内清晰呈现学习者添加的学习情境和资源列表,学习者上传学习计划,平台会根据学习者制订的学习计划,实时跟踪学习进程,并提醒学习者学习截止时间和考核时间,保障学生自主学习;交互模块可以使学习者在学习资源过程中遇到困惑时,随时通过移动终端一对一向教师和行业师傅提问,教师和行业师傅在接到提问请求时也可随时为学习者答疑与实时指导;同时教师、行业师傅会把优秀的作业和典型的作业放于交互模块下拉菜单的"作业分享"板块,组织学习者进行评价与学习。

(4)资源迭代生成

迭代是重复反馈过程的活动,每一次对过程的重复称为一次"迭代",每一次迭代得到的结果会作为下一次迭代的初始值。迭代法是一个不断用变量的旧值递推新值的过程。共生是指两种不同生物之间所形成的紧密互利关系。

①"三位一体"的茶文化课程资源开发主体的迭代

茶文化课程资源的开发遵循教师、行业师傅、学生"三位一体""三个时段"共同开发的原则。在资源开发前期，教师和行业师傅共同设计学习情境，根据情境目标和学生学习需求，进行学习资源的初级设计与开发；在资源使用期间，学生在学习这些给定的学习资源时，结合自己的理解和经验通过与教师、师傅、同伴进行协作学习后建构自己的个性化知识，建构的成果就是生成性的学习资源。教师在学生作业中淘汰初级设计与开发资源中的不当资源，留下的资源与有价值的师生、生生间的学习痕迹和优秀、典型作业整合成一个新的资源包，成为下一批学习者使用的初始资源。第二批学习者在使用"新"的初始资源时，在自主建构知识的过程中除了与教师、师傅、同伴进行协作学习外，上一批学习者也成为这个协作团体的一分子，由于他们具备一定的学习经验，可以成为新手的"小老师"。当然，熟手指导新手的过程是一次知识的巩固过程，也是一次知识再构的过程，更是向能手迈进了一步。当这些"小老师"指导不了时，教师和师傅介入，进行化疑。以此类推，前几批的学习者不断加入这个学习协作圈，新手变成熟手，熟手变成能手，然后共同辅导新手（见图5-7）。

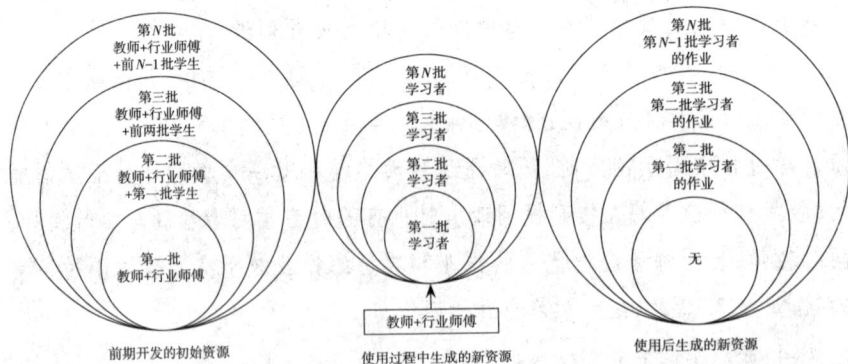

图5-7　基于"三位一体""三个时段"的茶文化学习资源开发主体的迭代

②优化重组的"套娃式"茶文化课程资源内容的迭代

茶文化课程资源内容的迭代共生包含两个范畴,首先,任何一个学习情境的完成都是经历"单项技能资源—组合技能资源—组合+新的单项资源—综合实践资源"的一次次叠加、优化和重组的过程,即学习情境内部资源的迭代共生。其次,学习资源的迭代共生表现在当一个学习情境经历第一次内部资源的迭代后最终形成的情境资源包,将成为第一批学习者学习的初始资源。第二批学习者通过个性化的知识建构与共创过程又会产生新的生成性资源,与初始资源整合、优化后形成新的情境资源包,成为第三批学习者学习的初始资源。依次螺旋上升,随着学习者一批批更新,学习情境资源包也在不断更新与完善,即学习情境整体资源的迭代共生。

③"螺旋更迭"的茶文化课程资源开发路径的迭代

要保障资源平台的迭代共生,必须设计"螺旋更迭"的资源开发路径。从炒茶师整体资源(资源包)的迭代共生看,第 N 次迭代的学习资源提供给第 N 次迭代的学习者使用,被 N 次迭代的学习共同体创造后的第 $N+1$ 次迭代的学习资源提供给第 $N+1$ 批学习者使用。在每一次迭代的过程中,不适合学习者、不适应岗位发展变化的旧资源被剔除,学习者喜爱、适于达成学习目标、质量更佳、呈现形式更恰当的生成性资源被保留、优化和整合。这种基于迭代的资源开发路径,促成了开发主体的迭代,保障了学习资源的迭代再生,成为开发可持续发展的资源库的有力推手(见图5-8)。

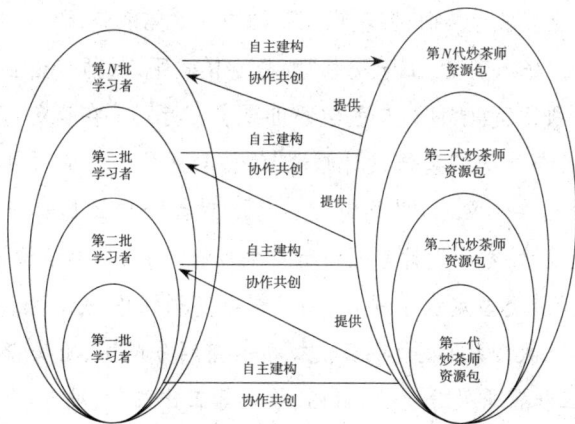

图5-8　茶文化课程资源内容的迭代共生

【案例5-2】 企业深度参与的建筑装饰专业学习资源建设

1. 案例背景

依托浙江铭品装饰公司雄厚的企业基础,西湖职高建筑装饰专业校企合作的力度和质量得到了显著提升,建筑装饰专业与企业开展了多项合作和教学活动,并形成了规范化的合作机制和模式。目前,"浙江铭品装饰"仍在不断发展壮大中,已在浙江省开设30家分公司,遍布省内主要市县区,并在杭城开设了首家万方材料展厅。由此,为专业的整体建设发展及学生的实习就业提供了更为广阔的空间和平台,校企双方通过资源共享、优势互补,达成了双赢。

在近3年的合作中,以培养高素质、实用型技能型人才为目标,以建筑专业学生的认知特点为基础,根据建筑装饰设计与施工两个方向技能习得的规律、技能培养目标和培养周期的特点,将技能习得阶段分为新手阶段、熟手阶段和能手阶段,并制定各阶段的评价标准和相应的课程内容,采用相应的教学方式,配备相应的师资团队,创设相应的学习情境。保证学生每完成一个阶段的学习,通过相应的考核,自动进阶到下一阶段,形成校企共创的"塔型进阶式"技能培养模式。

2. 实施过程

(1)以企业需求为导向,实现产业资源与人才培养资源的互通

在本专业"嵌入现场,工学交替"的教学模式下,教师与企业共同制订培养方案、教学项目、教学目标与教学评价要求。特别是在确定人才培养方案后,对于"量房与验房""装饰设计原理"等核心课程的授课项目都是由企业事先审定,提出实训要求,共同制定目标。对每个项目都有一定的进阶安排,例如厨房设计、客厅设计等按设计空间安排项目;框架结构量房、砖混结构量房等按房屋类型定教学项目;瓷砖镶贴实训课中,分功底训练、项目模拟、实战演练三大一级目录,项目模拟根据空间分厕所、厨房、客厅等,每个空间按实际工作需求又分留孔、拼图、收边等工作细节、难点训练,有效地促进技能贴近实际工作(见图5-9)。总之,从人才培养方案到教学项目、教学

目标、教学评价均由企业参与,从而确保符合实践与学生的认知规律,通过项目进阶,使学生技能逐步达到实际工程要求。

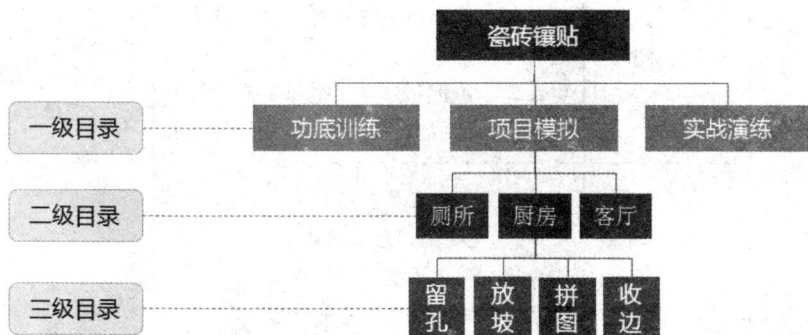

图5-9　瓷砖镶贴实训资源

(2)校企合作培养,共建课程资源

"产教融合"是校企双方的合作目标,通过参观,让学生开始走进、认识装配式内装这种新工艺、新技术,也逐渐开始向新的产业链进行深入的认识、学习与拓展,成为企业所需要的新型人才。在教学中部分项目采用双师共导的形式进行授课,由行业、企业专家和技术人员参与制定教学项目、教学内容、教学评价标准,共同设置课程项目。在"设计绘图实训"和"装饰施工实训"课程中,还会指定企业人员和学生进行师徒结对,学生跟着师傅去项目现场学习与实践,为后续外出实习奠定良好的基础(见表5-3)。

表5-3　校企合作培养课程的主要教学项目和合作形式

序号	合作培养课程	主要教学项目	校企合作形式
1	项目接单	项目一　团队合作 项目二　沟通技巧 项目三　形象与礼仪 项目四　客户信息收集与整理 项目五　客户需求与消费心理 项目六　客户管理与维护 项目七　公司产品熟悉 项目八　家装营销(快速签单)	项目四、五、七、八双导场景模拟

大职教理念下中职人才培养4.0模式研究

序号	合作培养课程	主要教学项目	校企合作形式
2	建筑装饰材料与工艺	项目一 楼地面装饰材料的施工工艺与检测 项目二 顶棚装饰材料的施工工艺与检测 项目三 墙面装饰材料的施工工艺与检测	间歇性双师共导,并参观材料市场
3	Sketch up	项目一 常用工具应用 项目二 Sketch up基础建模 项目三 现代风格客厅的建模 项目四 中式风格卧室的建模 项目五 地中海风格餐厅的建模 项目六 独立办公室的建模 项目七 会所包间的建模	校内主导
4	装修施工流程	项目一 施工准备 项目二 基础改造与水电施工 项目三 隔墙与吊顶施工 项目四 涂饰施工 项目五 铺装施工 项目六 安装施工 项目七 维修保养 项目八 验收(材料、装饰质量、家具家电)	校内主导
5	设计绘图实训	项目一 平面布置图的设计与绘制 项目二 水电、开关插座、弱电图的设计与绘制 项目三 地面铺装设计 项目四 墙面(立面)设计 项目五 顶面设计	全程双导师徒结对
6	装饰施工实训	项目一 普通墙纸铺贴 项目二 带转角、包角墙纸铺贴 项目三 对花墙纸拼贴 项目四 房间墙纸铺贴实训	全程双导师徒结对

校企合作培养课程将由企业主导,学生进入企业跟师学习。考虑到学生在不同的师傅带领下,技能的习得项目、习得时间、习得标准都不统一,于是特别制定"学徒制课程"的考核项目。企业、师傅根据学校考核要求,辅导学生完成相关任务,作为课程过关的必要条件,所列项目如表5-4所示。

表5-4 "学徒制课程"的考核项目

方向	装饰设计实训	施工管理实训
	客户分析	客户分析
	业务接单	项目接单
	量房验房	量房验房
	绘原始结构平面图	PC放样
工作任务单	材料调研	材料调研
	施工工艺流程	水电工工艺与验收
	完整跟单两个项目	泥工工艺与验收
	收集设计案例	木工工艺与验收
	家饰DIY作品两件	油漆工工艺与验收
		装饰小贴士(与案例结合)

在课程实施过程中,铭品装饰公司为学生安排了一系列主题教学实践,如以"工业化装配式内装教学之旅"为主题,以学生任务打卡的形式,以交流分享汇报的方式,进行了工厂参观、技术探究、收获汇报,主要包括以下三个环节。

①走进厂房—学习工艺—刷新认知

铭品装饰公司采用全新的流水线技术,偌大的一个厂房只有5名工作人员,全自动化的生产线给学生一种震撼的技术感受。学生们了解了板材制作、切割、模压、打包等环节,看到了装配式工厂的有序、整洁及严谨的工业厂房,颇为震撼。这样标准化的工业厂房是后续质量的保证,刷新了学生的认知。

②观看样板—体验内装—眼界提升

除了厂房的参观外,铭品装饰公司还安排了总部样板房的体验。随着工业技术的不断升级,从五代产品升级到六代,无论是产品工艺质量、成本、环保及智能化方面都有了很大提升。学生不仅看到了最新的装修样式,还体验到了装配式内装的优势,拓展了设计眼界,提升了专业认知。

③任务打卡—分享认识—成为新匠

在铭品装饰公司管理团队的组织下,学生还进行了多项任务的打卡。特别是宣传这次参观内容,发朋友圈获点赞数,我们的杨同学以75票获得总冠军。同时,6名同学踊跃发言,分享自己的收获。为了更好地纪念这次教学之旅,铭品装饰公司还特地为学生们颁发了"小匠认证书",作为本次教学的证明。

3. 基地共享,打造沉浸式实训车间

本专业创建了"铭品工作室",正逐步开展独立承接装饰业务的工作,组织师生积极参与其中,与优秀设计师、施工管理者一起承接业务、跟进业务、管理施工,提升自身的专业实战水平。

同时,在整个实训过程中,联手铭品装饰公司共同打造一个"实训适用、市场开放"的实训车间。既能作为铭品装饰运营的展厅,又能作为学校实训课程教学的车间,学生也能在这样的环境中模拟实训、顶岗实习。通过与企业共建实训车间,除主要打造"材料展厅室""施工工艺室""教学洽谈区""设计实训工位"等场地外,还提供当下流行的"VR、酷家乐"等设计软件的应用,增加实训的实效性、实用性。同时,为学校附近的农居点进行量房实训,绘制原始结构平面图,免费提供简单的平面布置方案,使学生成为企业培训学院"精英班"的学员,这些学生进入基地中就进入了真实的工作场景,在企业师傅和学校教师的带领下,通过完成一个又一个任务,提升技能,部分优秀学生还可以兼任中小学职业技能体验课的技术助教,在学习中获得"沉浸"感。

4. 资源迭代,开发线上学习资源

在近3年的合作中,校企合力共建了"量房与验房""装饰设计原理"等课程的配套教学视频、实践微课堂,如硅藻泥实践课程,验房技巧,尺寸量取等微课资源。这些课程资源成为学生课前预习的有效前置资源,学生在课后还能请铭品装饰公司的资深专家进行答疑与作品点评。同时,本专业不断邀请优秀毕业生回校参与"量房与验房""装饰设计原理"等课程项目的教学,毕业生授课最大的优点在于能把自己的学习过程、做法思路讲述给新学生,易于理解,方便掌握。以此迭代,循环往复,实现资源的不断更新升级。

【案例5-3】 烹饪专业学习资源建设

1. 案例背景

西湖职高烹饪专业是浙江省中职品牌专业建设单位、浙江省名师工作室和浙江省大师工作室、浙江省中职校企合作共同体项目、浙江省现代学徒制试点项目。烹饪专业拥有名师工作室,以茶肴茶点的开发为中心,通过开展产、教、研、学等一系列活动,助力培育烹饪骨干教师,着力提升学生的烹饪技能水平;学校一直以来注重传统技艺的传承,根据专业特色开设方向课程,满足不同层次学生的学习需要,拓展专业技能,培养职业素养,因此烹饪专业一直不断将烹饪与当地特色相结合,从而对学习资源进行融合与创新,进而助力区域经济发展。

2. 实施过程

(1)整合校企资源,互聘教师

面对产业升级带来的社会和企业对人才需求定位的改变,通过重组嘉匠咖啡烘焙学院等驻校企业培训学院以及校外实训基地资源,以实现产教基地融合、技术团队融合、管理制度融合、文化项目融合,进而为学校与基地"沉浸式"学习资源的建设助力。学校致力于学生在校学习职业技能的同时,还能从大师们身上学到"工匠精神",学会对职业的热爱与对技术孜孜不倦的追求。因此围绕师资培养,整合校企资源,在"名师+企业职教专家+青年骨干"的"一体双翼"工作室组织架构下,为了让校企合作深度联手,从管理层深入到专业教师,在校企双方教师团队中深入的互动、互助、互赢,提升专业技能和研发水平。嘉匠咖啡烘焙学院聘请厉志光、刘赟、周育老师为高级技术顾问,学校聘请嘉匠咖啡烘焙学院资深咖啡师王和雷、赵成龙和资深西点师李缘童为学校的兼职教师。老师们重新编写烹饪技能教学的计划，改变传统技能考核形式，以学生小组合作设计制作茶宴为考核项目，综合实践课程则是由烹饪专业教师带领学生去与学校合作的茶楼、茶庄、食品加工厂等企业进行实践，将技能学习与实训课程紧密结合起来，帮助学生提升烹饪技能。

通过教师互聘、校企资源整合，烹饪专业主编出版的教材《中式烹调实训教程》，并荣获杭州市中等职业学校课改优秀校本教材评比一等奖。5位教师参与了《炉台实战技艺》《烹饪原料与营养》《菜品设计》省烹饪核心教材的改编。张勇大师工作室领衔人张勇承建的省微课程开发获得省一等奖。烹饪专业教师与文化课教师合作编写了《烹饪语文》《烹饪数学》《天堂茶语》等书籍，不仅重视专业技能的教授，更关注文化修养的培育。通过这些将学生置身于真实情境中的资源学习，学生制作的菜肴更具有浓浓的文化味，表现出了十足的"儒厨"风范。在教学实践中，学校通过开展"数据化烹饪教学"的课题研究工作，使学生操作真正做到"训练有素"，在杭州市中职学生技能抽测中连续三次获得了团体第一名。

（2）成立互联网工作室，开发线上资源

①参加浙江商业职业技术学院国家资源库建设

厉志光和张楠宁负责，冯涛、吴炫、丁玲丽老师参与建设，高等教育出版社"西式简餐制作数字化课程"的开发工作，该数字课程已通过高等教育出版社相关立项，并于2018年10月8日在国家级平台"爱课程"网站发布。开发并承建的"西式简餐制作"课程入选大学MOOC，供全国观众观摩学习。

②引领示范拓展性网络课程建设

浙江省教育厅为了加快全省义务教育拓展性课程建设，组织有关专家进行筛选，浙江省名师工作室主持人厉志光带领的工作室团队开发并承建的"烹饪刀工技术"课程入选首批"浙江省信息化十三五发展规划"义务教育拓展性网络课程精品示范课程，并在浙江省教育资源公共服务平台和浙江省网络电视进行公开展示，供全省教师观摩学习。

③开发校园数字化认证平台

三年来，基于问卷星软件，烹饪专业开发了"烹饪与营养""加工与配送"

两门核心课程的配套题库,便于随时检测学生对知识与技能的掌握情况。厉志光大师工作室通过二十四节气点心宴的研究实践、制作展示和课题研究,在选择性课改的背景下,推出二十四节气点心的教学实践。全组教师合力开发高等教育出版社"二十四节气点心数字化课程",已于2020年11月正式在国家级平台"爱课程"网站发布。

(3)资源迭代与融合

学校针对不同的烹饪课程建立产教融合基地,通过将基地与学校开放的教学理念、专业的师资力量、先进的教学设备的联合,从而开拓行业内优秀的现代学徒制、产教融合的职业教育模式。在产教融合共同育人的模式下,学校通过积极收集整理当地菜品,推广和传播传统美食文化。学校所研发的大部分茶肴茶点,现已通过茶文化实训基地,面向市场推广,深受食客的追捧。西湖职高烹饪专业的建设与发展,"双师全程共导"教学模式的改革得益于行业大师的支持与资源共建。为了把工作室打造成集"产、教、研、学"于一身的茶肴茶点基地,就更需要行业大师的进驻与指导,进而将资源进行共享与迭代,不断促进资源的融合与更新。因此,厉志光特级教师工作室聘请了杭州知味观非物质文化遗产传承人丁灶土大师、杭州酒家中国烹饪大师王仁孝先生、杭州望湖宾馆点心主管腾海勇大师、杭州喜来登冯吉大师、中学高级教师高级面点技师沈军老师为特聘专家。在结合当地产业和学校专业的基础上,充分利用区域特色资源,从而进一步拓宽专业领域,发展专业特色,培养专业人才,让学生有更广阔的职业发展前景。

二、实践成效

学校与新白鹿饭店、杭州铭品装饰有限公司签订协议,引进烹饪行业21位大师、建筑行业7位师傅,作为28名学生的技能指导师傅。今后这样的拜师仪式还将继续。此外,学校还引入了如"嘉匠"这样的5所企业学院,成了学生磨砺技艺的场所,对教师和学生以及专业发展都带来了很大的促进作用。

（一）提高了学生的岗位胜任能力

多年来，西湖职高酒管专业培养的"酒店人"始终与杭州高端酒店的高标准、高规格人才需求高度契合。值得一提的是，酒管专业学生的工作表现和就业稳定性也是数一数二的。G20期间，学校80余名优秀实习生和毕业生经过8个月的严格训练，成功入选西湖国宾馆、西子宾馆、大华饭店、望湖宾馆、杭州西溪悦榕庄和浙旅机场大酒店等酒店的各国首脑接待服务队，其中西子宾馆的4位学生参与了国宴服务，他们的出色表现得到了接待酒店和与会嘉宾的高度评价。学校成立专业服务队，致力于服务地方经济，得到社会的欢迎与肯定。同时，近几年，学校酒管专业学生在省、市职业技能大赛中成绩突出，尤其是2015年在全国职业院校餐饮服务技能大赛中获得一枚宝贵的银牌。建筑装饰专业的毕业生郑浩，2012年进入西湖职高，在学校老师和企业师傅的共同指导下，迅速成长。2014年夏天，进入浙江铭品装饰公司实习，如今已是工程部的总经理助理。毕业生张董娜，高二时参加了浙江省西餐宴会摆台比赛，荣获一等奖。毕业考取大学旅游服务与管理专业，经过大学本科四年的再学习以及层层考试，回到母校成了一名酒店管理专业的教师。

（二）提升了教师的专业素养

为了提升自身的专业素养，更好地落实体验课程，专业教师分批、定时到杭州高端五星级酒店参与实践，在一线服务与管理中提升职业能力。与此同时，把酒店资深员工请进来，与其共同开发课程、设计体验内容和体验方式，在这个过程中，使得教师的专业思维得以拓展，教学能力得以提升。得益于此，学校酒管专业教师获得全国信息化大赛一等奖1人、二等奖1人，全国创新杯比赛一等奖2人，省信息化大赛一等奖1人，多人参与市级教学能力比赛获得一等奖。2017—2018年，酒管专业教师组队参加杭州市教学能力比武，学校代表队的职业体验课程获得课堂教学一等奖、团队二等奖。

（三）助推专业的建设与发展

"沉浸式"学习资源探索了学生综合职业能力构建的路径，结合企业培训和多维度的跨界融合，设计多样化的学习项目和表现性任务，使学生的学习方式发生了重大变革。一方面，资源建设中把握的酒店业动态与人才需求，可以作为整个专业建设和人才培养方案的重要参考；另一方面，借着酒店管理专业"沉浸式"学习资源的实践经验，推动学校建筑装饰专业、烹饪专业设计各自的职业体验课程，也通过打造加强职业体验的"沉浸式"学习资源共建、共享，共同促进专业的成长。

整体来讲，学校学习资源的设计取得了比较显著的成效。尤其是2020年的疫情让线下教学遇到了很多困境，学校依托强大的"沉浸式"学习资源线上平台，设计了一系列的线上资源，包括问卷星题库，学生利用线上题库进行学习，平台可以直接反馈学生的答题情况和对学生的学习成绩进行分析，实现了"停课不停学"。开发了"中餐之旅""西餐之旅"等慕课，将其上传至中国大学慕课网，学生进行情境式的自助学习；还有面向杭州市中小学的"优雅仪态，身随心动——仪态礼仪""绿茶冲泡"等学习资源，为学生的学习提供了真实的学习情境，学生学习后进行反馈，再由平台与相关专家进行讲解与内容重组，以情境为依托，充分实现学习资源的共享与迭代。学生的职业认知的形成是一个潜移默化的过程，"沉浸式"职业体验资源项目架构和任务分解，使得职业体验有了明确的定位和整体的规划，在项目实施和任务执行的过程中建立专业目标—了解岗位特性、规划职业方向—理解职业特征与困难、形成职业认知—提升岗位技能、形成工作思维的渐变过程，最终促进学生形成职业认知。

结　语

大职教理念下中职人才培养4.0模式，对中等职业学校人才培养也日趋向个性化、多元化和智能化方向转变。本研究通过提出中等职业学校"沉浸式"学习资源的内涵和建设路径，用以改善学生在学习过程中的职业体验感，优化学生的学习方式，最终达到自主学习的状态。将学习资源的建设和使用方式进行创新，并通过具体的实践案例加以验证，以满足资源的升级改造和新型培养模式下的中等职业学校教育的需求。这种资源建设方式也为中等职业学校将不同专业群的知识学习进行交互式的共建共享以及结合学校特征进行更加深入细致的分类和真正应用到学校的育人工作中的资源建设提供了一定的研究思路。

第六章
"共同体式"中职师资队伍

职业教育要发展，职业教育人才培养质量要提高，都需要牢牢抓住教师、教材、教法（以下简称"三教"）的建设。教师直接参与校本教材编写和教法改革，是连接学生与职业世界的关键，也是提高职业教育人才培养质量的关键。对于中职院校来说，升入高职的学生逐年增多，如何保证学生的技能信息常更常新，技能得到可持续发展以及快速适应高职学习，都是中职院校面临的问题，解决这些问题的关键在于传授技能的教师能否实现懂教善研。为破解中职师资队伍建设的种种困境，杭州市西湖职业高级中学通过打造"西锋教科研共同体"，多措并举，搭建跨界平台，探索成长导师模式等，将问题解决方案与技术更新转化为科研成果，将科研成果植入教学，形成良性循环，以期服务人才培养质量的提高。对理性把握师资队伍发展现状有现实意义，为中职学校开展可推行的师资队伍建设模式提供参考。

第一节　西湖模式的师资队伍建设改革背景

目前,学校教师队伍建设仍然存在以下问题:一是虽然在示范校建设过程中已经实现了"四能"教师的培养,但由于缺少名师的培养机制,因此骨干教师在成长的过程中容易出现"天花板"现象;二是教师成长缺少团队引领,师资队伍培养效率不高;三是在"塔型"师资培养的过程中,骨干教师队伍的培养与普及性,校本培训无法平衡,培训内容缺乏系统性、针对性。现在师资多数来自高校,对行业企业的了解不多,更缺乏实践经验,如电子商务的师资结构主要来自本科院校的毕业生以及传统商贸类、计算机类、平面设计类等专业教师的转型。这样的师资结构往往表现出能胜任理论课教学,但对于综合实践性课程就相对缺乏实战经验。学校在2014年提出打造"四能"教师的构想,培养能上课、能说课、能研发、能研究的教师。在示范校建设期间,在"四能"教师构想的指导下,师资队伍建设、校本培训体系建构均取得了一定成绩。

一、中职教师队伍建设改革的现实困境与难题

(一)中职教师能力综合提升成为必然

中职学校师资队伍建设一直是中职教育发展的薄弱环节,尽管国家大力提倡培育"双师型"教师,然而"双师型"教师素养的界定尚无国家标准。部分新入职教师并未接受过职业教育师范培养,同时对职业教育缺乏了解,而在入职后,中职学校对于教师的培养多为在职培训,就目前情况而言,多数培训需求缺乏针对性、培训目标呈现模糊性。[①]泛泛的批量培训,效果

---

① 王文静.职业教育教师培训实效性欠缺的成因分析及优化路径[J].教育理论与实践,2019,39(12):18-20.

不尽如人意,同时此类培训通常是针对某一区域的部分学校,参与者是校内自愿报名或推选的在职教师,即针对教师个人的培训,而非某一学校整体教师队伍的培训。这对学校内师资队伍整体建设的作用十分有限,提升师资队伍的整体水平须提高全体教师的综合素质。从校内培养层面来看,多以学科或专业为界限,划分为众多培养小组,不同专业学科之间交流甚少,缺乏跨界合作的大局意识,甚至有时因特色专业建设或专业热度提升,造成某些专业极强或极弱的两极分化现象。"合理的培训体系结构本质上是通过联系、渗透、交叉、协作等方式将系统内部及外部要素以科学的方式进行整合,形成协调统一的有机整体。"①西锋教科研共同体将校内有愿景的教师聚在一起,打破学科和专业的限制,旨在提升教师队伍的整体素质。教师的职后培训通常集中于寒暑假,为了突出与实践的联系,培训计划中也会包含现场考察、问题研讨等模块,但培训计划的主体是专家讲座。这也意味着职后培训相对注重理论,对实践导向的专业课教师的作用有限。而仅仅是进入企业行业学习,则缺少相应的理论知识指导,容易造成实践知识难以系统化传授的问题。中职教师在完成教学任务的同时,还承担着一定的科研任务,如何将教研与科研平衡甚至融合,也是中职师资队伍建设中亟待解决的问题。讲座式培训难以兼顾中职教师的实践需求,阻碍了中职教师综合素养的提升。职业教育教师和普通教育教师本质的不同在于职业教育教师的跨界性。②这种跨界不仅是理论与实践的跨界,也是本学科专业与其他学科专业的跨界融合。从课程导向而言,职业学校需变革单一的就业为导向课程结构,探索满足学生多元生涯发展需求的课程结构。而改变单一的课程结构则需要教师运用综合能力,在教研与科研之间找到适合学生多元发展的课程结构。因此,全面推进教师的教研和科研能力,提高教师的综合能力势在必行。

(二)教师过度依赖教材亟待解决

职业教育依靠校企合作与产教融合,与普通教育不同,职业教育与社会

---

① 申文缙,周志刚.协同视阈下德国职业教育教师培训体系研究[J].外国教育研究,2017,44(4):115-128.

② 涂三广.我国职业教育教师队伍建设的三条路径[J].教师教育研究,2015,27(2):99-106.

的直接关联性更强,更要考虑到技术技能的发展,当某一行业进入新的发展阶段,职业教育的人才培养模式也将相应地出现一些变化。目前,各个行业发展速度快,技术技能更新迭代以月计算,如果教师不能及时跟上时代的步伐、技术的进步,那么培养的人才将无处可去、无处可用,陈旧的教材需要改革,但由于教材本身存在需要编订、出版、管理等问题,难以快速地更新迭代,一个学期换一次教材明显不具有可操作性。因此,教师的教学更需要相对独立于教材,不以教材为本,而以技术技能的现状为本,教学内容容易落后,过度依赖教材使得教学内容缺乏更新机制。行业快速发展不可避免地加快了行业知识与技能更新换代,教材开发的周期甚至比行业知识更新的周期更长。以西湖职高的电子商务专业为例,浙江省电商发展迅速,也是全国电商行业的领头羊,而杭州地区的电商发展潜力和态势更居于浙江省前列,所以电子商务教学内容极易出现落后的现状。而各类教学抽测、教学诊断甚至高职高考都使得教师过度依赖教材,缺乏紧跟行业的教学内容更新机制的探索与实践。目前电子商务的师资结构主要来自本科院校的毕业生以及传统商贸类、计算机类、平面设计类等专业教师的转型。这样的师资结构往往表现出能胜任理论课教学,但对于综合实践性课程就缺乏实战经验。而实战经验往往是专业胜出的一个关键,教师的实践指导能力和行业发展的觉察敏感度是目前所有专业教师需要改善的,尤其是发展状况日新月异的电子商务专业。西湖职高立足于杭州,培养的电子商务专业人才更应该面向全国高职学校与企业岗位,以先进自身带动团队发展、带动企业行业发展,因此教师的前瞻性应更强、技术视野应更广,而非简单的教材可以囊括。改善教师过度依赖教材既是专业需要,也是教师行业新业态的需要。对此,资源库平台的搭建,能够使教师深入行业对接岗位了解职业标准,能让教学内容与行业无缝连接。培养职业化人才,改变教师过度依赖教材的不良状况,实现真正地与地方、企业行业相对接,与企业行业进步相适应的教学应然状态,一定程度上还能解决教材的形式单一、内容匮乏的问题。目前,西湖职高对于此类困境采取建立资源平台的方法,以资源平台弥补教材的局限性,同时也在教师培训方面下足功夫,改善教师过度依赖教材的不良局面。

(三)教师在职培训低效仍需改善

新入职教师有时是非职业教育专业出身,也并非按职教师资培养,因此在教师资质上往往存在着很大缺陷,这也对教师在职培训提出了更高的要求和挑战。教师的职后培训时间相较于职前明显紧张,而从现实情况来看,教师在职培训效率明显有些低下。究其原因,首先是教师的课程安排情况,除工作日的时间,现在教师要面对各种各样的培训以及各类技能比赛,学生的心理辅导等工作,课余时间也要不断为自己充电,不断更新自身的知识水平与能力。寒暑假的集训式培训往往以讲座的形式进行,整个培训计划的主体往往由在某一领域有突出研究成果的专家担任,为了突出与实践的联系,培训计划中也会包含现场考察、问题研讨等模块,但培训计划的主题是专家讲座。从外部原因来看,讲座式培训最明显的优势是有利于教师接触到相关领域一流的专家与最前沿的理论知识,并通过来自不同领域专家的合理组合,最大可能地扩充教师理论认知的范围。而这种培训自身的弊端也比较明显,不能更有效地提升教师的素质和能力,相对偏向于学术性质的成果,难以转化为教师实际工作中所需要的能力,与教师自身的主观需求也不符合,复杂的理论知识难以系统地被职业院校教师消化。从内部原因来看,教师的能力培养和发展是一个持续性的过程,片段的讲座培训并不能很好地解决这个持续问题,这也是当前中职院校教师在职培训效率低,效果不尽如人意的一大原因。另外,这类供给式的培训往往带有"填鸭"色彩,不能很好地对口教师在工作中的需求,也不能及时解决教师在工作中遇见的现实问题。解决现在师资队伍建设的困境问题需要对症下药,根据教师所需来制订培训计划,对不同发展阶段的教师也要"个人定制"培训计划,从教师的需要上来解决才是提高在职培训效率的根本办法。

二、西湖职高师资队伍建设改革的优势与保障

教师的职业素养是学校品牌的核心,师资队伍的建设是学校提升内涵、高位发展的重要途径。因此,2012年《国务院关于加强教师队伍建设的意见》(国发〔2012〕41号)发文后,又连发六个补充文件。该意见提出:到2020年,形成一支师德高尚、业务精湛、结构合理、充满活力的高素质专业化教师

队伍。构建了金字塔型三级校本培训体系,形成从新教师到骨干教师和学科带头人的三级教师成长路径;组建了三类教师专业发展团队,从新教师到骨干教师、专家型教师团队的组建,有效地推动了教师的自主发展;完善了"双师"培训制度,用"双师共导"教学模式提升专业课教师的技能水平,缩短教师与行业、企业的距离;开展了形式多样的培训活动,针对新教师的教育教学实务培训、针对骨干教师的教学科研能力提升培训、针对学科带头人的科研能力培训,培训形式多样,有针对性。

(一)顺应产教融合的发展趋势

以西湖职高烹饪专业为例,烹饪专业现有教师16名,浙江省烹饪特级教师1名、高级教师2名、高级技师5名、中国烹饪大师1名、中国烹饪名师3名、浙江烹饪大师3名、国家级考评员5名、市区学科带头人3名、全国金牌教练12人次、硕士3名(2名在读)、大师工作室1个。利用校企合作资源,学校有针对性地委派教师进企业或外出进行专项职业能力进修,专业教师的综合职业能力得以迅速提升。同时有计划地开展"走出去,请进来"活动,利用校企合作共同体的合作企业、专家资源,邀请行业技能型专家来校对教师进行辅导提升,使专业教师不断地汲取行业中专家能手的先进技术和理论以提高自身专业素养、教学水平和综合实践能力,先后外聘10多位教师,包括行业金牌大师高职院校专家、行业协会专家为教师开设专题讲座。

根据现行的教学安排,除学校在职在编教师外,先后聘请10名以上兼职教师,其中具备实践设计能力的设计师6~8人,并参与过项目,了解西式面点全过程的项目经理或西式面点工程师2~4人。企业兼职教师有丰富的实际工作经验,能提供实训场地,且具有良好的表达能力,能和学校教师共同制订学习计划,适时进行项目教学。

积极加强教师实践技术应用能力的培养,与企业建立起了高效的人才互通机制,专业各方向带头人与企业各部门主管建立起了定期交流联络机制。每年组织专业课教师到各实训基地实习参加顶岗工作。组织教师通过学校的培训机构参与技能鉴定、培训及考核等工作,获得相关行业技术等级证书,提高本专业教师队伍中技师教师比重。积极开展专业带头人培养工程,充分利用行业内的高精尖人才和资源,建立个人专项培养计划,建立一对一的专家指导机制,使专业带头人在人才培养、课程体系构建等方面保持理念领先,科研水平领先以及组织管理能力领先,从而带领烹饪专业向更高层次发展。为传承西湖龙井茶以及九曲红梅及茶点制作的非物质文化遗产,学校研发茶肴茶点40余款,整理出版了《茶馔工坊》。教师在课堂上教授茶菜茶点的制作,并进行茶宴制作、西溪红楼宴等制作和展示活动,组织学生到校内外实训基地进行"茶文化"一日游体验活动。还创建"厉志光特级教师工作室",以中国烹饪大师、特级教师厉志光老师为核心,致力于将传统茶膳与现代工艺相结合,在传承传统技艺的基础上研发新产品。烹饪专业教师带领学生到与学校合作的茶楼、茶庄、食品加工厂等企业进行实践。

(二)重视校本建设的时代潮流

浙江省和杭州市分别为旅游大省与旅游名城,旅游业分别是浙江省"十三五"规划中明确重力打造的七大产业之一和杭州市"十三五"规划提出重点培育的七大产业之一。所以,作为旅游专业群的烹饪行业,既是浙江省和杭州市"十三五"期间重点发展的产业,在国民经济和社会发展中占据举足轻重的地位;同时,中餐烹饪更是中国传统文化的重要载体,在对现代服务业的打造和提升、提高现代服务业对产业集聚区的配套服务能力方面意义重大。

随着杭州社会经济发展水平的不断提升,人们对教育质量要求的提高以及适龄生源锐减等社会现状,社会对职业教育的未来提出了更高的要求,而原本普遍被视为普高教育补充的中职教育也无疑需要寻找全新增长点,以吸引足够的生源。尤其是随着近年来我国大力提升现代职业教育体系的构建,中职教育作为现代职业教育的基础,在职业教育实现现代化转型的过程中扮演着十分重要的角色。中职教育的现代化转型必须首先结合区域社会发展的实际需求。而杭州作为新兴一线城市,其可以预见的人口增长,使得职业教育原本"大而全"的发展模式势必走向衰弱,因此整合教育资源,优化专业设置,摒弃一味地追求"大而全"的规模效应,逐渐向"小而精"的内涵发展过渡,专注某一个或某几个方面的发展,进而满足人民群众对优质教育的需要,将成为未来杭州地区中职教育的主要发展方向。职业学校需要不断强化内涵建设,集中优势资源,重点培养优势专业,不断打磨优质特色专业,强化特色专业品牌建设。

(三)具备健全的教师考评机制

第一,针对学校教师队伍,利用企业学院和"导师库"为专业教师提供拜师平台,与优秀技术人员进行结对。分层分类设置教师企业实践的内容,设置职业能力测评,考核实践能力,并列入年终考核项目。要求学校专业教师在企业技术骨干来校任课期间要全程跟随,并担任实习实训助手,以便取长补短,促进能力的共同提升。第二,针对四级导师团队,根据个人所长和学校现代学徒制推进工作的具体安排,部分作为专家委员会成员参与现代学徒制的整体规划及学徒出师评定,部分作为外聘专家参与校企合作中的各类科研工作,部分作为教师的"师傅"参与指导专业教学,部分作为兼职教师开展专业教学、实训指导,从而全方位发挥四级导师团队的引领指导作用。每学年针对各级导师组织一次考评,内容包括导师自评、学生评价和学校评价,并有计划地引入第三方评价机构,逐步建立起相对公正科学的评价机制,从而确保导师团队的持续优良表现。第三,针对参与现代学徒制的学校教师团队,制定包含精神和物质在内的双重激励机制,包括职称晋升优先考虑,荣誉表彰等,以此来提高导师参与现代学徒制的积极性,进而提升现代学徒制实施质量。

三、教师教学质量的评价改革与创新

(一)教学质量评价体系及实施情况

学校根据技术技能人才培养需要,不断完善产教融合、校企合作的人才培养机制,建立健全全员参与、全程控制、全面管理的质量保证体系。

一是引入行业企业评价机制,建立外部教育教学质量监控体系。深化校企联动,建立校企合作委员会,同时每个专业建立专业建设委员会,使整个教学过程(含专业设置)都能紧密依托行业企业,使产学结合成为实施学校教学的根本保证。聘请行业企业的专业人才和能工巧匠,对教材建设、实训基地建设及实践教学各环节的要求和质量标准进行监督与检查,并提出改进意见和建议。聘请行业企业的能工巧匠、技术骨干担任实践技能课教学,并从实践教学各环节和师德师风、教学纪律等方面建立以学校管理与考核为主,由校企双方共同管理与考核的评价机制。

二是完善内部教学质量监控与保障,构建三级质量监控与保障体系。建立以学校教务处与教学督导委员会和职能处室为核心,各专业部、专业教研室为重点的三级质量监控与保障体系。建立学生教学信息员工作机制。从不同年级、不同专业聘请学生为教学信息员,通过多种形式了解学生对教学情况的各种反映,指导和改进教学。成立教材招标及验收审定机构,对各系、各专业所选教材的适应性、科学性等进行评估认定,就教材内容的先进性、合理性、适应性等方面征求教师、学生意见和建议,并进行整理和归纳,及时反馈到系和教研室。

三是完善职业教育质量年度报告制度,实现跟踪、反馈与落实。加强人才培养状态数据采集与分析,充分发挥数据平台在质量监控中的重要作用,进一步完善质量年度报告制度,逐步提高年度报告质量和水平,建立中职学校质量年度报告制度。

(二)社会评价情况及实施状况

学校的烹饪和高星级饭店运营与管理专业,一直以来立足西湖区服务产业,积极为西湖经济服务。烹饪专业作为学校的龙头专业,践行以就业为导向的人才培养模式,使该专业以全省领先的优势迅猛发展。通过坚持"专业与职业对接、学习与岗位融通"的"嵌入式"人才培养思路,通过"引企入校""产教结合",构建"技能、知识、素养"一体的教育教学体系,着重培养学生综合职业能力、职后发展能力、创新创业能力;打造"做个儒厨",让学生有"一双技能之手""一张微笑之脸""一颗阳光之心"的"美味人生"专业品牌。

2013年,烹饪专业被评为省级骨干专业,次年,加入浙江省茶肴茶点产学研联合体,专业带头人厉志光老师被评为浙江省第十一批特级教师。本专业技能竞赛成绩辉煌,师生参加国家级大赛一共获得12枚金牌。至2016年,连续七届参加全国职业院校技能大赛并荣获"七连冠",是全省烹饪专业中唯一一个,在全国职业学校中,能获得这一成绩也极为少见。烹饪专业师生刻苦训练技能,主动服务地方经济建设,在区域经济发展中作用明显。学校联合1所中职学校、2家高职院校、3所社区学院和14家企业组建的西湖职高教育集团,构建了中高职院校、社区学院、企业等产学研训机构相结合的平台,共享了社会资源,达到了校企双赢的效果。学校开办五年一贯制班级和3+2班级,向培养高素质技能型人才稳定迈步,学生就业率不断提高,企业对学校的满意度也不断提高。学校承担社会责任,积极进行社会培训,每年完成培训4000人次以上。与当地初中、普高联手,送专业培训进校,整合普通教育和职业教育学校的资源,取得了很好的教育效果。

(三)教学诊断与改进工作情况

坚持"需求导向、自我保证,多元诊断、重在改进"的工作方针,构建学校教学工作自主诊断、持续改进的工作制度和运行机制,逐步建成覆盖全员、贯穿全程、纵横衔接、网络互动的常态化教学工作诊断与改进制度体系。按照校企职责共担的要求,根据校企双方的职责与任务,建立由学校、企业及专家、教师、学生和家长等多方参与的"学徒出师"考核评价机制,共同组织考核现代学徒制推行工作中导师、学徒(学生)及校企双方的评价。同时强化过程管理,加强现代学徒制推进过程中各项措施实施的情况的评价,及时诊断并改进教育教学。

一是做好教学诊改的队伍建设工作。建设好平台数据采集和管理队伍,通过校本人才培养工作状态数据平台分析学校人才培养工作现状,客观、公正、及时、准确地将相关数据报到平台上;建设好校本诊断专家队伍;建设一支拥有自我诊断意识、掌握诊断知识技术、富有开发意识和创新精神的管理队伍。二是进一步完善智慧校园建设规划。做好管理信息系统整体设计,建设数据集中、系统集成的应用环境,实现教学、学生、后勤、安全、科研等各类数据管理的信息化和数据交换的规范化。以课堂教学质量提升为例,可从教学管理"大数据"中提取信息,帮助学校领导及时全面地掌握全校教师教学业务状况,帮助教师有针对性地改进工作方法、提高教学质量。三是建立"儒厨匠师"特色评价体系。为了更好地实践名专业师资团队建设方案,同时提升工作效率,从烹饪专业出发,计划建立"儒厨匠师"特色评价体系,其中包含师资培养引导机制、竞争机制、考评机制和激励机制,结合建筑专业的发展提升需求,在名专业建设期内完成具体标准和细则的制定工作。烹饪专业初步计划从"匠魂"(职业信仰和操守)、"匠心"(师德和师风)、"匠行"(专业能力和水平)三个维度出发,分"优匠(优秀教师)、大匠(专业领头人)、名匠(业内名师)、匠师(行业专家级导师)"四个级别评定,以教师在六大师资培育平台的参与情况和实际成果为基础材料,结合校外专家委员会的意见,经过三年建设期,最终评出首批"优匠、大匠、名匠和匠师"。

第二节　西湖职高提升师资水平战略

　　教学与科研并重是中职教师发展提升的有效策略,但由于师资结构、培养质量、提升平台等问题,中职教师往往无法对教学和科研进行平衡发展,出现一边倒的情况,而不平衡的发展对教师的水平提升和生涯发展都产生了一定的阻碍。因此,西湖职高为提升师资水平,提高人才培养质量,创立了教科研共同体模式,以帮助教师成长。

一、更新师资培养模式的西锋教科研共同体

(一)西锋教科研共同体的理论逻辑

　　"共同体"的德文原意是指共同生活,强调人与人之间的紧密关系、共同的精神意识及对共同体的归属感和认同感。①李兴洲、王丽指出,"共同体追求的是一种价值观的趋同和行为目标、组织目标的一致,也即'志同道合'的观念和行为团体"。西湖职高的"西锋教科研共同体"是建立在教师对职业认同感、责任感、专业知识、专业技能等方面有着相同或相似的提升目标上。②建立共同体首先解决了传统师资培养单打独斗,难以持续推进的难题。在教师成长的过程中,容易遇到两个难题:第一,缺少从合格教师向专家型教师成长的驱动力;在新教师入职逐渐成长为成熟教师后,不少教师止步于此,由于缺乏环境的积极影响和自身原因,很难继续成长为专家型教

---

　　① 叶海龙.“实践共同体”及其对教师专业发展的启示[J].当代教育科学,2011(16):24-26.

　　② 李兴洲,王丽.职业教育教师实践共同体建设研究[J].教师教育研究,2016,28(1):16-20+25.

师,而职业教育更加需要能钻研的专家型教师。共同体的建立帮助各阶段教师积极组成团队,有学者指出人际工作资源对教师工作的投入感影响最大[①],环境的积极作用助推教师完成能力与素质的大幅度提升。第二,缺少成为专家型教师的路径和载体。不少教师成长止步不前,甚至因为长期脱离学习环境,导致观念落后,教学行为倒退。因此,必需的路径和载体是保障教师发展的前提,而教科研共同体的建立能够为教师提供平台以及各类资源,为新老教师的成长提供丰富路径和载体。教科研共同体是以教研为核心,以科研为方法,有共同愿景的教师组织。目前,中职学校的师资建设多将教研与科研分开进行,容易造成资源浪费,建立教科研共同体将校内外资源整合,并解决实践与理论错位的现象。为将教研和科研紧密联系、理论与实践相匹配,西锋教科研共同体的打造设定了点、线、面三个不同维度的目标。首先,点级目标是要完成教师自身能力的提升,为此建立以教科研共同体为特征的工作室,得到一支"四能"教师团队。共同体成员由一个核心、三个层级构成:一个核心——工作室负责人;第一层级——10年以上教龄,有较为丰富的教科研经验,且教学风格特色鲜明的教师;第二层级——6~9年教龄,有科研成果,参与过课程开发,且教学质量优秀的教师;第三层级——3~5年教龄,有课题研究和论文写作经验,获得过省级以上教学竞赛奖项的教师。同时以工作室的形式培养出"四能"教师,即:能根据学生学习特点和职业教育特征进行教学设计,形成教学风格;能根据学生学习差异性进行有效指导;能研究教育教学规律,开发课程或产品,对教学进行科学研究;能不断突破,进行教学创新的教师,完成教师自身能力的全方位提升。其次,线级目标即构建"研究项目+课程组"教科研共同体发展的有效载体,由多个"四能"教师以教学法的研究项目和课程开发为载体,立足课堂教学,将课程设计、教法研究、学法研究以研究项目的形式展开,培育有特色的教学法。同时针对中职生职业发展需求,在文化课和专业课中开发学校课程、企业课程和融合课程,组建不同类型的课程组,将教学法研究、课程开发研究

---

① 祝成林,张宝臣.中职教师工作投入感及其影响因素研究[J].中国职业技术教育,2019(33):80-85+92.

结合起来,有效推进教科研共同体的发展。最后,四级目标则是要提升教科研共同体的辐射效应,带动更多层级的教师发展。以教科研共同体成员为核心,在校内形成教法研究和课程开发氛围,共同体成员可以成为研究项目组和课程组负责人,形成更多的组级共同体,推动学校教学科研的整体提升;借助微信公众号推广教科研共同体的运行模式与成果;以杭州市中职教科研共同体之江片区为支点,通过课堂教学展示、课程设计交流、课题研究切磋等方式,发挥共同体的辐射效应。

(二)西锋教科研共同体的实践内容

教科研共同体的构建基于各学科各层级教师的综合开展。对此,西锋教科研共同体根据成员的特点制定分层目标与发展方案,打造了"迭代融通型""双核四驱式"的教科研共同体。一是打造"迭代融通型"教科研共同体。"迭代"是指该共同体具有多层级的特征,教龄从3年至20年,共同体内部构成帮扶体系,同时,各共同体成员可以带着项目成立各自的研究组,形成以教科研共同体为核心的迭代教师研究团队。"融通"是指该共同体具有学科融通、动态角色的特征。来自不同学科的共同体成员思维碰撞有利于站在学科融通的维度上进行学科、课程、专业的建设。尽管有三个层级的成员,但基于能者为师、新者为师的理念,成员的导、助、学角色在不同的研究项目中呈现动态变化的特点。除校内融通外,还与杭州市中职教科研共同体以及由西湖职高负责的之江片区教科研共同体构成市级、区级、校级三级教科研共同体,进行定期主题交流。二是开创"双核四驱式"教科研共同体运作机制。"双核"是指教学法研究项目和课程开发项目。这是共同体运作的载体,也是共同体成员实现"四能"的基点。"四驱"是指四条推动共同体发展的路径:理念驱动、项目驱动、诊断驱动、考核驱动。即用先进的学习论、教学论和职业教育理念引领共同体发展;用教学研究项目作为实践载体,进行课程开发和教学法培育;用阶段性评议诊断聚焦问题,梳理思路,指导解决方案,提炼研究核心;用有效的考核激励机制保障愿景和目标的达成。三是开发学科校本课程、企业实践课程、学科(专业)融合课程。针对职业学校文化课与专业课的特点以及学生的学习与成长规律特征来开发三类课程:学科校本课程——以文化课为主,基于学科核心素养的培养,将文化课融入

学生职业发展、人生成长的过程中,开发以学习项目为主的文化课系列课程,如语文"新国学"课程、数学游戏课程、英语学习项目课程、合唱学习课程等。企业实践课程——以专业课为主,基于职业能力的培养,借助校企合作平台和产教融合工程,整合优势资源,以"潮汐式"课程理念为核心,将引进的企业课程进行教学化重构,或与企业共同开发实践课程。如烹饪潮汐实训课程、酒店管理职业体验课程、建筑教学工厂实践课程、电子商务实训课程。学科(专业)融合课程——基于综合素养与能力的培养,进行不同学科或者专业课程的融合开发。如木艺STEAM课程、建筑专业语文学习项目课程、旅游服务大类专业与电商跨界融合课程的开发。通过以上课程的开发实践,将教科研共同发展为学校课程研发中心。四是培育一系列以"学本"为核心的特色教学法,西锋教科研共同体在梳理了共同体成员的教学特色后,建立以"学生"为中心,以"学习"规律为主线,以"成长"为指向的思想共识的系列特色教学法。其中,通过项目研究、课堂观察、专家诊断、反思优化等环节,对教学法进行培育,提升共同体成员的教学、科研能力。同时,基于"互联网+"的教学策略、文化课项目化教学、基于学习共同体教学三个方向的研究,帮助教科研共同体成为学校教师发展中心。通过搭建线上线下教科研共同体学习推广平台、建立教科研共同体微信公众号等形式,建设共同体学习资源库、教学研究资源库,并以"思想小品"的形式及时记录学习、研究心得,并出版共同体教学法研究手册、课程开发案例集,向校内外推广,形成辐射作用。

二、创新教师能力提升的四措共举模式

在教师综合素质提升方面,西湖职高采用了"2+2"模式,即四措共举来提升教师的综合能力,从而打造高水平的师资梯队。

(一)以赛促训和大师引领并行提升教师综合素质

学校在2014年提出打造"四能"教师的构想,培养能上课、能说课、能研发、能研究的教师。在示范校建设期间,学校通过"四能"教师建设,已经初步形成了校本化的教师培养机制和体系,但是这远远不能满足学校持续发展的需求。烹饪专业教学团队一方面年轻教师多,高学历、高技能、高职称

的教师数量较少，导致教师整体水平尤其是教科研能力偏弱；另一方面品牌教师团队尚未形成，名师工作室、大师工作室的辐射和引领作用没有全面发挥，对优势资源的利用不够。因此，师资队伍建设新途径的拓展，仍然是烹饪专业供给侧改革的核心。通过教师辅导学生积极备战市赛、省赛、国赛及各级各类行业大赛的过程，培养提升专业教师的专业综合水平。将"以赛促训"作为培养教师专业实践技能的主要着力点，有针对性地委派教师进企业或外出进行专项职业能力进修。专业教师的综合职业能力得以迅速提升。

有计划地开展"走出去，请进来"活动，利用杭州市西湖职高教育集团的合作企业、专家资源，邀请行业技能型专家来校对教师进行辅导提升，使专业教师不断地汲取行业中专家能手的先进技术和理论以提高自身专业素养、教学水平和综合实践能力。3年来先后外聘10多位教师，包括行业金牌大师高职院校专家、行业协会专家为老师开设专题讲座。烹饪专业邀请了胡忠英、叶杭胜、徐步荣、张勇、屠杭平、沈军、丁灶土等行业顶级大师担任指导委员会委员，定期到学校来指导专业发展规划和人才培养方案的修订与完善。长期聘请赞成宾馆副总经理、中国烹饪大师叶杭胜，大华饭店餐饮部经理、国家职业技能大赛评委张勇大师等共7位行业大师和专家为本专业兼职教师。

2017年1月，以张勇为首的烹饪大师工作室正式入选浙江省中职教育"三名"建设工程。烹饪专业带头人厉志光老师，为浙江省第十一批特级教师、国家中式烹调高级技师、烹饪专业高级教师、全国餐饮职业教育教指委委员、注册中国烹饪大师、浙菜教育名师。曾荣膺"中华金厨奖""杭州市首届黄炎培职业教育杰出教师"等荣誉称号，获首届职业教育国家级教学成果二等奖和浙江省人民政府第四届职教教学成果一等奖。带领西职烹饪团队创下了全国职业院校技能大赛"七连冠"的佳绩，成立"厉志光特级教师工作室"，从事茶肴茶点的研发，主动服务地方经济，获得国务院刘延东副总理的赞赏。现担任西湖职高烹旅部副部长，主要从事教学管理，中餐热菜的教学和研究工作。近年来，获得国家成果二等奖1项，省级成果评比一等奖3项，杭州市政府成果奖一等奖1项、二等奖1项，另有多项成果获市、区一等奖。主要成果如下。

"以'茶文化'彰显专业个性——中职特色课程建设实践探索"获首届职业教育国家级成果二等奖;"校企双师全程共导:专业现代化视野下的中职技能教学新模式的构建"获浙江省教育科研成果一等奖、杭州市第五届职业教育教学成果奖二等奖;"塔型学徒制:现代学徒制的探索与实践"获杭州市第五届职业教育教学成果奖一等奖;"中职专业技术课程双师全程共导教学模式构建的实践研究"获浙江省职业教育与成人教育优秀教科研成果一等奖。

(二)分层培养与绩效导向并举打造高水平师资梯队

学校支持提升专业教师的学历结构,鼓励青年教师参加研究生学历的进修,包括王炳华、周堉和陈建红3位教师参加了在职研究生培训;选送厉志光、王文涛、王炳华3名优秀教师参加国培,选送厉志光、王炳华到国外学习先进的职业教学理念和教学手段。为了加强教师教育教学理论素养,邀请专家学者进行课程改革的专题讲座,组织专业教研组长进行教学新理念专题理论学习,并通过教研活动,在组内进行交流,及时更新教育理念。加强教师实践技术应用能力的培养,建立了一支胜任中等职业教育发展的双师型师资队伍。每年组织专业课教师到各实训基地实习参加顶岗工作;落实编制新教师业务培训制度。近3年来已有3人次参加国家级专业带头人培训,近20人次参加省市各级各类专业培训。为了更好地接轨行业,先后安排5位新教师到赞成宾馆、知味观、大华饭店等单位脱产顶岗培训各半年。同时学校牵线新教师拜行业大师为技能师傅,其中许鄂善老师拜赞成宾馆叶杭胜大师为师;颜慧老师拜杭州知味观丁灶土师傅为师;朱兆威老师、冯涛老师拜大华饭店张勇大师为师,提高了技能培训的时效性。组织教师通过学校的培训机构参与技能鉴定、培训及考核等工作,获得相关行业技术等级证书,提高本专业教师队伍中技师教师比重。积极开展专业带头人培养工程,充分利用行业内的高精尖人才和资源,建立个人专项培养计划,建立一对一的专家指导机制,使专业带头人在人才培养、课程体系构建等方面保持理念领先,科研水平领先以及组织管理能力领先,从而带领中餐烹饪与营养膳食专业向更高层次发展。同时,绩效方面以校级教师考核制度为依托,学校设计了针对教师绩效考核的专门制度,将老师的论文、公开课、课题研究情况纳入考核评价,将辅导学生参加比赛和社会活动的结果纳入教师考核内容,实施"以奖代训"的绩效考核方案,增强了专业老师发展的内驱力。还有师资队伍发展规划,重视专业课、实习实训、职业指导教师和兼职教师的培训。

三、创新学校育人平台的三方参与模式

在中职学校的发展中,行业与企业的参与、人员的进驻问题往往会成为学校发展的瓶颈,为突破这一瓶颈,西湖职高用行业驻校与共建品牌的形式加强了各方资源的深入整合,为服务地方和发展学校力量奠定了坚实基础。

(一)行会驻校与深度合作加强资源合作

2012年,学校邀请了胡忠英、叶杭胜、徐步荣、屠杭平、沈军、丁灶土等行业顶级大师担任学校烹饪专业的指导委员会委员,2014年在烹饪实训楼设立了大师工作室,便于烹饪大师定期到学校来商讨专业发展规划和开设讲座。2014年6月,烹饪专业成立了以专业带头人厉志光命名的厉志光特级教师工作室,同年9月,晋升为区级特级教师工作室,现有成员16人。2016年12月,厉志光中式烹调工匠大师工作室成功入选杭州市"首批西湖工匠大师工作室";2016年,烹饪专业发起成立了"浙江省点心专业委员会",浙江省餐饮行业点心专业委员会秘书处地点设在学校,且学校3位老师分别为副主任、副秘书长和顾问组成员,行业与职校深度合作。由省内12名点心制作大师和8名点心名师组成的专家顾问,成为烹饪专业点心课程的专项"智囊团"。

2017年1月,"厉志光烹饪名师工作室""张勇烹饪大师工作室"正式入选浙江省中职学校"三名"建设工程。学校为进一步强化教师专业能力发展,以技能习得为主线,以名师工作室为平台,构建塔型师资队伍,形成"教师—大师—导师"的专业成长路径。依托名师工作室,与其他学校相应专业结对开展交流活动,切实加强专业建设经验交流,把握专业最新发展动态,长优势,补短板,有效促进教师专业成长。依托大师工作室,与企业合作开展技术攻关、技术创新与传承和技能人才培养。厉志光工作室先后培养出4位国赛金牌选手,数位省市级比赛金、银、铜牌选手。另外,工作室专业教师也在各类比赛上崭露头角,陈建红老师和刘赟老师在2016—2017年省教师

信息化教学设计中分别获省一、二等奖。

(二)服务一方与共建品牌深植地方特色

学校充分利用专业设施设备和师资力量,深度对接三个特色小镇的建设,在推进生态休闲旅游、特色农家餐饮等现代服务产业集群建设中发挥了重要作用。一是提供技术服务,如烹饪专业积极研发茶肴茶点;二是提供文化服务,立足茶文化特色,学校建立校茶艺服务队和茶艺指导教师团队,对接茶镇特色发展,为酒店、合作企业、茶楼、农家乐茶庄提供茶艺文化服务。同时依靠学校人财物资源优势、技术技能优势和专业优势,积极构建社会服务体系,开展技术服务、创新创业、人才培训、交流合作等工作。一是整合人才资源,提高教师社会服务能力,到2020年,入库的培训名师数量达到10名;二是结合现代教育手段,拓展专业技术培训市场,充分利用现代教育技术手段,对社会开放教育资源,为中职学校师生、企业和社会人员提供教学指导、学习咨询和就业支持等服务,提供社区教育服务,为社会人员提供多样化个性学习和继续教育;三是加强社会合作,承担公共服务任务,承担省市职业技能鉴定相关工种题库开发,开展职业资格培训和职业资格鉴定服务,每年不少于100人次。

西职烹饪以"做个儒厨"为总目标,培养"精一专一"的技能型人才。既为餐饮企业培养烹饪技术工人、宴会设计者和营养配膳师,同时也为饭店、酒楼及企业的餐饮部门培养经理、行政总厨、厨师长等后备管理人才。树立"儒厨"文化建设理念,与文化课老师合作编写了《烹饪语文》《烹饪数学》《天堂茶语》等书籍,提高了烹饪专业学生的专业技能和文化修养,学生制作的菜肴也具有了浓浓的文化味,表现出十足的"儒厨"风范。烹饪专业以大师工作室为核心,收集整理上泗地区民间菜肴,研发茶菜茶点,开发龙井茶宴与红楼宴,推广传统美食文化。工作室研发的茶肴茶点已通过茶文化实训基地,面向市场推广,深受食客的追捧。"张勇大师工作室"由大华饭店的主厨、冷热菜主管、学校烹饪专业带头人及骨干教师和部分优秀在校生共同组成,主要面向餐饮行业进行菜品研发,新原料、新工艺的技术攻关并进行市场化运作。

四、针对师资团队成长的多措并举模式

(一)开发西湖职高师资成长水平量表

学校参考徐国庆教授开发的中职教师评价量表,结合学情,从师德师风、教育教学、教育科研、项目参与四个方面设计开发西湖职高教师成长量表,挤出教师发展评价中的"膨胀剂",使之更为科学合理,真正成为教师良性成长的驱动器。首先,整理四类教师评价文本,即正高级与特级教师职称评审文件、区一级学科带头人评审文件、浙江省教坛新秀评审文件、浙江省功勋教师评审文件,提取、整合优秀教师评价标准。其次,研究徐国庆等职业教育研究领域专家关于职业教师成长与培养的文章,细化标准,确定从新教师到专家型教师的五级标准。再次,从四大维度制定层级具体评价细目。最后,针对"五层四维"的评价细目,建立串联+并联型教师成长通道。

(二)建成三种类型的教师成长共创团队

根据目前学校已有的教师团队和未来发展定位,确定三种类型的教师成长共创团队,分别是教育教学管理类团队、教育教学创新类团队、产教融合实践类团队。其中,教育教学管理类团队主要包括班级管理、实训基地建设与管理、部门与专业组管理、教师管理、实习培训管理、各类评审资料整理、新媒体宣传等,这类团队解决的是各层级、各领域在管理方面存在的问题,结合相关政策文件与学校发展情况,引进或者改进和创新管理模式,产出的是管理方案、制度、模式文本、新媒体宣传资料等。教育教学创新类团队主要包括教育教学模式与方法创新、课程开发与教材编写、各类教学能力大赛、学业质量评价设计等,这类团队解决的是教育教学中出现的问题,并根据职业教育特质与中职生学习特征以及职业素养成长规律,突破目前教育教学中存在的瓶颈,产出的是教学法、课程方案、校本教材、评价量表、教育教学视频等。产教融合实践类团队主要包括以育人为核心的校企共研团队、对外服务团队、产教融合基地运营团队、企业资源与市场拓展团队等,这类团队解决的是产教融合实践中出现的问题,研究相关政策,根据学校现有的产教融合硬软件情况,进行产教融合路径设计、制度规划,并积极搭建校企政对话平台,拓宽信息流通渠道,产出的是产教融合模式、制度、方案、产

教融合联盟会议,校企共研产品等。

制定团队组建标准与方式,设计团队发展路径和考核方式,学校在专家指导、经费保障、硬件设施等方面提供相应的支持。

(三)开发三级符合教师职业发展的支持项目

教师的实践性知识必须在具体的项目中积累与提炼,在组建共创团队的前提下,开发针对这三种团队的三级支持项目,构成横向并联团队与纵向支持项目的教师成长系统。

初级项目:针对5年内年轻教师的成长,包括新手上路项目、教学能力升级项目、班级管理初阶项目等,内容包含学校文化认同,教育教学规范,职业教育政策理解,先进的教育教学理念学习,教育教学方法的实践等。中级项目:针对中青年教师的成长,包括教材编写项目、教学创新项目、教学竞赛项目、优秀班级打造项目、教学资源制作项目等,内容包含课程观的建立,中职学生学习规律的探究,项目课程的设计与教材处理,跨学科教学的实践,学生团队的建设等。高级项目:针对名师优师、学科带头人培养,包括产品研发项目、对外展示项目、课程开发项目、专业建设项目、基地运营项目等,内容包含校企合作与产教融合机制的建立和路径的设计,校企合作、中高职一体化课程体系的设计与课程开发,专业群的建设,产教融合基地的建设与运营等。除了5年内年轻教师必须参加初级项目外,中、高级项目由教师根据自身情况自主申报或者学校指定申报。申报教师组成的共创团队可以由不同级别的教师组成,但必须符合组建原则,如不同级别教师的比例、负责教师的资格条件、团队完成项目的条件等。

(四)形成较为成熟的教师团队项目运营管理方案与机制

基于上述教师共创团队与团队项目的设计和架构,以推动学校整体发展,师资队伍整体提升为宗旨,研究制订维护教师团队进行项目运营的驱动机制与管理考评方案,保障该设计能够有序高效地进行。主要包括以下几项内容:项目团队组建标准与考核细则;共创型团队组建与运营的模式和路径;教师团队项目运营管理的支持系统设计。

第三节 西湖职高育人层次提升战略

"传道、授业、解惑"是教师的任务,教师不仅是教书,更是育人的负责主体,传授知识与核心素养等难以量化的素质养成对于学生的成长来说,都是不可或缺的。对此,学校创设了成长导师制,旨在提升教师的育人能力,成长导师制对教师的素质和育人理念都提出了较高的要求,学校秉承精英化、工匠化的育人理念,将教师资源平台进行整合,帮助教师的力量最大限度地发挥。

一、反哺教师成长的成长导师模式

近年来,由于人口的增加和教育的普及,高学历毕业生越来越多,中职生日益面临着来自他们的激烈竞争,其择业困惑也日益加深。因此,如何对中职生进行职业生涯规划发展的引导和教育是中职教育工作者面临的一个迫在眉睫的问题。为此,西湖职高试推行"伴你同行"的成长导师模式。

(一)成长导师制的教师素养新要求

首先,中职学生的核心素养无法匹配职业规划需求。而进行职业生涯规划不仅需要清晰的自我定位,更需要对社会的复杂现状有一定认知、与职业相关的宽泛知识、自信的姿态和自我掌控能力,还要有明确的目标,并具备将目标进行分解并分步骤实施的能力。而这一系列能力最终归结于专业能力和核心素养。对于大部分中职学生而言,他们在前一阶段的学习中效果比较差,学习能力和心理素质等方面均存在缺失,暂时无法达到进行职业生涯规划和实施的要求。我们对597名新生进行了"职业生涯规划"的问卷调查,近80%学生在心理上重视职业生涯规划,但因为各种条件的限制,对所呈现方案的满意度却很低。其次,中职学生的成长规律无法科学评估自我价值。中职学生是一个较为特殊的群体,他们很难科学地进行自我分析,明确自身的优缺点从而准确定位、确立目标、建立规划。在大众的眼光中,一旦进入中职学校,就代表着在同龄人中并不处于优秀的位置。在这样的舆论压力下,中职学生在成长过程中存在着极容易产生心态失衡的规律性现象,他们不仅无法规划合理的职业发展计划,甚至有可能会丧失步入社会参与职业工作的勇气。最后,中职学生的学习经历使其较难清晰地认知职业趋势。在就读中职学校之前,学生在义务教育阶段,无论是小学还是初中,接受的主要内容都是一些基础知识,而中职学生普遍学习能力较为薄弱,对相关知识掌握得比较有限,逐渐产生眼界、知识面等方面的局限。这些学习经历使他们对一门职业的发展趋势不仅无法产生正确认知,甚至对职业工作内容、所需能力、核心竞争力也无法正确领会,职业对他们而言,常常只是一个名词,与技能、就业等并未联系到一起,就更无法考虑从事一门职业的未来发展,这种对职业的模糊感正是造成中职生职业发展困惑的一大原因。而教师在这一过程中帮助学生了解职业发展的同时,能够推动教师不断地与企业行业开展更深层次的合作,获得职业发展的一大内生动力,倒逼教师不断地更新知识与技能,在引领学生职业发展的过程中也帮助自己对专业领域的知识常更常新。

(二)成长导师制的教师角色新定义

合理的职业道路规划须由一个贯穿始终的设计方案作为主导,西湖职高将学生职业生涯规划前移,从高一年级起即为学生树立初步的行业意识,力图使学生能够迅速度过初入学的迷茫期,在目标明确的情况下,进行一系列贯穿始终、有的放矢的职业成长训练,整体设计职业生涯规划方案,为践行职业规划方案打好基础。职业成长训练包含目标毅力训练项目、职业认知体验项目、专业素养升级项目、职业能力拓展项目,全方位提升学生的内在素质和外在修养。成长导师制则以目标毅力训练项目、职业认知体验项目和职业能力拓展项目为主,帮助学生厘清职业生涯规划。而教师在这一过程中,作为学生职业生涯规划的指导者,能够不断地在实践中发现问题、解决问题,能够更加了解学生,有的放矢地对学生进行学习指导,提高教学水平和育人能力,既是教师,也是家长。

首先是目标毅力训练项目。职业学校往往面临着比普通高中更为复杂的生源状况,学生素质参差不齐,其个人特质与普高的同龄人比起来,由于缺乏升学这一主因的诱导,他们相对来说更加自我,因而更加缺乏毅力和自我管束能力。该项目的设计,即为了帮助学生走出自我放逐的荒漠,学会管理自我、约束自我。目标毅力训练的主要抓手是让学生明确认识到需要达成的目标,在进行学习能力训练的同时,通过对学生进行一系列训练,在帮助学生增强体质的基础上,也在生理层面对他们进行辅助毅力训练。针对不同特质的学生,设计不同的训练方案。每名学生具有不一样的性格特质,西湖职高将教师和学生双向选择配对,教师通过与学生的日常相处和聊天访谈,为每名学生建立初步的心理评估方案,设置有针对性的训练方案,以小任务机制来帮助学生。在这一过程中,不但帮助教师与学生建立了更为亲密的师生关系,也拉近了职业引领者与未来职业人之间的距离,了解学生,才能引领学生,因此帮助中职教师提升育人水平,成长导师制成了一大推手。基于不同的激励理论,督促学生坚持训练。针对不同学生,教师需要承担起"胡萝卜"或"大棒"的功能,深入关注和陪伴学生。比如,对于专注力不足的学生,采取"规范教育",主要通过设置一些限时完成的任务,促使学生学会专心,认定目标;对待自信心不足的学生,采取"赏识教育",对其多加鼓励,以一些容易完成的任务来帮助他们找回自我,努力进步;对待容易失落的学生,则采取"幸福教育",以建立心理支撑为突破口,帮助学生成长。针对不同的训练方案,结成互助生态团队。为帮助学生寻找周边环境的支持,西湖职高以"自信工程"为抓手,以"阳光使者"为依托,构筑起以"'阳光使者'—班主任—心理辅导站"为链条的学生心理情况反馈机制,及时帮助学生纠正认知,聚焦目标。这对中职教师的专业素养和要求提出了一个巨大的挑战,也意味着中职教师比普通中学教师要多一项技能,因此,对于中职教师的心理和指导素养,学校以成长导师制的形式进行"项目式"的培养。

其次是职业认知体验项目。建立职业认知是确立职业生涯规划的基础,从高一上学期到高三下学期一以贯之地纵向逐步进行加深式教学,以社会、企业、学校的全方位信息展示为主要手段,构筑学生的职业认知系统。

让学生体验不同阶段的职业调查内容。针对刚入学的高一年级学生,主要进行浅层次职业现状调研体验,使他们对行业、企业有一个大概的了解,该阶段以教师带领学生进行行业发展和企业文化的初步学习为主要手段,并促使各专业确立与行业发展相适应的文化建设目标。高二年级是一个承上启下的关键节点,在这一学年里,教师要带领学生建立职业道德、确立职业意识,通过对岗位职责和行业规范的调研,去了解即将从事的行业。在这一阶段,学生通过学习和调查,可以看出各专业前期确立的文化建设目标也发生了明显的改变,更加利于操作和评价,这些文化建设目标为学生确立了职业发展的心理预期和指导思想。高三年级则面临就业,需要结合毕业设计和展示,对职业的行为展开调研,为步入社会做最后准备。

最后是职业能力拓展项目。为学生提供了职业发展的附加值,需要学生根据自身特质,在教师的指导下通过不同难度的项目进阶,制订个性化成长方案。教师将在方案制订中锻炼对于每位学生的个性化指导能力,并加以综合凝练,成为中职教师引领学生终身发展的具体实践路径,也为教师的职业生涯发展开辟了更多的成长空间。

二、引导学生综合发展的精英化育人模式

(一)多师多导引领综合人才培养

双师共导的培养模式兼顾理论与实践、学校与企业。而精英式的培养理念更让学生可以在小班型、任务型的教学中收获技能。双师共导对教师的要求也更加严格,教师对教学的把控、对技术技能的前沿了解需要实时更新,同时对学生的指导也需要更多的专心。精英化的育人将发掘学生的无限潜力。除了双师共导以外,西湖职高还采用多师多导来培养综合人才。以有三年实行经验的西湖职高建筑3+2高三毕业设计展为例,进行学科融合项目组的分析。在实行第一年,每个项目组由不同学科专业教师带领,各项目主题不同,易脱离学习内容。同时也只能接触到行业表层知识,如logo的特点、色彩的选择等,缺少整体的设计观。第一年的实践经验反映出项目组融合课程缺乏设计,指向性不明,知识整合效果不明显,同时随着职业范畴的扩大,导致职业特征不明晰等问题。这些问题反映出了教师的合作意识

不够,合作能力欠缺,在接下来的改进中将引以为戒。因此,在实行第二年,学校在前一年经验的基础上,确定了室内设计的方向,并由指导教师带领学生进行实地考察,了解设计对象的周围环境,了解业主的真实需求;加大模型的体积,让学生在更为真实的制作中理解设计的要点与原则。但在成果验收阶段发现了很多错误设计,如楼梯的设计不符合人体工程学、民宿设计主题杂糅等问题。这些问题反映出专业课教师缺乏完整的设计师工作实践,容易受自己的学科限制,在项目进行中很难发现自己学科以外的问题。尽管教师已有学科融合的意识,但仍缺少对融合方式的思考。实践出真知,在项目中,教师才能发现问题,提升能力,提高合作的意识。因此,在实行第三年将加强不同学科教师的合作。实行第三年的毕业设计展汲取了前两年实践中的经验,试对南浔古镇民宿进行改造。由专业教师为项目组提供民宿平面图,每个项目组分到不同区域,最后合成一幢民宿。首先,语文老师设计调研报告,教会学生如何设计调查问卷,如何投放与分析问卷,如何析出要素。其次,由建筑专业的老师负责对问卷中的问题进行把关,判断其是否符合设计的需求,是否具有针对性,并和学生一起析出设计要素。最后,由语文老师布置驱动任务,即云上南浔之旅,帮助学生通过文字、图片、视频了解当地的文化特征、物产经济。在正式方案开始前,语文老师和专业课老师共同设计出"六大诗人开民宿"的项目课程。要求六个项目组给李白、杜甫、柳永等六个耳熟能详的诗人设计出符合他们特点的民宿方案,学生通过提取不同诗人诗歌中的关键词并将其具象化,完成了文化融入的关键一步,也帮助教师提升了合作能力,完善了学科融合的构建举措,最终将持续推动教科研共同体的发展。

(二)塔型学徒制助推职业发展

原有的大班教学不利于专业技能的提升,尤其不利于技能的精细化、精致化,学习效率低下。在目前的班级授课制无法打破的情况下,小班授课或者小组授课缺少师资。而现有的专业课教师脱离行业,无法及时更新技术和信息。所以,专业课教学既要解决师资量的缺口,又要解决师资质的问题。我们既要引进行业专家与专业课教师双师共导教学,又要培养专业课教师成为真正的"双师型"教师,还要选拔优秀的学生成长为学生助教、学生师傅，甚至是学生导师。同时，塔型学徒制需要有适合的教学环境，尤其需要真实的教学情境，师徒传授才能突破从书本到书本、从示范到模拟的局限。通过一定的选拔机制选择合适的学生成为学徒是学徒制开展非常关键的环节。就试点情况看，不是所有的学生都适合成为学徒，或者通过学徒制才能更好地学习技能，故而遴选机制很重要，它是基础中的基础。西湖职高选拔一般在高一第一学期进行，中间可以适当进行调整，选拔的关键是双向自主选择，首先，通过自主报名、技能大赛、面试考核及综合评价，确认初级学徒的身份，西湖职高俗称"小师弟"(塔基)，小师弟人数较多，一般以学徒班的形式存在。其次，通过进阶式选拔机制，组成较为固定的学徒团队，俗称"二师兄"(塔中)，一般以技能社团的形式存在。最后，由大师挑选适合的高徒入门，俗称"大师兄"(塔尖)，以大师工作室的形式存在。从某种意义上说，现代学徒制的"小师弟"主要是单项技能学习，故而相对来说可以批量教学；"二师兄"则是综合技能学习，并与整个师傅团队有一定的情感纽带关系；而"大师兄"从某种意义上说不仅在技能、情感、文化上会带有师门的烙印，同时也会得到同门师兄弟的庇护及肩负起传承师门的责任。塔型学徒制就是借鉴传统学徒制中师父带徒弟的技能传授方式，以学生技能进阶为主线，以行业专家、专业教师、精英学生为师资团队，以"微工场"为教学情境，形成技能进阶塔、师父进阶塔，并在教学中形成一对几的塔型学习组织形式。

三、引导学生专业发展的工匠化育人模式

学校经过多年的发展，已是国家级重高、省级重高，在省内外享有盛誉。随着学校的发展，新入职入编的年轻教师的比例逐年提高。学校专业建设高水平发展与年轻教师亟待成长的矛盾日益突出。学校成立职教集团之后，如何深化校企合作、如何构建新型的工学结合人才培养模式，也成为需要破解的问题。经过一段时间的酝酿准备，2013年4月学校成立三大梯级工作室：大师工作室+教师工作室+学生工作室，为学校专业建设和师生专业能力提升再度助力。电子商务专业教师工作室就是其中的一个教师工作室。工作室基于开展的创业实践活动、创业教育教学、创业课题研究，促进

师资队伍。除此之外,学校还建立了专业课程建设指导委员会和专业特色的"导师库"。

(一)指导委员会构建打造导师平台

学校利用现代学徒制形成密切的校行企联系,组织相关业内专家、企业一线技师及行业的名厨大师,包含学校烹饪专业带头人,成立专业课程建设指导委员会,明确烹饪专业大类的各项专业课程建设宗旨、标准以及具体流程,从本校的烘焙专业方向入手,尝试建立具有行业标杆性质的专业课程体系,并配合现代学徒制予以实施。同时在专业课程建设指导委员会的协助下,以专业原有的课程建设规范流程为基础,学校将进一步制定专业课程建设工作手册,规范课程开发流程,明确不同岗位与层次的专业教师在各个建设周期中的任务和责任,明确各个建设环节的标准和要求,明确校外专家对课程体系建设的周期性指导,明确教材编写过程中的专家论证机制和流程,明确专业组教材编写中的内部查缺补漏机制,明确课程体系周期性的动态调整机制等,从而确保一名新进专业教师能够和一名资深专业教师一样,在工作手册的指导下,清晰准确地把握专业课程建设工作。除指导委员会以外,学校还建立由主管副校长牵头,各相关职能部门科室负责人以及普通教师代表组成名师建设领导小组,作为师资团队三年建设周期的统筹策划机构,负责对建设方案进行解释和说明,规划打造名师培育平台,建设完善相关实施和保障机制,领导小组直接向校长负责,定期汇报工作进度。

同时学校以企业师傅、行业专家、传统名匠、专业大师为四级导师标准,通过走访、座谈和其他有效方式,收集整理四级导师团队的个人资料,尤其重视其专业成长轨迹和个人专业优势,以学校为基点建立职业教育烹饪大类"导师库",有规划地构建起一支在科研能力、实践水平、教育经验和专业提升等方面实力均衡的金牌导师团队,在服务本校师生发展的同时,进一步辐射整个中职阶段烹饪专业大类的教育教学。充分利用现代学制实施过程中组建的"导师库",并有选择地邀请部分教育专家和师资培训专家,借学校开展教学诊断与改进工程的契机,组织专家对学校师资团队进行一次系统全面的评价考核,内容包括专业师资团队的整体架构是否合理,教师个人的专业上升通道是否健全,教师教育教学理念和教学实践能力的动态调整机制是否科学以及每名专业教师的个人特长与综合能力评价等。在此基础上,提出有待整改和提升的要点并公示全体教师,征集相应的意见和建议,教师个人评价反馈给本人,帮助教师获得反馈以提升自身水平。

(二)引领团队创新创业的导师带名师

2017年,应旭萍老师成功申报了杭州市名师建设项目,建设内容在有条不紊地推进。目前在电子商务专业教师工作室中,创业师资团队中的教师成员以名师+青年教师为主,具有较高的职业素养和师德品质,热心于职业教育事业、对电子商务专业教育教学有极高的热忱。经过几年的努力与成长,他们的教学实践能力、专业技能能力、指导技能竞赛和创新创业大赛能力及教育科研能力快速提升。除了极具潜力的青年骨干教师外,创业师资团队还有两位CEO加盟:杭州汇当电子商务有限公司总经理岑伊万和杭州艾括网络科技有限公司总经理艾丽华。他们都有着自主创业、成立公司到发展公司的心路历程,他们对教育有着浓厚的情结,对自主创业更有着强烈的共鸣。岑伊万总经理主要负责网店的运营,向学生传经送宝,支持网店的生存与发展。艾丽华总经理利用自身公司的多样化经营项目,为工作室引入适合学生的各种创业项目,也让工作室师生参与公司的一些项目运作。基于名师工作室引进的真实企业项目,开展的创业实践活动、创业教育教学、创业课题研究,促进师资队伍优化、提升学生技能水平、服务地主区域经济,带来了共赢局面。

结　语

在新时代背景下,对于中职学校发展而言,中职教师的成长显得尤为关键,机遇伴随挑战,作为"三教"改革中的重要一环,中职教师队伍的改革将影响到中职教育质量的提升。长久以来,中职教师缺乏综合能力、教师断层和资源利用不充分等问题一直存在,为打破中职教师发展瓶颈,西湖职高通过探索建立教科研共同体、打造创新育人模式、创建多方参与平台等形式,解决了传统师资队伍建设存在的众多难题,从教师综合素质提升到对学生多元化培养,为中职教师队伍改革创造了一套行之有效的西湖方案,不仅完成了校内教师队伍的高效率整合,更为中职教师队伍建设提供了宝贵经验。

第七章
"产教融合"校企合作模式

　　加大产教融合的深度与广度是推动职业教育良性发展,突破校企合作局限,建构现代职业教育体系的关键一步。如果说过去中国的职业教育为适应我国劳动密集型产业特征,以培养熟练工为主,将关注点放在不断重复训练的专业技能培训上,那么面对以完全信息化和自动化为特征的工业4.0时代,机械式的生产方式被逐步淘汰,跨界人才成为主流,培养对数据处理、信息分析并且能处理复杂情境下多任务与问题的技术技能新型人才成为当下职业教育的重要核心。但目前中等职业学校在人才培养中进行的校企合作还尚浅,面临着诸如融合体内部职责功能模糊、缺少有效载体,以及刚性的管理机制导致的产教无法真正融合等问题与瓶颈,制约了产教融合的深化,也使得中职人才培养缺乏全面而有效的保障机制。因此,需要针对这些问题梳理中等职业学校在校企合作、产教融合各阶段的优劣势,构建具有全域育人、责任明确、全程培养、利益共赢的基于校企共同体的产教融合新模式,不断深化产教融合,充分发挥职业教育灵活办学、开放办学的优势,突破产教融合瓶颈问题。为大职教理念下中职人才培养提供多方保障,扩大职业教育服务面向。

第一节 校企共同体的"产教融合"模式将成为四方权益的联结

大职教理念下的中职人才培养,除了从培养目标、课程体系、专业课与公共课教学和师资等层面进行重新考量设计与实施外,还要对整个人才培养进行全程监督与有效保障。职业教育的类型特征要求人才培养需要多方利益主体进行参与,各方主体通过学校与企业的校企合作,将利益权责进行关联,逐步实现政府、行业(协会)、企业、学校由被动机械式松散联合到主动灵活式紧密融合。

一、构建"产教融合"新模式的外部政策与内部发展

不同的时代有着不同的时代发展要求和时代特点,职业教育校企合作、产教融合的政策也紧随时代变化呈现出阶段性特征,结合改革开放以来国家、浙江省的重大校企合作、产教融合政策及本校的校企合作发展历程,将中职校企合作、产教融合中各方利益主体的角色变化与成长梳理出以下四个阶段。

1. 校企初步结合阶段。本校自1984年建校起,一直坚持职业教育的职业性本质特征,保持着与企业在顶岗实习上的合作,派学生到本地合作企业进行各类实习。国家20世纪八九十年代也在不断倡导工学结合、产教结合,提高职业教育对社会主义经济建设的贡献。1991年《国务院关于大力发展职业技术教育的决定》要求:企业应该支持并配合各类职业技术学校和培训中心实习活动;提倡产教结合,工学结合;秉持职业技术教育"大家来办"的方针,发展行业、企事业单位的联合办学;积极面向经济产业需要,合理安排和考量专业设置。此外,1993年中共中央、国务院印发的《中国教育改革和

发展纲要》提倡联合办学,走产教结合的路子,逐步做到以厂(场)养校。同时要求大力探索并发展校办产业等产教结合实践以增强学校的办学活力与自我发展能力,不断增强学校在当地经济建设和社会发展中的影响力与促进作用。但以派遣学生到企业实习这种形式进行校企的结合与合作,仅仅是在国家宏观主导下的浅层合作,容易受各种不确定因素的影响而中断,利益联结也较为松散,若即若离,各方权益没有得到有效的保障。

2. 校企渐进合作阶段。20世纪90代末至21世纪是我国社会主义现代化建设的关键时期,经济社会发展对高技能型人才的需求不断增多,对职业教育结构与类型的要求日益多样化。在此阶段,学校逐渐与企业有了更多利益关联点,开始逐步主动相互对接和联系,在顶岗实习的同时,开始有了新的合作内容。1996年颁布的《中华人民共和国职业教育法》规定:"职业学校和职业培训机构可以聘请专业技术人员、有特殊技能的人员和其他教育机构的教师担任兼职教师。"为企业专业技术人员进入中职学校提供了政策保障,还为教师和学生到企业进行实习提供了法律依据。随后2002年出台的《国务院关于大力推进职业教育改革与发展的决定》继续提出深化职业教育办学体制改革,形成政府主导、依靠企业、充分发挥行业作用、社会力量积极参与的多元办学格局。杭州优麦食品有限公司(莫卡乡村)发展伊始,处于企业初创时期,为了节省高额的场地租赁费用,主动联系学校进行沟通合作,期待租用学校的场地,进行西点门店的设置与经营。恰逢学校正筹备开设西点专业,双方有了共同的利益点,主动进行资源互补与合作。企业前期对于学校西点专业的建设,提供了专业技术人员作为师资,在学校缺少专业西点师的时候,承担了许多的学生教学与店长培训工作,使得学校西点专业得到了迅速成长,学校也一直保持着与企业的紧密联系并不断以提供人才等形式反哺企业。双师全程共导是这一阶段的主要特征;特别在烹饪和建筑专业,企业师傅进入学校,亲自指导学生进行学习与实训,同时还将行业领域的专业技术带到学校,帮助学校进行全国技能大赛的辅导。建筑专业的企业师傅还与学校共同开发教材。在顶岗实习的基础合作上,学校以场地等其他资源进行互补,引入企业师资和部分技术工艺,逐渐实现在一定程度利益联结基础上的合作,政府、行业、企业(协会)和学校的关系有了内在的关联与互补。

3. 校企成熟合作阶段。随着社会主义市场经济的完善,企业制度的完备,企业在经济与社会问题上的重要地位开始显现,如何推动校企进一步合作,实现产教融合是这一时期职业教育发展的核心主题。2010年学校开始与企业进行订单班和冠名班的合作,形成了典型的铭品订单班模式;同时还在电子商务专业开创了基于双创项目引进的淘宝模式,深化校企合作内容与形式。随着2014年《国务院关于加快发展现代职业教育的决定》提出要遵循产教融合、特色办学的基本原则,研究制定促进校企合作办学有关法规和激励政策,发挥企业重要办学主体作用,学校便与杭州嘉麦食品有限公司开始接洽进行深入规划与合作,共同筹建企业学院(嘉匠咖啡烘焙学院)。2016年嘉匠咖啡烘焙学院的研发基地正式落成。该基地坐落于学校创新创业园区内,建筑面积达1000平方米,设备总价值200万元左右。嘉匠咖啡烘焙学院是一个"一体化"研训基地,采用前店后厂的建设方式,在双层的、对外开放的咖啡馆后侧有一个教学和培训双用教室,而教室边上则是几个生产车间,包括烘焙展示间、面点车间、烘烤车间等,一次可容纳40位师生进行实训操作。实训基地虽然不是真正意义上的企业,但同样应当培养学生的综合职业素质。嘉匠咖啡烘焙学院在建设过程中就十分注意营造良好的企业文化氛围,培养学生的职业技能、职业道德、质量意识、安全意识、协作精神以及发现、分析、解决问题的能力。同年组建了第一届"精英班",学校和浙江省餐饮协会在企业学院还成立了点心专业研发中心,将学生专业实训、专业研发和专业创新有机整合在一个平台内,打造了"训研创"一体化的实践教学体系。这一阶段,校企合作在政府、行业(协会)的参与下逐步走向成熟,初步实现政、行、企、校在人才培养、技术创新、企业培训等各方基本利益上的联结与融合,但仍旧有进一步的合作空间与利益联结。

4. 校企共同体阶段。随着云计算、大数据、人工智能等新技术的应用,校企合作、产教融合需要行业、企业和社会参与职业教育信息化建设工作,实现线下实践载体与线上网络平台的共同搭建和配合,拓宽校企的合作领域与空间,实现数字经济下各方资源互惠互利、互通有无的高度联结,为各方合作提供全方位保障。2019年国务院办公厅印发的《国家职业教育改革实施方案》明确指出,"深化产教融合、校企合作,育训结合,健全多元化办学格局,推动企业深度参与协同育人,扶持鼓励企业和社会力量参与举办各类职业教育",以推动职业教育现代化,进一步构建多元融合模式,凸显企业重要办学主体地位,为深化产教融合,构建校企命运共同体定下宏观改革基调。同年,浙江省发展改革委、经信厅、教育厅等八部门印发《浙江省产教融合"五个一批"工作方案》,结合浙江实情细化校企合作、产教融合的实施。紧接着2020年2月杭州市出台《杭州市人民政府办公厅关于深化产教融合的实施意见》,政策直接助力学校产教融合的深度发展。学校于2019年起与浙江亚厦集团装饰有限公司开展深度产教融合合作,制定了产教融合中长期规划。该项目为杭州市职成教研究室推动,且是杭州作为国家级产教融合型试点城市推进职业教育产教融合的首次试水,为学校搭建更多产教融合的平台,让更多规模型龙头企业从入口开始参与职业教育人才培养全过程,通过"1+X"证书制度的实施,实现职业教育"全产业链"人才培养,提升人才培养质量,服务区域经济发展。校方负责招生、学生素质教育,按要求向企业输送需求人才,提供教育培训场地并不断扩大办校规模和影响力。企业负责就业、学生技能培训,提供学生实习基地,根据需要投入一定的资金、设备、耗材等。双方师资共享,课程与教学共研共建;技术标准由亚厦集团装饰有限公司提供,并将技术标准作为学生学习任务成果的评价标准。企业、教师共同参与学生成果鉴定。通过共建顶岗实习基地、共建人才培养基地、推进技术改善合作等多种方式进行深度合作,在订单培养、岗前培训、在岗培训和共建服务平台方面开展具体合作。学校为企业提供一个工种鉴定的平台,通过"1+X"证书制度的实施,实现职业教育"全产业链"人才培养,提升人才培养质量,提高专业知识,提高专业要求。首先,校企对接,校企双方找准合作点,自行对接沟通,签订校企合作协议书,按协议书要求开展校企合作;其次,建立入职企业实习实践的学生信息库,掌握市场人力资源实时动态;再次,对多余生源向同行其他企业进行劳务输出和派遣,适当收取劳务派遣费,用以补贴办学相关支出;最后,协调沟通,校企之间将建立工作协调机制。学校派专人到企业进行学生日常管理,企业各部门根据工作要求对实习和配置学生进行工作指导。

在这一阶段,国家在政策制定的过程中将深化产教融合放在供给侧结构性改革和促进就业大背景中布局谋篇,实施产教融合发展工程,吸引社会力量投入,紧跟产业变革创新人才培养模式。中央和地方陆续出台了系列校企合作、产教融合政策,并取得了诸多成果:大力推进职业教育与外部需求的对接,逐步建立健全政府主导、行业指导、企业参与的办学机制,汇集多领域力量参与职业教育的人才培养,职业教育与产业对话机制已基本形成;产教融合政策中企业的主体性地位愈加凸显并确立,学校与企业愈加成为休戚与共、互促发展的共同体。各方利益将在校企共同体的基础上实现紧密联结。

纵观以上校企合作、产教融合的政策变迁与学校实践发展历程,体现了不同时期的外部发展需求对职业教育的深刻影响,也反映出随着时代的发展,校企双方乃至政府、行业(协会)都会面临更加紧密的社会关联,也会出现更多的利益连接点与资源互补需求,中等职业教育需要以新的产教融合模式来应对。

二、构建"产教融合"新模式的理论与现实需求

(一)各方权责功能模糊不清

从2008年浙江省中职专业课程改革开始,中职学校已经逐渐意识到校企合作在解决专业课教学与行业发展脱节问题中的重要作用。所以将企业师资、技术、标准、培训方式引入中职学校的专业教学中,解决中职专业课教学理实脱离的弊端,缩短学生岗位适应期,是很多学校进行专业课改与专业建设的突破口。然而,从学校出发的改革必然站在学校的立场上建立机制与平台,从学校利益出发的校企合作过于关注学校的权利,忽视了企业自身的运营规则与发展需求。[1]这从客观上造成了企业的消极应对,形成"校热企冷"怪相。在合作过程中,掌握资源与平台优势的企业方有强大的话语权,形成了合作双方的不对等关系。缺乏机制保障与利益协调的校企合作,

---

① 郭静.现代职业教育体系建设背景下行业、企业办学研究[J].教育研究,2014,35(3):116-121+131.

在源头上就出现了职责不清、利益诉求不一致、权利关系不平等的不健康状况。①合作尚且不顺，毋论进一步融合。

(二)产教融合载体平台缺少

从"校企合作"到"产教融合"不仅是表述的变化，更是学校与企业关系的变化。如果说"校企合作"时期，合作的主体是学校和企业，那么"产教融合"时期，融合的主体则是"产业"和"教育"，内涵扩大了。"合作"标识的是两个主体间的甲方乙方关系，那么"融合"则是两者成为一体，将两者的关系延伸至产业的整个价值链，是两类具有高度互补性资源之间的全要素、全方位的集成整合和一体化合作，是利益共同体、发展共同体。②那么"融合"的要素是什么？怎样的融合模式才能促使两个不在同一领域的主体能"融合"为一体？这正是产教融合工程带给中职学校的思考。合作之初制定了许多条例，但是在具体操作时缺少让企业资源进入学校的渠道，校企合作的平台单一、信息不对称③，企业方如果仅仅是获得廉价劳动力，不仅降低了校企合作的价值，引起学生与家长的抵触情绪，也暴露了双方合作处于浅层次的问题。④此外，由于缺少合适的平台与载体，一直徘徊在合作之外的行业，其标准性、协调性的功能也无法充分有效发挥。

(三)校企合作管理机制刚性

目前制约校企形成共同体、产教深度融合的又一大原因是中等职业学校普教类的管理模式与企业的用工规律相矛盾。不同类型的企业用工高潮时段不同，比如餐饮企业的用工高潮出现在周末以及节假日，电商的用工高潮出现在年初、年中与年末的促销期，建筑装饰企业没有明显的高低潮，但规模较大的企业往往不定时出现人手不足的情况。此外，企业的培训、研发

---

① 和震.职业教育校企合作中的问题与促进政策分析[J].中国高教研究,2013(1):90-93.

② 石伟平,郝天聪.从校企合作到产教融合——我国职业教育办学模式改革的思维转向[J].教育发展研究,2019,39(1):1-9.

③ 石伟平,王启龙.促进校企规范合作　全面推进产教融合——《职业学校校企合作促进办法》解读[J].中国职业技术教育,2018(10):15-18.

④ 孟雅杰.基于产教融合的中职学校教学改革实践探究[J].成人教育,2017,37(9):81-83.

等项目是以项目制为单位安排工作时间的。职业学校的学习作息安排与非职业学校一致,即使安排了5+2式的轮训,依然不符合企业的用工潮汐规律。这从客观割裂了校企合作、产教融合的纽带,合作的随意性较大。①此外,以课堂考核为主的学分制,过于重视理论与仿真操作,忽视了对真实工作项目完成效率的考核,也是师生考核评价管理层面的重要制约性因素。

三、基于校企共同体的"产教融合"新模式构建

针对目前中职学校产教融合项目中因为责任不清而导致的产教无法融合的问题,西湖职高认为只有通过梳理责任清单,才能明确参与各方的职责,充分发挥各方的职能优势,从构建机制、搭建平台、引入项目到确定标准,形成拼图式资源整合,共同发力,不断推进教、学、产、研各方面的融合,以及相应的融合机制与基地建设的完善,从而突破传统职教集团松散合作、单线联系的瓶颈,在利益交集基础上结成真正的产教融合联盟,形成基于校企共同体的"四方联动"产教融合新模式。基于校企共同体的"四方联动"中职产教融合模式是指以中等职业学校和企业作为办学主体合作对象,在校企双方共建共融形成利益链、价值链的战略性命运共同体基础上,充分发掘政府、行业、企业、学校四方社会主体在宏观经济改革发展背景下所拥有的资源禀赋与优势,将资本、技术、知识、信息、人力与管理等资源要素进行协调重组,以产教融合基地为实践载体、产教融合信息平台为数字化媒介,涵盖专业技能型人才培养、技术研发与合作、区域产业供需调配及社会服务与国际交流的多向融通、互利共赢,校企主导、政府推动、行业指导、学校企业双主体实施的产教融合新模式。

学校以资源依赖理论与协调理论为基础,结合历年发展实践经验,与政府、行业(协会)、企业三方主体,共同建立了新的产教融合模式。其中资源依赖理论(Resource Dependency Theory,RDT)作为组织理论与管理战略领域中最有影响力的理论之一,萌芽于20世纪40年代,代表性学者是美国的杰弗里·菲佛(Jeffrey Pfeffer)和杰勒尔德·萨兰基克(Gerald Salancik)在合著

① 张建云.以产教融合园为载体的中职学校产教融合育人机制探索——以宜兴中等专业学校为例[J].职业技术教育,2019,40(15):62-66.

的《组织的外部控制：对组织资源依赖的分析》一书中提到，"任何组织都不能完全自给或能完全控制它自身存在所需的全部条件"。[①②]因为任何组织为了生存，都需要一些自己不具备的资源，以减少对环境的依赖；而为了解决这一问题，需要与其他组织进行资源交换[③]；与此同时，其他组织也会对进行资源交换的组织产生依赖。但若要使政府、行业、企业、学校形成牢固的资源依赖关系，还需要有一个前提，即组织需要的资源具有必须性和不可替代性，绝不是可有可无的存在。因此明晰产教融合中各方参与主体的权责、资源禀赋及利益诉求，借以梳理责任清单，是形成校企共同体的基础上的"四方联动"中职产教融合新模式的前提。

由德国物理学家赫尔曼·哈肯（Hermann Haken）提出的协同理论（synergetics）是系统科学的重要分支理论，他认为"复杂开放系统在与外界进行能量交换时，它的各个子系统之间会相互作用与影响，并且自发地形成一个新的、有序的结构"。[④⑤]首先，产教融合模式应当是一个复杂开放的系统，产教融合体中集合了四大类、不同领域的主体单位，互相之间是一种利益互补的关系，但这种协作并不是简单的合作，彼此之间以及融合体与外界的互通作用，构成了这样一个协同；其次，产教融合模式应当是一个自组织系统，产教融合体的内外部在不断相互作用的过程中成为一个有规则、有机制、有操作策略、有共享平台的自组织，每个成员单位都有自己的责任、义务与权利；最后，产教融合模式应当能产生大于集合的协同效应，融合体成员之间的互动与协作，最终能产生较大的合力，使之不断适应外界的变化与需求的升

① Pfeffer, J. and Salancik, G.. The External Control of Organizations:A Resource Dependence Perspective[M].New York:Harper and Row,1978.

② 吕文晶，陈劲，汪欢吉.组织间依赖研究述评与展望[J].外国经济与管理,2017,39(2):72-85.

③ 马迎贤.资源依赖理论的发展和贡献评析[J].甘肃社会科学,2005(1):116-119+130.

④ 赫尔曼·哈肯.高等协同学[M].郭治安，译.北京:科学出版社,1989.

⑤ 赫尔曼·哈肯.协同学——大自然构成的奥秘[M].凌复华，译.上海:上海译文出版社,2005.

级。①这一理论为基于校企共同体的"四方联动"中职产教融合模式设计提供了技术支撑。

基于校企共同体的"四方联动"中职产教融合模式是分析政府、行业、企业、学校四方职业教育参与主体在政策、资本、技术、知识、人力、信息和管理等资源要素的持有与靶向流动性特征,把校企合作、产教融合放置于整个宏观经济结构调整和产业升级的环境中,拓展合作领域与融合内涵,引入组织管理与系统科学中的资源依赖与协同理论,构建了政、行、企、校四方融合互动的产教融合模式,具体详见图7-1。

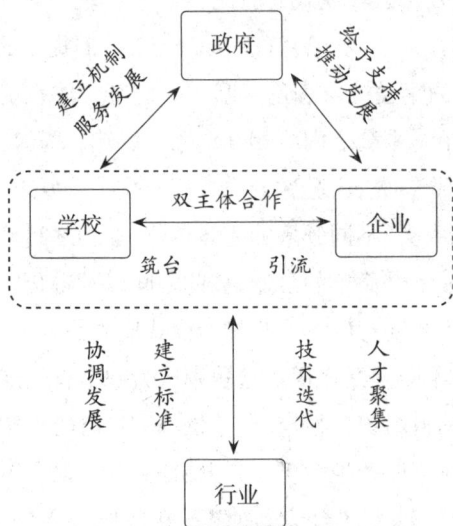

图7-1　基于校企共同体的"四方联动"中职产教融合模式

以中职学校和企业作为双主体进行办学、助产、研发等一系列微观层面的实践与合作融合,政府和行业作为外部政策宏观调控与外部专业性市场配置,将计划和市场有效融合,共同营造健康可持续的产教融合发展生态,使校企在良性生态支持系统中,形成战略性命运共同体,实现跨越式的合作和融合。

---

① 肖香龙.基于协同理论的多元平台校企协同发展研究[J].现代教育管理,2014(1):39-42.

第二节 "四方联动"将成为深化资源
优势互补的有效保障

政府、行业(协会)、企业和学校四方在基于校企共同体的"四方联动"产教融合新模式中分别扮演了不同的角色,发挥着不同的职能与功效,形成一股合力,不单单只促进了中等职业教育,还推动了整个职业教育的现代化体系完善,甚至关联到社会与经济的全方位发展。政、行、企、校四方通过多样化的合作形式与内容,发挥各自的资源优势,实现动态互补,为整个人才培养提供强有力的保障。

一、政府:以能级提升为目标的统筹者与引导者

以民营经济为特色的杭州正处在转型关键期,近年来,杭州市政府着力规划"1+6"产业集群建设,侧重产业的高端化、智能化、绿色化与服务化,并确定了"一区一产业"的发展思路。处于城市西部的西湖区集中了数字经济、文化创意、旅游休闲三大类产业,在兼顾传统产业并注重区域产业升级的基础上,西湖区政府形成了"产城融合""提升能级"的建设路径。产业园区与美丽乡村建设是"产城融合"的两翼,技术注入、整合发展是"提升能级"的两面,而资源与技术整合以及处于产业不同阶段的高素质人力资源培育恰恰是区域经济整体推进的关键。基于职业教育平台的产教融合模式,构建学历教育、职前培训、职后培训一体化职业教育教学体系,能提供从基础服务型到创新创意型等多层次人才,满足数字经济、文化创意和旅游休闲产业对不同类型人才的需求。同时,综合性的职业教育通过产品培育、技术升级、品牌运营等多种渠道助推乡村建设和小微企业的孵化与成长,有利于区域内产业园区的集群式良性发展。

基于此,区政府在产教融合模式构建的过程中扮演统筹协调、建立机制、完善相关法律的角色。(1)参与建设:投资1.5亿元资金建设产教融合大楼,由区政府牵头组建的文化旅游投资集团有限公司负责产教融合大楼的运营与管理,解决学校缺乏企业经营经验的瓶颈问题。(2)提供路径:在区政府的支持下,产教融合团队参与兰里小镇的文创项目、龙坞茶香小镇的乡村振兴项目、浙江省特色点心小吃资源库与人才库建设项目等多个区域合作项目。政府的资金注入、人力投入、政策支持,为产教融合顺利开展铺平了道路。(3)成立协会:为学校与行业、企业共同成立的浙江省餐饮行业协会点心小吃专委会提供政策支持,参与制定《浙江省餐饮点心专业委员会章程》。

二、行业:以行业优化为目标的中间协调组织

在现代产业体系中,作为民间组织的行业协会在政府与企业之间起到重要的桥梁作用,虽然它不具备管理和盈利的功能,但在工业革命开始较早的欧美国家,行业协会肩负着咨询、服务、监督、统计、研究、制定行业标准等重要职能。我国的行业协会起步较晚,由于种种原因,行业协会在很长一段时间内没有受到应有的重视,缺少统一的标准,行业内产品、服务质量参差不齐,这不利于行业整体的发展壮大。因此,行业协会加入产教融合体系,牵头制定行业入门门槛、产品与服务标准,协调各方关系,完善技能认证体系,通过举办技能竞赛挖掘优秀人才,有助于推动该行业的优化发展。

【案例7-1】 浙江省特色点心小吃"两库两中心"的建设

在浙江省餐饮行业协会点心小吃专委会的牵头下,学校师生与企业共同组成特色点心小吃发掘小组,收集散落在钱江沿线乡村的民间小吃与点心,建立点心库。通过技能大赛,发掘民间点心制作艺人,进入人才库。为了将点心推向市场,还在学校产教融合大楼内建立了技术培训中心与产品培育中心,制定了浙江省特色小吃点心标准,使产品市场化,不断提升品质,并提升从业人员的技术能力。

三、企业：以提质增益为目标的驱动者与主导者

随着我国社会主义市场经济体制的日臻完善，企业这一市场经济运行中的基本单位，在获得经济收益的同时也承担起了越来越多的除经济发展以外的社会职能。以往企业仅仅被视为提供生产与服务的营利性组织，而现在为了实现企业自身多元发展，培育创新活力，企业也逐渐从单一的人才需求方发展成主动参与职业教育的培育方。选择优质企业进行合作，有助于凸显企业全新的地位与功能，唤醒企业在人才培育中的主体意识，激起企业参与职业教育的内生动力，更好地将企业人才需求与教育培养目标紧密联系，深化人力资源供给侧的结构性改革。在当前经济结构调整、产业转型升级过程中，企业扮演着极为关键的角色。企业的发展影响的不仅是自身的盈亏与股东利益，还关联着所在区域的经济发展态势。不同的企业虽然处于不同的行业，但无一不带有区域经济的特点。杭州市是民营企业的集中地，存在着大量的小微企业，这些企业的发展质量也决定了本市民营企业的发展程度。但小微企业在发展的过程中，出现了成本高、用工难、技术更新速度慢、核心产品难以打造的困境，职业教育的产教融合模式恰恰为这些小微企业突破困境提供了路径与资源。

如何突破"校热企冷"的瓶颈，由最初的求着企业参与，到政府主导企业参与，再到激励企业参与，最后实现企业积极主动参与。需要真正去了解企业，了解企业的社会责任、企业的发展文化与企业家精神，考虑企业的切身利益诉求，才有机会构建一个实际意义上的利益共同体。企业社会责任是指在市场经济条件下，在企业的经济功能与社会功能相剥离的前提下，企业积极主动地承担包括员工在内的利益相关者和生态环境的社会责任，其结果是企业在创造效益的同时，获得良好的公众形象和社会赞誉，实现企业、社会和自然环境共同持续发展。如果说企业教育是对自己负责，那么学校职业教育责任就是企业对他人负责。对他人负责就是尽社会义务，尽一个合格社会公民应尽的义务。与企业自身职业教育责任相比，学校职业教育责任更能彰显出企业作为社会公民的角色。企业的学校职业教育责任即协助职业院校共同完成人才培养任务，可以从宏观和微观两个层面进行考

第七章 「产教融合」校企合作模式

察。宏观层面上,即企业有参与制定职业教育发展规划的责任,包括教育规模大小、市场人才供需结构预测、专业标准制定等,这些是单个企业无法完成的,需要共同体企业界或者行业来完成。更准确地说,是行业的学校职业教育责任,这是行业和政府之间的责任划分。微观层面上,包括企业参与职业院校教育教学过程的各个方面,是学校和企业之间的责任划分。在合作过程中,企业承担职业教育责任并不是一种慈善行为,而是社会责任的应有之义,是与企业自身职业教育责任相对应的。就与生存关系的紧密度而言,学校职业教育责任属于次要责任,是企业发展到一定程度才会产生的需求、才愿承担的责任,体现的是企业较高层次的发展需求。在《现代职业教育体系建设规划(2014—2020)》中曾明确提及"到2020年,大中型企业参与职业教育办学的比例达到80%以上",并要求"将国有大中型企业支持职业教育列入企业履行社会责任考核内容",这表明国家对企业参与职业教育的形式和内容有了更新的定位与要求。不仅突出强调了企业在职业教育办学中的主体地位,还对其参与比例提出了具体要求,并首次明确了企业作为主体参与职业教育是履行社会责任的行为表现。随着国家政策的不断完善,企业参与职业教育的社会责任将会以更加详细和准确的方式确定下来,便于企业依法依规良性参与。在系统而规范的制度环境中形成有效的保障、约束、监督和激励机制,才能保证企业在支持现代职业教育改革与发展过程中实现良好的社会责任效应。

了解合作企业的企业文化,有助于实现校园文化与企业文化的交融,学习文化与职业文化的兼顾。企业文化的实质就是以人为中心,以文化引导为手段,以激发员工的自觉行为为目的,从而不断提高企业的整体素质和综合实力,增强企业内部的凝聚力,促进企业持续、健康发展。因此,现代企业文化就有了双重意义。一方面,它是一种新的管理思想,它强调在企业的生产经营活动中,企业的人、财、物等要素应该形成一个有机整体,其中人处于管理中心和主导地位;另一方面,它又是企业内文化现象的总和,它强调在企业发展进程中,以文化引导为手段,注重环境氛围和文化熏陶,因而又成了企业精神文明建设的有效载体。因为职业教育是以就业为导向的,所以这就对中职校园文化提出了相应的要求,要求其体现职业学校的文化特色也就是职业化,要求师生都要认同学校的价值理念,并且围绕这一理念进行创新,进而丰富校园文化的内涵。在建设职业学校的校园文化时,要尽可能多地融入优秀的企业文化元素,将其渗透到教学活动等学校生活中,侧重于宣传活动内容的传播,培养学生形成良好的职业能力和职业素养,进而帮助学生形成一种高度的职业认同感。只有做到了解企业社会责任,认可合作企业文化,职业学校在进行校企合作、产教融合时,才能真正做到充分考虑企业利益所涉及的利益主体,不再仅仅依赖企业的公益性与社会责任,而是考虑其直接的经济利益属性与间接的经济利益关联,既是站在合作方的角度考虑,也是站在更宏大的利益视角进行审视与决策。

为解决中等职业学校自身校企合作、产教融合中企业游离的瓶颈,真正关注到合作企业的诉求与利益,更好地显现市场主体与企业主体,西湖职高采用企业学院入驻学校的合作形式,与企业共同创建了嘉匠咖啡烘焙学院,采用前店后厂的方式,将产品经营和技能教学、培训无缝对接,内设咖啡馆、技能教室、烘焙展示间、面点车间、烘烤车间等。既是学校学生的实习实训基地,也是企业员工的职业技能培训中心,实现了一体两用、双生共融的效果,解决了企业人员培训的需求,在一定程度上缓解了人员管理与培训成本,同时企业学院入驻学校的形式,也能直接将企业与市场行业的动态发展需求与技能迭代需求及时传递到学校,使得职业教育的人才培养能够紧贴劳动力市场需求,增强了企业的参与感和责任感。

四、学校:以人才培养为目标的筑台者与服务者

育人是学校办学的首要目标,在产业结构转型升级、全球业态发生重要变化的历史进程中,职业学校的人才培养定位也发生了巨大的改变,即从"成器"到"成人",从"单一技能型人才"到"多元复合型人才"。随之改变的是育人模式,即学校从单一平台育人向多方联动、全域育人发展。2011年,由西湖职高牵头成立杭州市西湖职业高级中学教育集团,集团成员单位涵盖高校、中职学校、行业和企业共计19家,集团成员单位紧密合作,资源共享,深入开展校企合作。集团成员单位秉承"主动服务、共赢发展"的宗旨,在优质资源共建共享、专业建设调整、人才培养方案制订、师资交流共育、校

本教材开发、人才评价模式创新等方面进行积极探索。学校目前实行三阶式考核评价方式：由企业师傅共同参与学生阶段性技能目标的考核；由行业大师为主，组成了每年校技能节的考评团队；由学校管理教师和企业管理团队共同参与，对学徒制试点过程"学徒班"在企业进行体验、轮岗后的评价考核。

在机构设置上，学校成立"浙江省五个一批产教融合工程项目""浙江省旅游产业高技能人才培养基地建设"领导小组（以下简称"项目领导小组"），全面负责建设目标、建设项目的整体规划和资金筹措；全面负责建设项目实施的组织、监督、协调；负责建设项目的质量评估及验收，研究制定保证项目顺利完成的保障制度及措施。项目领导小组下设项目建设办公室（以下简称"项目办"），主要负责项目实施方案和项目建设计划的制订；协助各分管领导对各建设项目的实施进行指导和考核；协调校内各处室解决项目建设中存在的问题，总结和交流项目建设中的成功经验；组织建设项目中期评估和建设项目完成后的自评和验收评估工作；按上级要求报送相关材料。各分基地建设项目均成立建设工作小组，确定组长，实行组长负责制，组长全面负责专项建设项目的实施，保证按计划完成项目建设任务；积累建设的相关资料、接受项目领导小组对项目建设的监督、检查、指导和验收。对项目建设人员的奖惩办法根据学校项目实施管理办法执行。

在保障机制上，学校已建立科学高效的管理机制，坚持依法治校、民主管理的决策机制，规范有序的运行机制，有一套较完整的管理制度，保证建设项目的高效实施。学校将成立项目专家指导委员会，参与项目指导和管理。聘请相关行业和部门的专家，研讨和评价重点专业建设计划，共同研究项目建设中遇到的重大技术难题，检查和审核建设项目方案的执行情况，对建设计划的阶段性验收目标进行考核并提出整改意见，确保学校各个建设项目顺利完成。在经费使用上，学校方面加强建设资金的专项管理，将另行制定建设项目管理实施细则，由学校财务室单独建账，专款专用，提高资金使用效益，严肃财经纪律，强化财务审计。

建立多元多维的培养培训体系，结合产教融合，按照旅游企业人才需求和岗位特点，构建多元化的评价体系。实现过程评价和结果评价相结合，基地评价和行业评价相结合。推行证考结合,实现教学评价行业化,重视企业对实习生、毕业生的评价,重视来自企业和社会的评价。实现评价主体多元化,由学校(包括学生自评、小组互评、教师评价)、企业组成多元化的学生评价体系。评价内容多元化,实行课程评价、证书考核、技能大赛获奖、实习加分等。体现评价方式多元化,形成理论试卷、实践操作、演示演讲、主题探究等综合评价。建立以职业技能能力考核目标、知识能力考核目标、职业素质考核目标为主的考核标准,其中,技能能力突出核心技能点考核,并将职业素养渗透到技能与知识能力目标考核中。校内实践日常以教师评价为主,课程结业考核以职业资格证书考核或参照职业资格证书考核为主要方式。校外实践以企业评价和教师评价相结合的方式为主要评价,并参考学生家长意见和其他方面的评价。

当下中等职业学校的发展进入了一个较为缓慢的平台期,面临生源的流失和生源质量的下降,如何能在做好中高职衔接的同时,凸显中职学校的职业类型,提升就业质量,改善人才供给结构,亦可从体制机制的角度进行思考和有益探索,尝试以实训基地为载体,进行混合所有制办学模式的引入与借鉴。《国务院关于加快发展现代职业教育的决定》(国发〔2014〕19号)首次将"混合所有制"这个经济学领域的概念引入职业教育领域,提出"探索发展混合所有制,允许以资本、知识、技术、管理等要素参与并享有相应权利"。近年来,多地探索混合所有制办学的模式与经验,为中等职业学校创新实训基地管理体制机制、突破实训基地建设瓶颈提供了建设思路。

混合所有制实训基地是多主体采用以资本、场地、设备、技术、人员等有形或无形资产入股的模式共建共享实训基地,实现所有权与经营权分离管理,产权与知识产权归学校所有,生产与经营权归企业所有。它须基于学校技能教学的标准,从人才培养、技术形成、技能学习、实训要求等要素出发,满足"教学服务企业、企业带动教学"的利益诉求,实现学校的技术积累功能,提升实训指导教师实践能力,完成在校学生的实训任务,达成提高中等职业学校人才培养质量的核心目标。具体表现为以下三个方面:一是实现实训基地建设的"六化标准",即功能系列化标准、设备生产化标准、环境真实化标准、人员职业化标准、社会服务效益化标准、管理企业化标准。二是实现共建、共管、共享、共赢诉求,即多渠道、多形式为实训基地筹措资金,政校企商共建,由专门理事会共同决策实训基地重大事项,学校研发团队和企业技术人员校企共管,实现混合所有制实训基地对外开放,服务社会,辐射地方及周边区域中小企业与中职学校,达成资源、信息、经验及成果区域共享,政府、学校、企业、行业(商会)共同获益。三是实现教学、培训、生产、技术研发、技术积累及技能比赛一体化功能。混合所有制实训基地运行框架如下:政府投入金融、信贷、财税等政策,学校投入土地和师资等,企业投入资金、设备和技术等,行业(商会)投入资源,确立混合所有制实训基地工作体系,实现实训、教学、培训、研发、实践运营,并产出产品,满足政府、学校、企业、行业(商会)四方需求,运行成功,实现价值增值,继续投资实训基地运行。

借鉴混合所有制模式可以解决去行政化问题,也打破了学校与企业之间的壁垒,切实从本质上实现产学深度融合,进而使资本的办学效率实现最大化,使办学机制回归职教本质。为解决职业教育资金投入不足问题,只有吸引更多的社会力量,汇集更多的社会资金,才能将中等职业教育办出活力。混合所有制形式在集聚社会闲散资本等要素时比单一的所有制形式更能发挥集聚作用,在执行过程中有利于推动社会资产所有权的转移,能够对社会经济结构、资产结构等起到优化、增值作用。另外,突破行业的限制、所有制的约束,可按照市场价值规律对社会上闲置的资本、劳动等要素进行有效整合。

第三节 "产教融合"实践成为区域经济与社会服务的助推器

受疫情影响的职业教育面临着新的挑战,全球产业链与价值链都发生了变动与调整,国内产业行业也迎来了转型与升级。职业教育作为与经济社会联系最为紧密的教育类型,不仅承担着培养新型技术技能人才的任务,还间接承担着培育未来新型职业农民、新型产业工人的工作。习近平总书记在党的十九大报告中明确提出要完善职业教育和培训体系,深化产教融合、校企合作。因此,职业教育要主动对接产业、联系行业、关注社会,为助推区域经济发展和扩大社会服务面向提供有益实践。

一、基于校企共同体的"产教融合"实践案例

西湖职高自建校以来,始终将校企合作作为专业建设、课程建设以及人才培养的核心举措,积极推动校企合作,促进产教深度融合发展,取得了较为成功的融合实际经验。研究以西湖职高的"一区两园"实际建设为例,分析基于校企共同体的"四方联动"产教融合模式的实践应用与成效。[①]"一区"是指一个仿真教学区,"两园"是指包含技术培训中心、产品培育中心、职业体验中心的产教融合园与创意孵化园。"四方联动"是指在大职教理念下政府、中等职业学校、行业、企业四方的联合动态发展,以产教融合基地为载体,以产教融合平台为媒介,以区域需求及各方利益为前提,通过目标共建、基地共建、课程共建、服务共建,实现管理制度、技术标准、技术价值、文化特

---

① 张德成,段伟长,梁甘冷."四方联动":中职产教融合模式研究[J].职业教育(下旬刊),2020,19(8):20-27.

征等方面的新式融合。

1. 仿真教学区：有仿真操作室与仿真生产服务中心，支持高级新手与技能熟手阶段的训练类课程与初级服务类课程，其中，茶艺教室、木艺教室、西餐教室也开展部分职业体验活动。

2. 产教融合园：主要是产教融合大楼，这是中央财政支持项目，按照四星级酒店的标准建设，设有大堂、中西餐厅、客房、理实一体化中西餐及点心操作室，主要为烹饪、酒店管理专业的技能熟手及以上阶段的学习者提供真实的中高级服务类课程和部分研创类课程，也面向社会开放职业体验活动。此外，大楼内还设立了浙江省非遗文化中心、烹饪中餐的产品与技术研发中心。

3. 创业孵化园：该园的主体为嘉匠咖啡烘焙学院、浙江省餐饮行业协会点心小吃专委会以及点心小吃制作与展示长廊，还包括电子商务大楼、建筑装饰专业铭品教学工厂和云设计中心、新媒体中心、智创空间、艺术设计与创作中心，为烹饪点心方向、电子商务和建筑装饰专业的技能熟手及以上阶段的学习者提供真实的服务类与研创类课程。

综上所述，"一区两园"主要有三大类中心：技术培训中心——提供标准化技术教学与培训；产品培育中心——设计、创新、创业实验室，为产品的培育提供试验场地；职业体验中心——由茶艺、咖啡、烘焙、木艺、陶艺等体验点组成职业体验基地，面向从幼儿园到普通高中的学生以及社会企事业单位开放。而"一区两园"的主要实践活动载体是产教融合大楼（见图7-2），通过产教融合大楼的建设运营，可以更加直观有效地展现产教融合新模式是如何做到在校企共同体基础上的多方联动与深度融合。

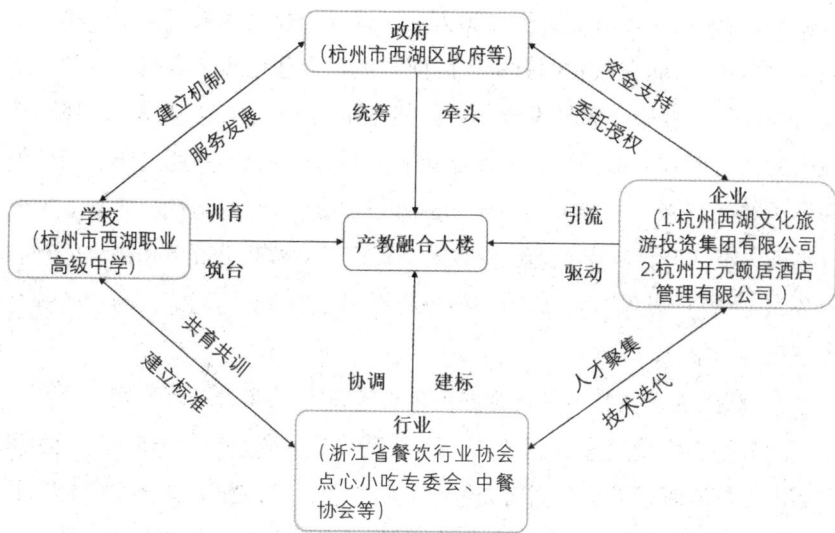

图 7-2 西湖职高"四方联动"产教融合模式产教融合大楼

1. 共建:政府统筹牵头校企产教融合项目,推动长效实质发展

为破除以往校企合作、产教融合中的发展局限与瓶颈,打通中职产教融合"最后一公里",实质性地推动校企合作、产教融合向纵深发展,实现资源优势互补与区域经济可持续健康发展。由杭州市西湖区政府牵头参与西湖职高产教融合基地项目的政策审批与统筹规划,通过投资建设,牵头组建运营与管理团队,发挥国有企业的资源优势与实力禀赋,促进产学研一体化发展,起到示范效应与辐射带动作用。杭州市西湖区财政局国资对《关于杭州西湖文化旅游投资集团有限公司与杭州市西湖职业高级中学共建产教融合基地的请示》进行批示,并于2020年2月25日召开2020年西湖区第一次财政(国资)例会,决定由杭州西湖文化旅游投资集团有限公司(以下简称"西湖文旅集团")参与西湖职高共建产教融合基地的校企合作项目,满足学校的教育教学活动需要,拓宽西湖文旅集团经营管理人才引进渠道,提高国企发展后劲,实现"1+1 > 2"的效果。而产教融合大楼作为产教融合基地建设项目的主要实体工程,大楼选址与所有权归属西湖职高,学校与西湖文旅集团共同签订产教融合项目委托管理协议,由乙方出资成立或寻找专业酒店管理公司,由该酒店管理公司负责酒店软装投入以及开业与经营所需的流

动资金,预计投入费用不低于1500万元。这一协议大大减轻了学校的产教融合运营负担,能在保有国有资产的同时进行合理化改革实践。西湖文旅集团为能使产教融合大楼发挥其最大的专业领域效能,通过加入现代连锁酒店的经营形式来保证酒店的高品质服务和经营水平,并通过专业酒店管理公司的品牌来进一步推动酒店的品牌效益、经济效益与社会效益。为此特别引入浙江开元酒店管理股份有限公司控股的杭州开元颐居酒店管理有限公司,进行产教融合大楼专门化的酒店设计、建设、经营筹备与运营等全方面管理和服务。

2. 共营:企行校协同调配自身资源与领域优势,促进互利共赢

产教融合大楼建成后,学校与开元集团达成合作协议,由旗下开元颐居酒店配备核心管理人员和酒店岗位技能的专业人才,酒店人员编制75人,其中29个岗位编制计划使用实习生人员约50人;通过学徒制传、帮、带的授课,让学生在工作实践中掌握技能,在保障酒店良好运营的情况下进一步节省人力成本;酒店与学校共同制订学生培养、实习计划,设置相应的必修、选修课程,在丰富学生眼界的同时拓宽学生的就业途径;开元酒店利用自身平台优势,为学生制定职业规划和晋升途径,打通开元酒店内部的学习、晋升通道。同时在运营过程中,企业扮演了以提质增益为目标的驱动者角色,通过开发合作培训项目、合作生产(服务)项目、合作研发项目、合作经营项目,以企业运营思维,推动产教融合模式发展。除提供人力资源和物质资源外,企业还提供了连锁酒店管理规范和标准、全球市场营销推广系统、网络营销资源、连锁酒店客房预订中心、连锁酒店常旅客系统和奖励计划等先进配套软件资源,充分盘活自有资源,实现资源互补与优势融合。再者,行业协会在产教融合大楼的实际运营中,通过牵头制定行业入门门槛、产品与服务标准,协调各方关系,完善技能认证体系等优化了产教融合模式的营运目标,发挥行业领域的提质创新优势。例如,在浙江省餐饮行业协会点心小吃专委会的牵头下,学校师生与企业共同组成特色点心小吃发掘小组,收集散落在钱江沿线乡村的民间小吃与点心,建立点心库,为了将点心推向市场,特别在学校产教融合大楼内建立了技术培训中心与产品培育中心,制定了浙江省特色小吃点心标准,使产品市场化,不断提升品质,提升从业人员的技

术能力。而中餐协会也对产教融合大楼酒店中餐品样式与质量提出了高规格的要求和严苛标准,促使整体服务提质升级。

3. 共教:校企携手重塑学习实训与教育培训范式,优化服务面

基于产教融合大楼的"四方联动"产教融合模式,其基础性功能与核心任务还是围绕人的教育培养与应用型塑造,通过对人的综合训练与培育,把教育对象从中职学校学生、教师拓宽到相关行业从业者乃至再就业人员,优化职业教育服务面向与质量,改善劳动力市场结构,承担职业教育的社会责任,发挥类型教育的价值与作用。在"四方联动"产教融合模式中,西湖职高扮演了以人才培养为目标的筑台者角色,通过参与项目运营,设计人才培养路径、提供技术升级平台、设计"1+X"培训体系与课程资源,为产教融合模式注入教育技术和教育资源。西湖职高以产教融合大楼中的不同功能区为依托,结合学校专业核心课程与复合型人才养成规律,同政行企合作创设了不同样态的产教融合教育培训范式。(1)"教学+训练"的学校主导型:3个信息化实训模拟教室成为高级新手成长场,用于高一学生和乡村再就业人员的培训场所,由学校提供师资和课程,侧重于技能认知与定型;(2)"训练+生产"的工学交替型:1个中餐厨房、1个西餐厨房、96间客房成为技能熟手养成场,用于高二学生和企业岗前培训场所,学校和企业共同提供师资和课程,侧重技能在真实场景中的熟练运用;(3)"生产+培训"的校企合作型:80个岗位成为合格员工的转型平台,用于高三学生和企业员工再培训场所,在企业师傅带领和学校教师的参与下,侧重独立或合作完成完整的工作项目;(4)"培训+研创"的企业主导型:20个教师与大师工作室成为职业能力延展场,用于竞赛学生、研创社团和企业人员的技能提升与产品研发。不同的学习实训与教育培训范式,满足了各类劳动力群体的发展诉求,实现了"四方联动"产教融合模式的落地实践与各方共赢。

通过产教融合大楼的建设运营和教育教学实践发现:梳理责任清单,明确各方诉求,以具体合作载体为依托和样板,才能整合各类合作要素,破除体制机制壁垒,协调校企、产教内外各方关系,使之成为自主运行的有机整体,形成西湖职高基于校企共同体的"四方联动"产教融合新模式。

二、基于校企共同体的"产教融合"实践成效

(一)人才培养质量和服务面向全面提升

区域经济的可持续合理发展关键在于人才的培育与技术的输入。学校通过培训乡村餐饮从业人员,规范特色小吃与点心的制作流程与产品标准,提升产品的市场符合度。

同时,近3年学校以浙江省餐饮行业协会点心小吃专委会为平台,组织或者参与特色点心小吃比赛活动5次,协助特色点心小吃参加美食节推送10余次,烹饪、酒店管理专业教师受邀担任过特色菜肴大赛的评委和服务指导15人次。每年"开茶季",学校茶艺社团师生每周末去民宿担任茶艺表演和讲解员。近3年烹饪专业连续七届代表浙江省参加全国职业院校技能大赛共获10枚金牌,荣膺"七连冠";面向中小学,开设技能选修课共计30余门,培训学生及开展职业体验共计3000人次;烹饪专业研发二十四节气菜点,为企业设计定制不同时令的特色菜点,全面提升企业的服务品质,目前已研发茶点30款,注册了"旗枪"点心商标,有效地保护了知识产权。学校现有在校生2064人,学生通过全程参与真实项目的实践,不仅提升了技能,更在多场景学习工作中获得了职业认知,形成了高阶能力。近5年学校毕业生岗位升迁速度超过之前,且80%以上的毕业生能适应不同岗位的工作,单位满意度达到98%。从事创业、策划、管理等岗位人数逐年递增,回流至家乡从事乡村经济发展的毕业生人数也不断增长。据统计,目前在西湖区镇政府、村支部及其他乡村岗位均有西湖职高毕业生,其中在支援内地乡村建设的大军中也有西湖职高毕业生身影。此外,有13.5%的毕业生从事民宿和农家乐服务、农村电商运营,且这一比例仍在上升。

(二)企业参与程度加深,共建一体化综合实训中心

职业学校的专业设置是与岗位对接的,不同岗位需求的人才由不同的专业培养,培养的目标也以中高级专业型人才为主。这样培养的人才,能完成某个具体的岗位任务,能适应某个具体的岗位要求。然而,旅游产业的不断发展,已形成了"旅游+"多行业、多学科融合的现状,企业及其岗位要求员工要有承担生产、管理、多元服务、跨平台解决问题的能力,这就不是具备单

一专业能力和相对简单职业能力所能完成的了。因此要紧跟旅游产业发展的新趋势,必须培养具备知识复合、能力复合、思维复合的高技能复合型人才。复合型人才与专业型人才相比,应当具有可持续发展的通用职业能力。通用职业能力的培养则需要经过跨专业的教育和实训方能获得。旅游产业高技能人才培养的产教融合基地建设,能将人才培养的人力、智力、技术、资源、管理等要素整合到一个平台上来,为人才培养提供物理空间上的平台载体,有利于围绕新的生产方式组织教学,探索新的培养培训模式。

为了推进产教融合,西湖职高在合作企业、行业的积极参与和协助下,已着手建设一幢集教学、实训、生产和研发于一体的综合实训中心。2016年7月,西湖职高综合实训中心正式被批准列入中央财政支持的职业教育产教融合工程,获专项资金1480万元,现综合实训中心主体工程已建成,将进行装修。

具体企业合作建设成果如下。

1. 跨企业餐饮人才培养基地:合作企业有杭州大华饭店、雷迪森、浙江开元酒店集团、杭州新白鹿餐饮有限公司、山葵家日式料理等,合作的行业协会有浙江省餐饮行业协会点心小吃专委会、杭州市餐饮协会,基地涵盖中餐、西餐、点心3个生产性实训中心;学校将完善职业体验中心的文化环境建设,完善职业体验中心的软件配置。全校职业体验中心总面积将达到600平方米,体验岗位更多,体验效果更好,将进一步推进高技能人才培养的需要。在现有实训操作室基础上,在新实训大楼完善专业实训楼内创设的生产性实训教学环境。通过产教融合工程,进一步提升改造企业学院,逐步构建起生产性实训教学环境,让学生能够全方位真实地获得不同岗位的实操体验,了解餐饮前沿技术,提升餐饮服务水平。

2. 酒店(民宿)运营管理人才培养基地:合作企业有杭州纳德酒店管理有限公司、宋城集团、西子宾馆、杭州西溪悦榕庄、杭州西湖区翠憬民宿、猫在珑坞民宿等,合作的行业协会有西湖区民宿协会;基地涵盖前厅、客房两个生产性实训中心和一个民宿体验中心;学校将完善酒店(民宿)运营管理人才培养基地环境建设,并依据高技能复合型人才培养的要求进行相应的软件配置。校内酒店基地以培养酒店运营管理人才为主,校外民宿基地以培养民宿运营管理人才为主,两个以住宿为主的基地将协同运作、高低搭配,进一步满足高技能人才培养的需要。在现有实训操作室基础上,通过产教融合中心建设创设客房的生产性实训教学环境。通过产教融合工程,进一步创设茶文化体验中心,为打造茶文化复合型人才,构建起茶文化生产性酒店(民宿)实训教学环境,让学生和社会人员能够掌握酒店前沿技术,提升房务服务水平。

3. 旅游产品设计与推广人才培养基地:合作企业有西湖文化旅游集团、杭州周末风城市田园品牌管理有限公司等,基地涵盖导游、旅行社、智慧旅游3个生产性实训中心;学校将完善旅游产品设计与推广实训基地环境建设,并基于旅游+互联网的新业态进行智慧旅游的软件配置。校内实训基地以培养旅游产品的设计与研发人才为主,包括产品设计与改良、制作、展示,校外实训基地以培养旅游产品的推广人才为主,包括产品调研、销售、品牌创立。在现有实训操作室基础上,依托新实训大楼的建设和产教融合工程,围绕茶文化特色专业建设,进一步搭建集茶文化产品设计、产学研、运营于一体的专业化实训中心。通过参与真实的研创项目,让学生获得旅游产品研发的技术与策略,提升旅游产品的设计与推广能力。

4. 旅游土特产开发与推广人才培养基地:合作企业有杭州嘉麦食品有限公司、杭州福海堂茶业有限公司、杭州艺韵茶业有限公司等,合作行业协会有西湖区茶文化研究会;基地涵盖中餐、点心、茶艺3个专门化实训中心;学校以烹饪专业(点心)为主,高星级饭店服务管理(茶文化)、建筑专业(包装设计)为辅,完善旅游特产开发与推广人才培养基地的环境建设,在现有实训操作室基础上,联合嘉匠咖啡烘焙学院、龙坞茶镇等生产实训基地,通过产教融合工程,进一步构建起具有研发性教学转化功能的实训环境,让学生参与企业研发项目,自主研发项目,主题产品研发项目等,让学生了解地方旅游土特产的研发技术与推广策略,提高研发意识和能力,提升地方土特产的研发与推广水平。

5. 文创产业与体验基地:合作企业有杭州铭品装饰有限公司、杭州老底子文化创意有限公司、中国美院文化学创中心等。通过整合基地的文创产品的开发和推广基地以及其他4个旅游产业的附属产业及跨产业产品开发推广基地;建设覆盖旅游文创产业的各类体验中心;开设和组织职业体验活动;通过产品开发和职业体验活动培养文创产业与旅游产业的复合型人才。现在学校建设的开发推广基地有铭品云设计中心、木工学院、陶艺学院、书法工作室、国画工作室和覆盖旅游文创产业的各类体验中心如木工体验中心、陶艺体验中心、烹饪体验中心、酒店管理体验中心、嘉匠烘焙体验中心、旅游产业产学研一体化体验中心等。力争经过3年的建设,对所有基地和体验中心进行整合与提升,完善配置,对分别具有旅游产业文创产品设计与开发或文创产品体验与拓展功能的三种基地进行统一布局和功能分类,统一规划和协调旅游产业文创产品的设计与开发工作;开发旅游文创产品的职业体验和拓展课程,提高文创产品体验和拓展活动的效率与能力。力争通过3年的建设,开发旅游文创类作品50件;每年职业体验和拓展活动人数达3000人次以上,参与组织和开设体验与拓展活动的教师和学生人数达600人次以上。

(三)社会服务能力增强,兼顾乡村振兴与区域经济提振

1. 社会培训逐步完善

面向社会,提供高端和定制化培训,为旅游产业相关企业开展定制化培训。定制化培训针对培训对象的需求,通过课前"诊断"、课程内容"对症下药"等方式帮助培训对象迅速提高技能水平及竞争力,而且还与培训对象的发展规划和组织文化紧密结合,以达到培训的最佳目标。坚持政府推动、行业指导、需求导向,服务企业技术技能积累和职工职业生涯发展为主旨,加强对旅游产业从业人员的就业指导和职业人生规划,提高其职业能力和职业素养,为他们实现就业创业铺平道路。与行业企业共同开发培训项目,科学合理地制订教学计划,并采用送教进企、引训入校,聘请业内权威专家从事实践操作指导等多种途径,为行业企业提供多层次、多类型的立足岗位需求的技术技能教育定制化培训服务,并取得相应的职业资格证书。到2022年,定制化培训不少于年总人次的10%。

依托大师工作室、名师(大师)进校园行动计划,向社会提供高端培训。通过组织项目工作室主要成员、名师(大师)走进培训室,通过名师(大师)讲堂,带动引领烹饪标准化发展的全民推广服务。以"张勇大师工作室""厉志

光名师工作室"为载体进行菜品研发,新原料、新工艺的技术攻关并进行市场化运作。每年参与服务的师生不低于100人次,被服务对象不低于500人次。同时,创新社会培训项目。利用浙江省餐饮行业协会点心小吃专委会入驻学校,引进点心技能大师、首席技师解决师资的学术性、示范性和技术性难以平衡的问题。发挥国家级产教融合工程建设项目资源优势,开展面向企业员工、社会的旅游产业相关职业技能培训,特别是加大茶庄特色菜肴烹制技能人才培训力度,为区域产业转型升级提供技术与人才支持。

充分发挥浙江省餐饮行业协会点心小吃专委会平台研发、培育浙点的作用。利用学校牵头成立了浙江省餐饮行业协会点心小吃专委会,以点心专委会为平台,以研发、推广点心产品为抓手,通过每年一次的点心展评会、评选名点、名店、名师;点心大师、名师的培训与培育,培养点心高技能人才,助力餐饮企业转型升级。利用嘉匠咖啡烘焙学院的产品研发中心和员工培训中心的定位,以优麦食品有限公司的典型产品为抓手,通过微视频宣传推广最新研发产品,向更多企业和院校进行推广,为更多烘焙企业提供借鉴。

服务职业教育发展。积极开展面向各类师生培训,参与学习型社会建设。充分发挥学校社会服务的示范带动作用,实现优质教育培训资源共享。服务区域职业院校,开展师资培训,组织师生参与行业技能大赛,承办市级烹饪行业技能大赛,带动区域内职业院校社会服务的培训水平和人才培养质量共同提高。到2022年,培训师资10人次,承办行业技能大赛3次以上。

2. 服务带动乡村振兴和区域产业经济发展

目前乡村企业发展出现空间窄化的问题,零散的扶助行为,无法整体改变乡村企业的发展困境,在扶助过程中,中职学校如果无法将对外服务项目转化为学习平台,那么容易导致学生参与倦怠感,降低价值感。因此,改变零碎应对式的单向度扶助,寻找长效的合作路径与方式成为职业学校和乡村企业共同的期待。乡村经济振兴的关键在于本土化人才的培养,但大多数从业人员处于技术链底层,缺乏高质量服务水平。除了乡村餐饮旅游缺少标准外,还缺少规范、系统的技能与服务培训,对于乡土文化的疏离和时代文化的理解,也是乡村经济缺少品牌打造与运营人才的关键。因此,培育能服务并提升乡村餐饮旅游品质、推广乡村文化品牌的人才是乡村经济振兴的需求点。

乡村振兴是国家重要战略,发挥中职学校资源优势,助提区域乡村振兴,是中职学校拓展办学功能、提升品牌价值的重要途径。西湖职高位于龙井茶乡,2007年以"龙井3号"茶楼的扶助项目为起点,历经10年,将地方特色点心小吃的挖掘、培育、生产、推广作为载体,在输出人力、技术、理念的过程中,搭建了校政联动、行指委搭台、企业助力、名师工作室深耕的乡村助提平台,突破对乡村扶助零碎化、单向度的瓶颈,解决乡村餐饮旅游企业产品同质、服务低端、技术老化以及缺乏品牌培育的问题,并形成对本土人才培育的反哺效应,影响遍及临安、桐庐、台州、丽水、磐安、金华等钱江沿线地区,厚植多方联动的良好职教环境。

(1)建立以"两库两中心"为核心的中职烹饪专业扶助乡村经济发展机制。学校牵头成立由学校、企业、旅游局、餐饮协会、浙江省文旅集团共同参与的浙江省餐饮行业协会点心小吃专委会,形成以钱塘江为轴线,贯穿杭州、桐庐、临安、磐安、缙云、台州等地的特色小点文化长廊。以钱塘江一带民宿、农家乐、地方特色餐饮企业为产品培育点。收集整理1000款地方点心小吃,建立"浙江省名点名小吃库",为地方特色点心走向市场铺平道路;通过技能竞赛,建立"浙江省点心人才库",提升民间点心艺人的影响力。"两库两中心"形成推动民间小点发展的支持系统。

(2)构建以地方特色小点项目为载体的中职烹饪专业扶助乡村经济发展模式。从乡村经济发展缺乏品牌的痛点切入,以地方特色小点为载体,形成以产品研发为核心,以人力支援为基础,以技术转移为路径,以品牌培植为目标的扶助模式。①产品研发,提升地方小点市场价值。烹饪专业师生根据小点特色与市场需求,进行产品改良与技术升级,开发的龙井茶宴、西溪红楼宴以及二十四节气点心系列,已经在市场推广。②人力支援,解决地方餐饮高峰期困境。采取5+2的轮助和节假日服务队的形式,参与乡村餐饮业高峰期的服务工作。既解决了人手不足的问题,也普及了服务与技术标准。③技术转移,规范地方餐饮服务品质。设计培训课程,形成四大菜单式课程包:点心的制作技术、餐厅的服务与礼仪、品牌运营与店面管理、地方旅游与烹饪文化。④品牌培植,形成乡村经济发展增长点。通过文化挖掘、植入营销点、开发点心周边、进行新媒体运营等策略,进行地方小点的品牌培植。围绕点心进行相关的研学产品设计和运作,制作点心文化故事画册与文案,参与点心文化一村一品的整体设计,促使地方小点成为带动经济发展的杠杆。

(3)构建多向度职业教育主动扶助乡村模式,整体提升乡村经济。学校发挥烹饪专业资源优势,牵头成立"浙江省餐饮行业协会点心小吃专委会",建立"点心研发中心",建成"浙江省名点名小吃库"和"浙江省点心人才库"。以"两库两中心"为平台,挖掘民间点心小吃,进行品牌培育,形成经济增长点;研发技术标准,改良民间食品,使之市场化、产品化;培训从业人员,提升服务质量与顾客体验感;进行人力支援,解决高峰期服务缺口问题。该模式将产品、技术、服务乃至品牌运营策略输入乡村餐饮旅游企业,形成推动经济发展的核心力量。

(4)建立互惠共生的多方共育联合体,形成区域共赢态势。成立点心专委会,由学校、政府、企业、行业以及浙江省文旅集团等多家单位组成。育产品,使散落在全省的特色小吃点心抱团升级,打出浙江餐饮特色品牌;育文化,挖掘点心内涵、讲好乡村故事,提升浙江小点的品牌影响;育企业,中小企业以此为平台,找到新的发展途径;育学校,突破单一的育人功能,改变单场景育人模式,在为区域经济输出资源、技术的过程中,为学生提供多场景、多项目学习平台。2018年浙江省颁布《关于加快推进农家传统特色小吃产业发展的指导意见》,并成立浙江小吃中小企业联合促进会,加强政策支持、增强工作合力。

(5)探索一体化本土人才培养路径,提升乡村造血功能。学生参与小点扶助各活动,将工作场与学习场融为一体,提升核心技能,培养职业素养。师生共同挖掘点心、开发基于小点的培训课程与乡土课程,培养乡村餐饮旅游从业人员,也加强学生对于乡土文化的理解。人才成长成为乡村经济可持续发展的核心动力。

(6)创新职业学校助推乡村经济发展的载体。乡村经济发展是一个大课题,容易陷入口号式助推、零散式行动的无效陷阱。学校在对周边乡村提供10年支援的实践中,根据地方特色与经济发展需求,探索出一条以地方名点名小吃为载体的有效扶助路径。该成果的实践不仅挖掘了隐藏在民间的点心小吃,还推出了民间制作艺人,通过文化寻根,赋予民间特色点心小吃更多的内涵,成为当地乡村发展新的经济增长点。

乡村经济的可持续合理发展关键在于人才的培育与技术的输入,提升产品的市场符合度。近5年学校围绕地方名点名小吃,组织相关从业人员培训年均10.8次,共有500人次参加了培训。此外,由乡村餐饮、旅游企业主动提出进行定制式培训的需求逐渐增多,协助制定特色名点名小吃技术与服务标准5项,开发培训包与资源库,并针对烹饪技术与餐饮服务标准拍摄了示范视频与线上慕课。学校每年有85%以上的学生来自周边农村,校内的职业体验中心是西湖区最重要的职业教育基地,平均每年接待区内外中小学生职业体验活动达84.7次,为养成职业意识提供了平台,也培养了中小学生的家乡情怀。在10年的探索中,学校从一个农家乐扶助开始,走向浙江全省,在助推乡村经济的过程中实现"多技能岗位转换、多职业平台对接"的复合型高阶技能人才培养,并以产品的改良与创新,带动了区域乡村经济文化的整体提升,扩大了职业教育影响力,形成了职业学校无界育人的良好生态圈。

结　语

基于校企共同体的中职"产教融合"模式以杭州市西湖职业高级中学为实践对象,经过几年的探索研究与实际建设,取得了良好成效并积累了宝贵经验。该"产教融合"新模式可以化解当前中等职业院校与企业合作中遇到的现实困境,有效梳理政府、行业、企业、学校四方的责权利关系;同时也能为中职校企合作、产教融合的管理与保障提供组织管理和系统科学领域的发展思路与有益探寻。在融合区域经济与产业结构变化的落地实践应用中不断检验和优化,使得该模式突破了微观层面,实现了中观与宏观各层级主体要素的联结和聚集,为其他地区的产教融合发展提供了很好的样板与范例,也为全国中职校企合作、产教融合提供了杭州经验、浙江经验,有一定的借鉴推广价值。

参 考 文 献

[1]丁蕾.基于"互联网+"的中职物理混合式教学[J].中国电化教育,2016(3):141-145.

[2]冯敬益.探讨微课在中职计算机教学中的应用[J].电脑知识与技术,2015,11(23):66-67+69.

[3]丁金昌.实践导向的高职教育课程改革与创新[J].高等工程教育研究,2015(1):119-124.

[4]王军.微课在中职"计算机应用基础"课程教学中的应用探讨[J].职教通讯,2014(36):57-59.

[5]陈琳.中国职业教育信息化创新特色研究[J].现代教育技术,2014,24(3):12-18.

[6]郑小军,张霞.中职教师信息化教学能力的提升策略[J].教育评论,2014(1):63-65.

[7]王彩霞,刘光然.翻转课堂优化中职课堂教学探析[J].职教论坛,2013(6):41-44.

[8]张冲,孟万金,王新波.中职学生积极心理品质现状调查和教育对策[J].中国特殊教育,2012(3):80-85.

[9]李梦卿,张碧竹."双师型"教师队伍建设制度的回顾与思考[J].教育与职业,2012(6):15-18.

[10]刘育锋,周凤华.中高职课程衔接:来自实践的诉求[J].中国职业技术教育,2011(24):30-34.

[11]曹晔,刘宏杰.我国中职师资队伍培养培训主要政策60年演变进程

综述[J].职业技术教育,2010,31(25):18-24.

[12]和震.中等职业学校教师素质状况与提高策略[J].教育研究,2010,31(2):84-88+94.

[13]王琴.中职生顶岗实习情况调查分析[J].职教论坛,2008(18):57-59.

[14]蒋乃平.文化课应该让中职生"学得会"——来自一线的报告之一[J].中国职业技术教育,2008(14):11-15.

[15]徐肇杰.任务驱动教学法与项目教学法之比较[J].教育与职业,2008(11):36-37.

[16]赵江.浅谈中职学校英语教学中的困惑和对策[J].辽宁教育行政学院学报,2007(4):73-74.

[17]朱达凯,范涤."理实一体化"教学模式的研究与探索[J].职业教育研究,2006(10):158-159.

[18]秦虹.职业教育课程改革理念与实施策略研究[J].职教论坛,2005(36):4-10.

[19]郭扬.德国职教新教法在我国中职学校中的应用[J].职业技术教育,2001,22(16):52-57.

[20]李鹏,石伟平.中国职业教育类型化改革的政策理想与行动路径——《国家职业教育改革实施方案》的内容分析与实施展望[J].高校教育管理,2020,14(1):106-114.

[21]葛道凯.中国职业教育二十年政策走向[J].课程·教材·教法,2015,35(12):3-13+81.

[22]孙爱东.高等工程教育创新人才培养"3+4"实践教学体系探索[J].高校教育管理,2015,9(6):41-45.

[23]周慧梅,吕霄霄.中等职业学校教师主观社会地位状况与差异分析[J].清华大学教育研究,2013,34(2):112-119.

[24]赵璨.我国中高职教育衔接的途径探析[J].教育理论与实践,2013,33(6):20-22.

[25]王瑶.新时期中职生心理健康教育模式探究[J].学术论坛,2013,36

(2):211-214+220.

[26]臧志军,石伟平.中美两国中高职衔接机制比较研究[J].教育发展研究,2013,33(1):67-72.

[27]丁金昌.高职人才培养不可替代性的策略研究[J].中国高教研究,2010(6):65-68.

[28]张建荣,王建初.论职业教育师资的专业化培养[J].教育发展研究,2010,30(1):38-41.

[29]关于《中等职业学校英语教学大纲》的修订说明[J].中国外语,2009,6(3):4-6+13.

[30]朱元春.教师发展学校:营造高校与中小学教师教育共同体[J].教师教育研究,2008(6):24-28.

[31]汪双飞,陈坚林.信息网络技术与英语课程的整合[J].外语电化教学,2006(3):44-48.

[32]俞启定.对口招生:中高职衔接的关键所在[J].教育发展研究,2003(7):41-43.

[33]夏启中,解飞厚.论中、高等职业技术教育的衔接[J].高等教育研究,2001(1):78-81.

[34]李百浩,彭秀涛,黄立.中国现代新兴工业城市规划的历史研究——以苏联援助的156项重点工程为中心[J].城市规划学刊,2006(4):84-92.

[35]张倩,宁永红,刘书晓.新中国成立以来的技工教育:历程、回归与超越[J].中国职业技术教育,2017(24):65-70+80.

[36]蒋丹兴,杜连森.产业工人技能形成体系的历史分析与建设对策[J].教育理论与实践,2018,38(30):23-25.

[37]柳阳,吴真."大职教观"视域下的职业核心技能[J].中国职业技术教育,2014(6):17-21.

[38]陈鹏,庞学光.大职教观视野下现代职业教育体系的构建[J].教育研究,2015(6):70-78.

[39]莫荣.中国就业发展报告(2019)[M].北京:社会科学文献出版社,2019:27-30.

[40]新华网."智能+"时代:就业迎来怎样的机遇?[EB/OL].(2014-05-02)[2020-04-23].https://baijiahao.baidu.com/s？id=1634287521503776100&wfr=spider&for=pc.

[41]谭永生.促进我国技术技能人才发展[J].宏观经济管理,2020(2):35-41.

[42]汤明清.中职"适学课堂":基于学生核心素养的教学改进[J].中国职业技术教育,2020(14):79-82+96.

[43]黄炎培.提出大职业教育主义征求同志意见[J].教育与职业,1926(1):1-4.

[44]新华社.中共中央、国务院印发《中国教育现代化2035》[EB/OL].(2019-02-23)[2020-09-10].http://www.gov.cn/xinwen/2019-02/23/content_5367987.htm.

[45]黄嘉树.中华职业教育社史稿[M].西安:陕西人民教育出版社,1987:43.

[46]马树超,郭文富.高职教育深化产教融合的经验、问题与对策[J].中国高教研究,2018(4):58-61.

[47]张元.我国职业教育现代化2035发展探析[J].教育与职业,2019(9):16-19.

[48]麻来军,梁甘冷,杨春帆,等.构建中职专业核心课程"双师全程共导"教学模式的实践研究[J].职教通讯,2014(16):74-80.

[49]徐国庆.从工作组织到课程组织:职业教育课程设计的组织观[J].教育科学,2008,24(6):37-41.

[50]周衍安.职业能力发展和职业成长研究[J].职教论坛,2016(10):61-64.

[51]赵志群.职业成长的逻辑发展规律[J].职教论坛,2008(16):1.

[52]徐国庆.职业能力的本质及其学习模式[J].职教通讯,2007(1):24-28+36.

[53]姜大源.职业教育学研究新论[M].北京:教育科学出版社,2007:17.

[54]赵志群.职业教育与培训新概念[M].北京:科学出版社,2003:97.

参考文献

233

[55]徐国庆.职业教育课程、教学与教师[M].上海:上海教育出版社,2016:24.

[56]李亚平.基于工作任务的职业教育项目课程及其开发[J].当代教育科学,2013(19):42-44.

[57]刘晟,刘恩山.学习进阶:关注学生认知发展和生活经验[J].教育学报,2012,8(2):81-87.

[58]徐国庆.职业教育课程论[M].上海:华东师范大学出版社,2015:112.

[59]侯爱荣.完全学分制与应用型人才培养[J].江苏高教,2014(6):90-92.

[60]肖凤翔,肖艳婷.基于课程论视角论中高职课程衔接内涵及其条件[J].职教论坛,2014(31):37-41.

[61]庞世俊.职业能力概念及相关问题研究综述[J].职业技术教育,2008,29(28):17-20.

[62]胡建波,汤伶俐.职业能力的内涵与要素分析[J].职教论坛,2008(4):25-27.

[63]邓泽民,陈庆合,刘文卿.职业能力的概念、特征及其形成规律的研究[J].煤炭高等教育,2002(2):104-107.

[64]周世青,何万一.职业教育校企一体化办学模式发展动因分析[J].职业技术教育,2011,32(23):51-54.

[65]左崇良,胡刚.校企合作双主体办学的治理结构与运行机制[J].职教论坛,2016(16):50-56.

[66]赵志群.职业教育工学结合课程的两个基本特征[J].教育与职业,2007(30):18-20.

[67]金卫东.基于工学结合的校内生产性实训基地建设[J].中国大学教学,2011(1):82-83.

[68]林克松,许丽丽.课程秩序重构:高职高水平专业群建设的逻辑、架构与机制[J].高等工程教育研究,2019(6):125-131.

[69]刘红燕,汪治.重构高职院校课程框架体系的范式与功能分析[J].高等工程教育研究,2014(2):156-161.

[70]赵文平.德国工程教育"学习工厂"模式评介[J].比较教育研究,2017,39(6):28-34.

[71]教育部.教育部办公厅关于印发《中等职业学校公共基础课程方案》的通知[EB/OL].http://www.moe.gov.cn/srcsite/A07/moe_953/201911/t20191129_410208.html.

[72]徐国庆,王璐.公共基础课建设是中等职业教育发展的重要基础[J].中国职业技术教育,2020(9):5-9.

[73]许艳丽,刘晓莉.基于"互联网+"时代特征的高职院校学生就业能力提升研究[J].职业技术教育,2017,38(25):34-38.

[74]董奇.职业教育文化课教学阵地不容"失守"[J].教育与职业,2013(28):21.

[75]教育部.教育部关于深入学习贯彻《国家职业教育改革实施方案》的通知[EB/OL].http://www.moe.gov.cn/srcsite/A07/zcs_zhgg/201905/t20190517_382357.html.

[76]教育部.教育部关于职业院校专业人才培养方案制定与实施工作的指导意见[EB/OL].http://www.moe.gov.cn/srcsite/A07/moe_953/201906/t20190618_386287.html.

[77]徐涵.应进一步明确中职文化课的功能定位[J].江苏教育,2019(4):1.

[78]袁丰.职业教育中的文化课教学[J].卫生职业教育,2016,34(12):54-56.

[79]张朝伟.中职文化课与计算机专业课教学有效衔接的对策[J].电脑迷,2018(12):126.

[80]英国大学副校长委员会(CVCP),英格兰高等教育拨款委员会(HEFCE).无边界的教育事业:英国观点[J].张宝蓉,译.国际高等教育研究,2003(4):23-31.

[81]陈飞.理解与共存:"无边界"高等教育的支撑性理念[J].江苏高教,2003(2):19-21.

[82]钟启泉.核心素养十讲[M].福州:福建教育出版社,2018.

[83]邵朝友,韩文杰.学科核心素养与核心素养的关系辨析——基于学科核心素养逻辑起点的考察[J].教育发展研究,2019,39(6):42-47.

[84]教育部.中等职业学校语文课程标准[EB/OL].http://www.moe.gov.cn/s78/A07/zcs_ztzl/2017_zt06/17zt06_bznr/bznr_zzggkdg/202008/P020200821550330709003.pdf.

[85]教育部.中等职业学校数学课程标准[EB/OL].http://www.moe.gov.cn/s78/A07/zcs_ztzl/2017_zt06/17zt06_bznr/bznr_zzggkdg/202008/P020200821549599961529.pdf.

[86]教育部.中等职业学校英语课程标准[EB/OL].http://www.moe.gov.cn/s78/A07/zcs_ztzl/2017_zt06/17zt06_bznr/bznr_zzggkdg/202008/P020200821549837617092.pdf.

[87]詹韩琼.论高中语文的无边界学习[D].武汉:华中师范大学,2012.

[88]彭红光,林君芬.无边界教育:教育信息化发展新图景[J].电化教育研究,2011(8):16-20.

[89]滕亚杰.打造无边界课程促生命绽放光彩[J].中国教育学刊,2019(5):104-105.

[90]荀渊.高等教育全球化的愿景:从无边界教育到无边界学习[J].电化教育研究,2019,40(5):32-39.

[91]洪伟,李娟.大情怀的"无边界"课程构建——史家小学课程育人实践[J].人民教育,2019(1):15-17.

[92]何莉."无边界课程"的校本化开发[J].上海教育科研,2017(7):61-64.

[93]肖驰,朱婕,胡航舟.泾渭分明的课程壁垒逐渐淡化[J].全球教育展望,2018,47(3):31-43.

[94]班振,和学新.基础教育学校课程整合模式研究[J].教育理论与实践,2020,40(14):45-48.

[95]廉捷.基于资源整合理论的中职教学资源库建设探究[J].职教论坛,2016(30):65-69+76.

[96]梅明玉,朱晓洁.基于沉浸式具身学习的商务英语教学研究[J].现代教育技术,2019,29(11):80-86.

[97]俞洋,罗印升,郭占涛.现代职教体系下校企深度产教融合的实践探索[J].职教论坛,2019(8):135-139.

[98]张彦群,徐梦阳.构建新时代产教融合发展平台战略[J].中国高等教育,2019(24):19-20.

[99]季瑶娴.高职院校产教融合"三链合一"人才培养模式探索——以浙江商业职业技术学院为例[J].职教论坛,2020(1):133-138.

[100]邓旭华,袁定治.沉浸式项目教学法在JAVA课程中的应用[J].中国职业技术教育,2014(26):5-7.

[101]余璐,周超飞.论我国高等教育中的沉浸教学模式与实践[J].河南社会科学,2012,20(6):78-80.

[102]徐洁.对建构主义的重新审视[J].高教探索,2018(5):40-43.

[103]李璐.情景认知理论视角下应用型翻译人才培养的问题与对策[J].教育理论与实践,2014,34(16):57-60.

[104]闫常英.基于构建主义理论的情景式教学在高校英语教学中的应用[J].赤峰学院学报(汉文哲学社会科学版),2018,39(2):155-157.

[105]聂瑞华.基于支架理论的在线学习资源开发研究[J].电化教育研究,2014,35(11):46-50+58.

[106]张腾,张玉利.迭代式创新关键维度、机制与理论模型构建——基于海尔创业"小微"的多案例研究[J].河南大学学报(社会科学版),2017,57(3):46-54.

[107]刘伟雄,何静.基于产教融合理念的"引企入教"探索与实践[J/OL].包装工程,2019(S1):75-80[2020-04-25].https://doi.org/10.19554/j.cnki.1001-3563.2019.S1.019.

[108]孙田琳子,张舒予.迭代共生:开放课程资源建设的路径创新[J].开放教育研究,2015,21(4):115-119.

[109]陈斌.产教融合型企业要深入参与学校创新创业教育[J].中国高等教育,2019(10):25-27.

[110]曾东升,刘义国,尚维来.职业教育产教融合、校企合作治理政策分析与思考[J].中国职业技术教育,2018(31):28-30.

[111]黄德桥,杜文静.基于产教融合的高职院校校内生产性实训基地建设研究[J].中国职业技术教育,2019(2):88-92.

[112]钱程,韩宝平.基于平台建设的职业教育产教深度融合研究[J].教育与职业,2017(13):32-37.

[113]张波.移动互联网时代的商业革命[M].北京:机械工业出版社,2020:35-59.

[114]郭静.现代职业教育体系建设背景下行业、企业办学研究[J].教育研究,2014,35(3):116-121+131.

[115]和震.职业教育校企合作中的问题与促进政策分析[J].中国高教研究,2013(1):90-93.

[116]石伟平,郝天聪.从校企合作到产教融合——我国职业教育办学模式改革的思维转向[J].教育发展研究,2019,39(1):1-9.

[117]石伟平,王启龙.促进校企规范合作　全面推进产教融合——《职业学校校企合作促进办法》解读[J].中国职业技术教育,2018(10):15-18.

[118]孟雅杰.基于产教融合的中职学校教学改革实践探究[J].成人教育,2017,37(9):81-83.

[119]张建云.以产教融合园为载体的中职学校产教融合育人机制探索——以宜兴中等专业学校为例[J].职业技术教育,2019,40(15):62-66.

[120]Pfeffer, J. and Salancik, G.. The External Control of Organizations: A Resource Dependence Perspective[M].New York: Harper and Row,1978.

[121]吕文晶,陈劲,汪欢吉.组织间依赖研究述评与展望[J].外国经济与管理,2017,39(2):72-85.

[122]马迎贤.资源依赖理论的发展和贡献评析[J].甘肃社会科学,2005(1):116-119+130.

[123]赫尔曼·哈肯.高等协同学[M].郭治安,译.北京:科学出版社,1989.

[124]赫尔曼·哈肯.协同学——大自然构成的奥秘[M].凌复华,译.上海:上海译文出版社,2005.

[125]肖香龙.基于协同理论的多元平台校企协同发展研究[J].现代教

育管理,2014(1):39-42.

[126]张德成,段伟长,梁甘冷."四方联动":中职产教融合模式研究[J].职业教育(下旬刊),2020,19(8):20-27.

[127]王文静.职业教育教师培训实效性欠缺的成因分析及优化路径[J].教育理论与实践,2019,39(12):18-20.

[128]申文缙,周志刚.协同视阈下德国职业教育教师培训体系研究[J].外国教育研究,2017,44(4):115-128.

[129]涂三广.我国职业教育教师队伍建设的三条路径[J].教师教育研究,2015,27(2):99-106.

[130]叶海龙."实践共同体"及其对教师专业发展的启示[J].当代教育科学,2011(16):24-26.

[131]李兴洲,王丽.职业教育教师实践共同体建设研究[J].教师教育研究,2016,28(1):16-20+25.

[132]祝成林,张宝臣.中职教师工作投入感及其影响因素研究[J].中国职业技术教育,2019(33):80-85+92.

[133]Cunningham,S.,Tapsall,S.,Ryan,Y.,Stedman,L.,Bagdon,K.,Flew,T.. New media and borderless education: a review of the convergence between global media networks and higher education provision. Evaluations and investigations program higher education division.1998 [EB/OL].[2019-01-22].http//pandora.nla.gov.au/pan/24685/20020426-0000/www.detya.gov.au/archive/highered/eippubs/eip97-22/eip9722. pdf.

后 记

从2001年开始，西湖职高确立了"科研兴校"的内涵建设路径。20年来，学校依托课题研究，一年一个台阶，实现了跨越式发展，从一所名不见经传的区属职高逐渐成为浙江省职业教育改革的"排头兵"。2018年，学校第二次获得全国第二届职业教育成果二等奖。同年，西湖区教育局和西湖区教师进修学校(现更名为西湖区教师发展研究院)推荐我们参加杭州市第三届重大课题的申报。西湖区向来是教学强区、科研强区，我们能得到这次申报机会，说明了区里对学校这几年在职业教育发展上的认可。

西湖职高向来都有一支科研最强团队。大家在国家成果申报复盘的过程中，发现在之前完成的"塔型进阶式"人才培养模式的实践中，还有许多没有透彻思考的问题，比如，目前我国对不同类型职业人才的期许折射了国内外产业结构与业态的哪些变化? 一线学校的教师是否应该站在更为高远的地方，回溯来路，眺望前程? 这样才能稳稳把握住时代的脉动，精准定位人才培养的内在元素，从而推动"三教"改革。之前我们将人才培养的关注点落在纵向能力的进阶上，那么面对着越来越复杂的就业环境与职业更替，又该如何厘清核心素养培养的路径呢? 由此，我们形成了这个课题研究的重点。

在三年的研究中，我们基于这个课题的思考，撰写了《乡村经济振兴背景下中职学校复合型人才培养的构建》申报书，获得了国家社科基金"十三五"规划2019年度教育学一般课题的立项，在《中国职业技术教育》《职业技术教育》《职业教育研究》《职教通讯》《职业教育》等多本国内有影响力的职教杂志上发表了论文，在省内外多次会议上进行了研究交流与推广。西湖职高对于中职学校人才培养模式的探索,获得了多方称赞。

正是在团队成员孜孜不倦的努力下,才有了这本集体智慧的结晶。本书由西湖职高张德成校长主持编写,具体分工如下:第一章由张德成和陆宇正撰写;第二章由陈乐斌和梁甘冷撰写;第三章由丁玲丽、章彩淼和龙帆撰写;第四章由梁甘冷和黄金撰写;第五章由欧玉婷和李济凤撰写;第六章由梁甘冷和杜妍撰写;第七章由张德成和段伟长撰写。全书最后由张德成、梁甘冷和陆宇正统稿并最终定稿。

在研究的过程中,我们特别感谢杭州市教育科学研究院的俞晓东院长,是他给我们确定了"大职教"的研究视野。特别感谢浙江省教育科学研究院的程江平副院长,作为这个课题的导师,他在研究容易走偏的岔口及时把握住了方向。感谢浙江工业大学教育科学与技术学院副院长刘晓教授以及他的研究生们,正是在他们的帮助和指导下我们才有了这本专著。感谢华东师范大学石伟平教授和浙江大学方展画教授,他们一直关注着我们这所职业学校的发展,石教授还亲自给本书作序。感谢杭州书道闻香图书有限公司。感谢杭州市教育科学研究院的张金英老师和洪彬彬副院长对我们学校发展的关心与支持。感谢所有在职教路上给予我们帮助的专家、领导和老师。

研然后知不足,由于编著者研究水平有限,书中难免存有疏漏和不妥之处,恳请专家、研究者、同人和广大读者批评指正!

"长风破浪会有时,直挂云帆济沧海。"正在此书付梓之时,恰逢学校评上浙江省"双高"建设学校,并开始积极筹划"十四五"规划。欣喜之余,我们深知站在职业教育发展新纪元的起点上,我们依然任重而道远。

编　者

2020 年 1 月 15 日

图书在版编目（ＣＩＰ）数据

大职教理念下中职学校人才培养4.0模式研究 / 张德成，梁甘冷编著. -- 北京：现代出版社，2021.3
ISBN 978-7-5143-9126-8

Ⅰ. ①大… Ⅱ. ①张… ②梁… Ⅲ. ①中等专业学校－人才培养－培养模式－研究－中国 Ⅳ. ①G719.21

中国版本图书馆CIP数据核字（2021）第053386号

作　　者：张德成　梁甘冷
责任编辑：窦艳秋
出版发行：现代出版社
通讯地址：北京市安定门外安华里504号
邮政编码：100011
电　　话：010-64267325　64245264（传真）
网　　址：www.xdcbs.com
电子邮箱：xiandai@cnpitc.com.cn
印　　刷：杭州万星印务有限公司
开　　本：710mm×1000mm　1/16
字　　数：235千字
印　　张：15.75
版　　次：2021年4月第1版　2021年4月第1次印刷
书　　号：978-7-5143-9126-8
定　　价：45.00元